IMPACTO DA POLÍTICA
DE DESENVOLVIMENTO EM TURISMO

– O Caso dos PMAs, em especial Moçambique:
Contingências e Estratégias –

CB015783

ANA COMOANE
Universidade Eduardo Mondlane
Faculdade de Direito

IMPACTO DA POLÍTICA
DE DESENVOLVIMENTO EM TURISMO

– *O Caso dos PMAs, em especial Moçambique:* *Contingências e Estratégias –*

Dissertação elaborada sob orientação do Professor Doutor Eduardo Paz Ferreira, por ocasião do Curso de Mestrado em Ciências Jurídico-Económicas da Faculdade de Direito da Universidade Eduardo Mondlane, para obtenção do grau de Mestrado em Ciências Jurídico-Económicas.

ALMEDINA

Dissertação sobre:
IMPACTO DA POLÍTICA DE DESENVOLVIMENTO EM TURISMO
– O Caso dos PMAs, em especial Moçambique: Contingências e Estratégias –

AUTOR
ANA COMOANE

EDITOR
EDIÇÕES ALMEDINA, SA
Avenida Fernão de Magalhães, n.º 584, 5.º Andar
3000-174 Coimbra
Tel.: 239 851 904
Fax: 239 851 901
www.almedina.net
editora@almedina.net

PRÉ-IMPRESSÃO • IMPRESSÃO • ACABAMENTO
G.C. – GRÁFICA DE COIMBRA, LDA.
Palheira – Assafarge
3001-453 Coimbra
producao@graficadecoimbra.pt

Outubro, 2007

DEPÓSITO LEGAL
260826/07

PREFÁCIO

A dissertação que agora se dá à estampa foi elaborada no âmbito do mestrado em ciências jurídico-económicas organizado conjuntamente pelas Faculdades de Direito da Universidade Eduardo Mondlane e da Universidade de Lisboa, no qual consagrei a disciplina de que fui responsável à problemática do desenvolvimento, opção que esteve na base da apresentação de um conjunto de teses que versaram temas interessantes e reflectiram sobre a situação moçambicana no contexto internacional.

De todas essas dissertações, a da mestra Ana Comoane é seguramente uma das mais interessantes, fornecendo pistas originais sobre o caminho do desenvolvimento e uma perspectiva global das vias a trilhar para o alcançar. Tive o privilégio de ser orientador do trabalho. Tenho, agora, a satisfação de o apresentar aos leitores, convidando-os a uma leitura que se me afigura agradável e de grande benefício pessoal.

O interesse da dissertação resulta, em primeiro lugar, do vasto manancial de informação sobre a actual problemática do turismo internacional e das perspectivas moçambicanas nesta matéria e da preocupação de o tratar com uma perspectiva comparada, procurando tirar os ensinamentos que se revelem adequados.

Mais importante é, no entanto, a aprofundada reflexão sobre as questões que se levantam, a uma opção que tente conciliar crescimento económico com a preservação do ambiente, dentro de um modelo de desenvolvimento sustentável.

O tema tem, por outro lado, a clara vantagem de se colocar no centro das modernas concepções e experiências de desenvolvimento económico, assentes no redimensionamento do papel do investimento público e no apelo ao investimento privado internacional.

Seria, em qualquer caso, um erro grave pensar que é possível alcaçar o desenvolvimento económico menosprezando a acção pública. Aquilo que se assiste é a uma redefinição do papel do Estado, agora orientado para a garantia de um ambiente económico, social, cultural e jurídico que possa criar as condições para alcançar melhores patamares de bem- -estar nas sociedades. Como escreve a autora, "o grande desafio que se coloca, principalmente aos PMAS, consiste em seleccionar as melhores opções de desenvolvimento e depois adoptar políticas estratégicas claras realistas e participativas, susceptíveis de materialização e de provocar um rápido crescimento sem, contudo, comprometer o desenvolvimento económico".

Afastadas as concepções que viam na defesa do ambiente uma pre- ocupação de países ricos, que os países em desenvolvimento se não podiam dar ao luxo de acompanhar, aparece como cada vez mais clara a necessidade de o crescimento económico não comprometer o futuro.

É em nome desse futuro que se impõe trabalhar. Às gerações futuras os responsáveis dos países em desenvolvimento têm de transmitir não só as instituições políticas que garantam a sua dignidade de seres humanos, mas também uma herança económica e social complexiva que lhes per- mita continuar a tarefa de desenvolvimento que tem de ser apanágio das sociedades cooperativas.

Ana Comoane, pela sua qualificada prática profissional, já se apre- sentava como um importante agente do desenvolvimento económico em Moçambique. Pela sua reflexão teórica, que agora partilha connosco, dá uma contribuição inestimável para trilhar os caminhos de futuro.

Poder-se-á dizer mais, ou saudar com maior alegria a publicação de uma obra nova (e inovadora)?

Por mim creio que não, mas o mérito é todo da autora.

Lisboa, Março de 2007

EDUARDO PAZ FERREIRA
Professor Catedrático
da Faculdade de Direito da Universidade de Lisboa

NOTA PRÉVIA

O presente trabalho é feito no âmbito do Curso de Mestrado em Ciências Jurídico-Económicas, da Faculdade de Direito da Universidade Eduardo Mondlane e enquadra-se na cadeira de Relações Económicas Internacionais II e, mais especificamente, no tema sobre "Desenvolvimento".

A paixão, o entusiasmo e o profundo conhecimento de causa com que o PROFESSOR DOUTOR EDUARDO PAZ FERREIRA se debruça sobre as questões relacionadas com o desenvolvimento, com incidência nos Países em Vias de Desenvolvimento (PVDs) e o seu enfoque nas Políticas Públicas (PP) e sobretudo nos principais instrumentos jurídicos adoptados pelos Estados quer no seio das grandes organizações internacionais quer nos seus próprios países, despertou em mim interesse e curiosidade de entender a dimensão do tema.

O estabelecimento dos chamados "Objectivos de Desenvolvimento do Milénio", incluindo o combate à pobreza absoluta, demonstra que o desenvolvimento é um desígnio internacional.

No entanto, o combate à pobreza, a redução dos níveis de desemprego e dos défices da balança de pagamentos é também e sobretudo um desígnio nacional.

O grande desafio que se coloca, principalmente aos PMAs, consiste em seleccionar as melhores opções de desenvolvimento e depois adoptar políticas estratégicas claras, realistas e participativas, susceptíveis de materialização e de provocar um rápido crescimento sem, contudo, comprometer o desenvolvimento económico.

Dissertar, pois, sobre o impacto do turismo é para mim uma ocasião nobre e estou profundamente grata por ter tido a felicidade de poder contar com o apoio do meu Supervisor, o Professor Doutor Eduardo Paz Ferreira cuja clarividência e paciência denotadas ainda no decurso da parte escolar do curso, inspirou a opção sobre o tema. Ao longo da

elaboração do presente trabalho descobri outra qualidade do Professor –
A sua verticalidade para exigir esforço e trabalho mas sempre associada
ao lado humano, a sua constante presença mesmo quando visivelmente
ocupado ou legitimamente cansado. E, a acrescer a tudo isso, a franca
compreensão pelos atrasos e pelas ideias, muitas vezes sem sentido.
Além disso, o apoio em obras bibliográficas e em tudo o que aqui não
cabe. Todo este acervo tangível e intangível muito estimulou a conclusão
deste trabalho.

Em especial, o Professor sugeriu a visita a algumas zonas de interesse turístico em Portugal, incluindo a facilitação de contactos com
entidades quer do sector público quer do sector privado que, no seu dia
a dia, lidam com o turismo. Sempre atento, indicou, com oportunidade,
a pessoa chave que viria a ser o elemento *pivot* de todos os contactos que
consegui estabelecer, o Engenheiro Henrique Montelobo, Presidente do
Conselho de Administração do Grupo Sonae Turismo, a quem devo
especial agradecimento.

A todas instituições e pessoas singulares que de seguida menciono
e aos demais cujos nomes, por lapso, não menciono, apresento, o meu
profundo reconhecimento:

- À Faculdade de Direito da Universidade Eduardo Mondlane
- Ao Instituto de Cooperação Jurídica da FDUL
- À Direcção do Ministério do Turismo
- Ao Grupo Visabeira
- Ao Exmo Senhor Arquitecto Jorge Henrique Cardoso da Silva
- A todo o Pessoal do Gabinete Sousa Franco & Eduardo Paz Ferreira
- À Exm.ª Senhora Dr.ª Margarida Loureiro Seguro
- Ao Exm.º Presidente da Câmara Municipal de Évora
- Ao Exm.º Senhor Vice-Presidente da Câmara Municipal de Évora
- Ao Exm.º Senhor PCA do Grupo ThinkTour
- A S. Excia. o Embaixador de Portugal junto da OMT
- À Exma Senhora Directora Geral do Turismo
- Ao Exm.º Senhor Professor Doutor Dário Moura Vicente
- Ao Gabinete J. E. Dias Costa Lda.
- À Exm.ª Senhora Dr.ª Ana Martins
- Ao Exm.º Senhor Doutor Jorge Ferrão
- À Exm.ª Senhora Dr.ª Isabel Macie
- À minha Família.

Agradeço a DEUS pela saúde e por ter criado a Natureza cujos recursos são a base de desenvolvimento do turismo e de outras actividades que, geridas de forma racional, podem proporcionar momentos de lazer e também o bem-estar a milhares de condenados pela trágica pobreza e pela impiedosa fome que afecta, em especial, as crianças da África sub-sahariana.

LISTA DAS PRINCIPAIS ABREVIATURAS

ACP   – África, Caraíbas e Pacífico
APA   – Área de Protecção Ambiental
APIT   – Área Prioritária de Investimento em Turismo
BM   – Banco Mundial
CBD   – Convenção sobre a Diversidade Biológica
CDS – ZC – Centro de Desenvolvimento Sustentável – Zona Costeira
CMET   – Código Mundial de Ética do Turismo
CONDES   – Conselho Nacional de Desenvolvimento Sustentável
CNUAD   – Comissão Mundial das Nações Unidas sobre o Ambiente e Desenvolvimento Sustentável
CRM   – Constituição da República de Moçambique
CRP   – Constituição da República Portuguesa
DCs   – Developed Countries
DUAT   – Direito de Uso e Aproveitamento de Terra
FCA   – Fundo de Consciencialização Ambiental
IDE   – Investimento Directo Estrangeiro
IUCN   – Organização Mundial para a Natureza
LBPOTU – Lei de Bases da Política de Ordenamento do Território e de Urbanismo
MA   – Ministério da Agricultura
MICOA   – Ministério para a Coordenação da Acção Ambiental
NU   – Nações Unidas
NEPAD   – New Partnership for African Development
OMT   – Organização Mundial do Turismo
ONG´s   – Organizações Não Governamentais
PDs   – Países Desenvolvidos
PET   – Política e Estratégia do Turismo (Portuguesa)
PIB   – Produto Interno Bruto
PMAs   – Países Menos Avançados
PMDs   – Países Menos Desenvolvidos

PP — Políticas Públicas
PRIA — Plano Regional de Inovação do Alentejo
PTEIM — Política do Turismo e Estratégia da Sua Implementação (Moçambicana)
PVDs — Países em Vias de Desenvolvimento
S.A.D.C. — Comunidade de Desenvolvimento da África Austral

INTRODUÇÃO

1. Contextualização

O tema escolhido para a presente dissertação, sob o título *"Impacto da Política de Desenvolvimento em Turismo – O caso dos PMAs, em especial Moçambique: Contingências e Estratégias"*, enquadra-se no contexto do *desenvolvimento*, uma das premissas básicas para a solução de muitos dos problemas que afectam essencialmente os Países em Vias de Desenvolvimento (PVDs) e, em particular, os Países Menos Desenvolvidos (PMDs), também chamados Países Menos Avançados (PMAs).

No entanto, o processo de desenvolvimento constitui hoje, mais do que nunca, um desafio para todas as nações[1]. No âmbito desse desafio, as Políticas Públicas (PP) que, de acordo com Luíz Pedone, consubstanciam *"... o que os governos fazem, por que o fazem e que diferença faz a ação governamental para a sociedade e seus problemas"*[2], desempenham um papel fundamental porquanto contêm as decisões do sector público que afectam de forma significativa a vida da sociedade. E, mais adiante, Luíz Pedone acrescenta que *"o processo de formulação, implementação e avaliação de políticas públicas é assunto de real e efetivo interesse para todos aqueles que atuam no âmbito da administração pública, principalmente daqueles que desempenham funções de direção, chefia ou assessoramento"*.[3]

Actualmente, existe uma convicção mais ou menos generalizada segundo a qual o turismo é a indústria que pode conduzir a um rápido

---

[1] Este entendimento resulta, aliás, do apelo à consciência dos Estados membros que a Assembleia Geral da Organização das Nações Unidas, na sua *Declaração sobre o Progresso e o Desenvolvimento no Domínio Social*, de 11 de Dezembro de 1969, nomeadamente, no preâmbulo e no artigo 7.º, faz no sentido de agirem e preocuparem-se com o aumento dos níveis de vida, o pleno emprego e as condições de progresso e desenvolvimento nos domínios económico e social.

[2] PEDONE, Luíz, *"Formulação, Implementação e Avaliação de Políticas Públicas"*, FUNCEP, Brasília, 1986, p. 7.

[3] Idem, ob. e p. citada.

crescimento económico. Aliás, já em 1995 a Comissão Europeia declarava que:

"The tourism industry is the world´s fastest growing industry, and has been an important part of the economic development of many of the poorer areas of Europe, especialy in the South. The growth rate for tourism in Europe is 3.7% per year, projected to continue through 2000..." [4]

Tal convicção tem vindo a sustentar a opção de muitos governos na promoção do turismo e sua eleição como sector privilegiado de desenvolvimento sócio-económico. No caso particular dos PMAs, o turismo, mais do que uma simples opção, é visto como uma indústria alternativa e um poderoso instrumento de combate à pobreza extrema que afecta os respectivos povos. Assim, por exemplo, o Plano Estratégico para o Desenvolvimento do Turismo em Moçambique (2004-2013) refere que *"um número crescente de Agências de Desenvolvimento Internacionais e Governos está a reconhecer o papel importante que o turismo pode ter na luta contra a pobreza."* [5]

O actual panorama revela que o mundo contemporâneo debate-se com problemas de vária ordem, desde a persistência de conflitos políticos, um pouco por todo o lado, a pobreza absoluta que afecta a maioria dos países da África Sub-sahariana e a Ásia do Sul onde, segundo as mais recentes estatísticas, *"mais de 40% da população vive ainda abaixo do limiar da pobreza"* [6].

A introdução de mudanças na oferta dos factores de produção ou na tecnologia, pode, no entanto, contribuir decisivamente para o progresso económico e imprimir dinamismo no desenvolvimento dos PMDs ou PMAs. Neste contexto, os mercados jogam um papel preponderante, pois, sem pôr em causa os outros factores e como diz Amartya Sen, *"It is hard to think that any process of substancial development can do without very extensive use of markets...".*[7]

---

[4] //C:\Documents and settings\USER\Desktop\Tourism CEE\XI (Berlim Declaration...), p. 1.

[5] Ministério do Turismo, *"Plano Estratégico para o Desenvolvimento do Turismo em Moçambique (2004-2013) "*, p. 7.

[6] SCADPlus, *"Política de desenvolvimento da Comunidade Europeia"*, http://europa.eu.int/scadplus/leg/pt/lvb/rl2001.htm, p. 1.

[7] AMARTYA Sen, *"Development as Freedom"*, New York (ISBN:0-375-40619-0), 1999, XXI, p. 7.

Ora, se é verdade que os mercados desempenham um papel importante no desenvolvimento dos povos, não é menos verdade que a definição prévia das PP que estabelecem o que deve ser feito, por quem, com quem e porquê deve ser feito, revela-se mais importante ainda.

O facto de o mais recente Relatório de Desenvolvimento Humano 2004 (RDH 2004) indicar que não obstante os *"avanços inéditos na segunda metade do Século 20, o mundo ainda enfrenta maciças carências em desenvolvimento humano. O número de pessoas subnutridas chegava, em 2000, a 831 milhões; 1,1 bilhão de pessoas vivem com menos de US$ 1 por dia, o que caracteriza pobreza extrema; 11 milhões de crianças morreram em 2002 antes de completar um ano de vida; 1, 1197 bilhão de pessoas não têm acesso a água potável; ..."* [8], justifica a pretensão de aproveitar a oportunidade que se apresenta de, no âmbito da elaboração do presente trabalho, discutir a pertinência ou não de apostar em turismo como factor de desenvolvimento, uma opção comummente partilhada pela maioria dos PMAs e outros países do Continente Africano.

A União Africana (UA) parece partilhar do mesmo entendimento. Por isso, na sua agenda reflectida no plano de acção contido no documento sobre a Nova Iniciativa para o Desenvolvimento de África (NEPAD)[9], refere que *"Tourism is recognized as one of the sectors with the greatest potential to contribute to the economic regeneration of the continent, particulary through the diversification of African economics and generation of foreign exchange earnings"*[10]. Do mesmo modo, a Organização Mundial do Turismo (OMT) considera que *"tourism is the number two foreign-exchange earner for the 49 Least Developed Countries (LDCs)..."*[11]. É assim que em Moçambique prevalece a mesma convicção de que o turismo pode acelerar a redução dos actuais níveis de pobreza cuja Taxa de Incidência reduziu de 69.4, em 1996-97, para 54.1 em 2002-03[12].

---

[8] Pesquisas, Divulgação de Pesquisas do Terceiro Setor, *"Relatório de Desenvolvimento Humano 2004", Integração*, página Inicial.

[9] New Partnership for Africa's Development, "Action Plan", p. 4.

[10] NEPAD, *"Tourism Action Plan*, July 2004", p. 3.

[11] Netherlands Development Organisation, *"SNV and sustainable tourism: background paper"*, p. 9.

[12] Ministério do Plano e Finanças e Universidade de Purdue, *"Relatório sobre a Segunda Avaliação Nacional de Pobreza e Bem-estar em Moçambique"*, 2004, p. 25.

No entanto, a esta convicção contrapõe-se o cepticismo daqueles que associam ao turismo muitos dos problemas ambientais que põem em perigo a natureza e a própria humanidade, ou seja daqueles para quem o turismo produz exactamente efeitos contrários ao desenvolvimento.

2. Objectivos e estrutura do trabalho

Perante o quadro acima esboçado, constituem objectivos da presente dissertação, os seguintes:

Geral:
– Determinar em que medida o turismo no mundo responde aos objectivos de desenvo*lvimento*.

Específicos:
– Determinar, em concreto, quais os impactos económicos, socio-culturais e ambientais positivos que justificam que PMAs como Moçambique, onde *"mais de metade da população nem chega a alcançar os padrões de vida básicos empregues para projectar as linhas de pobreza"*[13], acreditem na capacidade de o turismo inverter esta situação;
– Avaliar os impactos negativos que, paralelamente aos impactos positivos, deverão ser tidos em conta, particularmente na definição de uma política do turismo e consequentemente, determinar os principais factores estratégicos para a sua mitigação e desenvolvimento de turismo sustentável; e
– Por último, ponderar sobre as perspectivas de evolução do turismo e sua contribuição na economia mundial, dos PMAs e, em especial, de Moçambique;

Tendo, pois, em conta os objectivos aqui mencionados, a presente dissertação distribui-se em três partes, cada uma das quais integra vários capítulos.

A primeira parte (I PARTE) é dedicada aos aspectos gerais de desenvolvimento e de turismo. Neste contexto, o primeiro capítulo (I) versa sobre os aspectos introdutórios ao desenvolvimento económico,

---

[13] Ministério do Plano e Finanças e Universidade de Purdue, ob. citada p. 1.

problematizando o seu conceito geral, o papel dos investimentos privados, sobretudo estrangeiros, as estratégias de desenvolvimento e o conceito do actual paradigma de desenvolvimento sustentável, à luz dos principais instrumentos jurídicos internacionais; o segundo capítulo (II) debruça-se sobre os aspectos introdutórios ao turismo, destacando a sua evolução, conceptualização, formas, sua qualificação como indústria e, neste sentido, o seu funcionamento; o terceiro capítulo (III) analisa os impactos económicos, sociais e ambientais positivos e negativos, de modo a equacionar os benefícios e os prejuízos ligados ao turismo e, consequentemente, compreender a emergência de um turismo sustentável; o quarto capítulo (IV) aborda questões gerais do ecoturismo e de ambiente com vista a avaliar a contribuição deste segmento de actividade, enquanto uma forma de Turismo Alternativo (TA). Consequentemente, versa sobre o conceito da biodiversidade e seus instrumentos de protecção, bem como a contribuição das principais organizações internacionais na promoção do desenvolvimento económico sustentável, em geral e do turismo sustentável, em particular.

A segunda parte (II PARTE) trata dos aspectos de planeamento territorial e ambiente, enquanto factores estratégicos de turismo sustentável, privilegiando uma análise baseada no Direito Comparado e decompondo-se em dois capítulos. O primeiro capítulo (I) versa sobre o ordenamento, o urbanismo e o ambiente, no direito comparado, debruçando-se sobre os instrumentos geralmente usados na gestão territorial e analisando a sua relação com o ordenamento do turismo. Na medida em que Portugal possui um sistema jurídico de ordenamento territorial e urbanismo bem estruturado, assente nos princípios de desconcentração e descentralização de poderes e, além disso, susceptível de aplicação como modelo em outros países, particularmente em Moçambique, cujo ordenamento jurídico pertence à mesma família romano-germânica e, dado o facto de este último não possuir, por enquanto, legislação básica sobre a matéria, a abordagem feita circunscreve-se na análise do sistema português; o segundo capítulo (II) analisa, em concreto, as políticas de desenvolvimento do turismo, estabelecendo uma ponte com o planeamento territorial e privilegiando a apresentação de estudos de caso, de modo a facilitar a leitura dos diferentes regimes jurídicos, igualmente no Direito Comparado. Aqui, analisam-se as políticas e estratégias de desenvolvimento de turismo de Portugal, com vista a determinar em que medida os aspectos de ordenamento territorial, urbanismo e ambiente se acham acautelados na política do turismo. Porém, para ilustrar as consequências práticas da falta de planeamento territorial, apresenta-se um estudo de caso sobre as Ilhas Fidji, por apresentar uma forma de turismo comum em muitos PMAs – o turismo costeiro – e, consequentemente, a virtualidade de Moçambique poder enfrentar no futuro os mesmos problemas que aquele País insular enfrentou, se a questão de planeamento territorial não for devidamente acautelada.

A terceira e última parte (III PARTE) é dedicada às perspectivas de evolução do turismo e sua contribuição no desenvolvimento económico. Desdobra-se, também, em dois capítulos, sendo o primeiro capítulo (I) destinado à análise do crescimento do turismo com base nos índices alcançados nos últimos anos e ao diagnóstico sobre as perspectivas de crescimento do turismo internacional no mundo, contextualizando a sua dinâmica na perspectiva da OMT; e o segundo capítulo (II) dirigido a avaliar as tendências quanto ao futuro posicionamento dos PMAs, particularizando o caso moçambicano, atento os objectivos definidos pelo Governo com relação ao turismo.

À semelhança de qualquer outro trabalho de pesquisa académica, a presente dissertação termina com a apresentação das principais conclusões, consubstanciando a síntese das grandes questões discutidas ao longo do texto e as ideias que convergem para responder ao problema de investigação que a seguir se coloca.

3. Delimitação do problema

A presente dissertação levanta, à partida, o problema de saber como é que se devem conciliar o interesse económico do sector do turismo e o objectivo de tornar esta actividade uma verdadeira alavanca de desenvolvimento e, no caso dos PMAs, um instrumento de combate à pobreza absoluta, através de uma abertura cada vez maior aos investimentos privados, sobretudo estrangeiros, e de atracção de maior número possível de turistas nacionais e principalmente internacionais, com outros interesses sociais, culturais e particularmente ambientais. A dimensão do problema está claramente reflectida naquilo que, segundo Brian Garrod[14], é a opi-

---

[14] GARROD, Brian, *"Tourism Journals"*, http: // www.irs.aber.ac.uk/bgg/, p. 3.

nião de muitos autores acerca do turismo como, por exemplo, aqueles que consideram que:

- *"Tourism is like fire. You can cook your dinner on it, or it can burn your house down. (Anon.)"*;ou
- *"Tourism is like treading water hoping that no one pulls the plug" (Jean-Claude Baunmgarten, President, World Travel & Tourism Council)"*.

Não obstante as críticas subjacentes nas diferentes opiniões, acima citadas, sobre o turismo, este é, para a maioria dos PMAs, uma actividade eleita, por se entender que a mesma pode contribuir de forma decisiva para a redução da pobreza absoluta, havendo casos em que regista altos índices de crescimento. Porém, o facto de o turismo usar como capital básico os recursos naturais e, na medida em que essa utilização está geralmente associada a impactos negativos, leva a que, numa perspectiva de sustentabilidade, os esforços que os países receptores fazem para satisfazer as exigências da procura turística e demais interesses dos turistas, resultem num negócio demasiado caro, por causa da sua interferência no ambiente.

Neste contexto, o tema em apreço coloca no centro da presente dissertação o seguinte problema: **Turismo – Vale a pena ou não**? E, consequentemente, o de saber qual o real impacto das políticas do turismo sobre o desenvolvimento dos países, em geral e de Moçambique, em particular.

4. Quadro teórico ou conceptual

Além do carácter transversal e sazonal, entre outros, o turismo tem como um dos princípios básicos a sua internacionalização[15]. Com efeito, parece poder dizer-se que a importância turística de um determinado país é particularmente avaliada em função da capacidade que esse mesmo país tem de atrair turistas e investimentos estrangeiros, no âmbito do turismo.

---

[15] BAPTISTA, Mário, *"Turismo: Competitividade sustentável"*, Editorial Verbo, São Paulo, 1997, p. 409.

Neste contexto, a presente dissertação situa-se no quadro das relações económicas internacionais onde os conceitos teóricos de *desenvolvimento, vantagens comparativas, competitividade, etc.* constituem os pressupostos de toda a análise que se pretende fazer.

5. Importância e actualidade do tema

Várias razões concorrem para a importância do tema em apreço. Desde logo, a crescente relevância que se atribui ao turismo, fundada na idcia de que actualmente é uma das maiores, senão mesmo a maior indústria, susceptível de proporcionar aos países destinatários um rápido crescimento económico, donde que os países do mundo inteiro tudo fazem para aprimorar os seus produtos e serviços turísticos, por forma a melhor se posicionarem na conquista da clientela.

Uma segunda razão prende-se com o facto de, nos PMAs, o turismo ser visto como instrumento de combate à pobreza absoluta, como tal, privilegiado pelos respectivos governos, que atribuem a este sector grande importância económica e social, face à alegada capacidade de o turismo gerar receitas e novos postos de trabalho.

Uma outra razão, válida também para justificar a actualidade do tema, relaciona-se com o grande desafio que se impõe a estes países, no sentido de aguentar com as pressões da globalização e desenvolver capacidades para lidar com as regras de jogo que este fenómeno impõe e, além disso, promover de forma gradual a integração dos respectivos países na economia mundial, tendo, porém, em atenção as crescentes preocupações da Humanidade relacionadas com a degradação do ambiente e, consequentemente, com a defesa de um novo paradigma de *desenvolvimento sustentável.*

6. Justificação da escolha do tema

Pelo seu potencial natural, arqueológico e cultural, entre outros, Moçambique é considerado um promissor destino turístico de referência mundial. Por isso, o Governo moçambicano tem vindo a desenvolver esforços orientados no sentido de tornar este sonho uma realidade.

A autora[16] do presente trabalho, enquanto funcionária do recém criado Ministério do Turismo[17] tem, entretanto, a percepção de que no actual estádio de desenvolvimento do turismo, no País, haverá aspectos de capital importância requerendo melhor reflexão.

Assim, afigura-se uma excelente oportunidade para investigar com a profundidade e a isenção que a natureza do presente trabalho exige, tendo em conta tanto as aspirações do sector público como as do sector privado e ainda os compromissos decorrentes da assinatura dos tratados internacionais.

Outrossim, sendo que o tema escolhido debruça-se sobre matérias cuja abordagem é pouco comum, pelo menos ao nível da comunidade jurídica moçambicana, a presente dissertação é também motivada pela ambição de contribuir, ainda que modestamente, para a disseminação de aspectos que integram o paradigma de desenvolvimento sustentável, na certeza de que os mesmos merecerão, no seio desta comunidade, melhor aprofundamento.

7. Desenho da investigação

Atento o carácter transversal e também internacional do turismo e ainda o âmbito, os objectivos e sobretudo a delimitação do problema do presente trabalho, a sua apresentação far-se-á numa perspectiva multidisciplinar e comparativa, privilegiando simultaneamente abordagens económicas, sociais, culturais, ambientais e, obviamente, referências jurídicas, para o que atendeu-se à seguinte metodologia:

– Revisão bibliográfica, incluindo alguma legislação de fontes internas e externas, sobre *desenvolvimento*, *turismo* e outros conceitos relevantes e também informação electrónica disponível na *Internet*, dada a exiguidade de fontes em Moçambique, sobretudo na área do turismo, um campo de estudo bastante jovem, para efeitos de recolha de elementos de comparação.

---

[16] Cujas posições assumidas ao longo do presente estudo são estritamente pessoais e como tal não vinculam a instituição onde trabalha.

[17] Cfr. Decreto Presidencial n.º 1/2000, de 17 de Janeiro, que extingue o Ministério da Indústria, Comércio e Turismo e cria o Ministério do Turismo.

- Visitas a alguns lugares de interesse turístico, no País e em Portugal, destinadas a avaliar *in loco* o impacto do turismo;
- Algumas entrevistas com pessoas-chave nas instituições públicas relevantes ou em organismos privados, tanto no País como em Portugal, as quais permitiram a percepção dos aspectos práticos de desenvolvimento do turismo enquanto que a entrevista aos funcionários das diferentes instituições do Estado ajudou a completar e a precisar melhor a informação.
- Finalmente, faz-se a análise e interpretação dos dados recolhidos de diferentes fontes, visando avaliar o impacto que o turismo tem nos domínios social, económico e ambiental, bem como os índices e perspectivas de crescimento do turismo no mundo e os desafios que ainda se impõem aos PMAs.

8. Apresentação do trabalho

Dado que o presente trabalho pretende abordar matérias com interesse para diferentes destinatários, nomeadamente para os responsáveis pela formulação das PP, estudantes do turismo, cultores de direito económico e operadores turísticos, a apresentação que se segue tem uma estrutura modular, permitindo que a leitura dos diferentes capítulos se faça também de forma separada, para quem tiver interesse em ler apenas uma parte do trabalho, salvaguardando-se, porém, um encadeamento lógico e integral de toda a dissertação.

PARTE I

INTRODUÇÃO À PROBLEMÁTICA DO DESENVOLVIMENTO E DO TURISMO

CAPÍTULO I
INTRODUÇÃO À PROBLEMÁTICA
DO DESENVOLVIMENTO

SECÇÃO I – O Desenvolvimento no contexto dos PMAs

1. Razões da focalização

Neste capítulo, pretende-se fazer uma abordagem geral sobre o conceito de desenvolvimento focalizando os PMAs e, entre estes, os da África Sub-sahariana, particularizando ainda o chamado desenvolvimento sustentável, tendo em conta que o turismo, enquanto factor de desenvolvimento, só o pode ser na medida em que a exploração dos recursos naturais se faça de forma sustentável.

Uma tal abordagem baseia-se no facto de que a já conhecida divisão do mundo, fundamentalmente em dois grupos – dos PDs e dos PVDs – apesar de secular, nunca antes foi tão profunda e tão persistente como nas últimas décadas.[18] Esta é uma opinião, ou antes, uma constatação generalizada. A título de exemplo, Eduardo Paz Ferreira, ensina que *"o estudo da distribuição da riqueza pelas várias regiões do mundo ou pelos diferentes Estados conduz à conclusão de que, contrariamente àquilo que se poderia esperar do desenvolvimento das trocas económicas internacionais, não se verificou uma diminuição genérica nas disparidades*

---

[18] SUNDRUM, R.M., "Development Economics: A Framework for Analysis and Policy", England, John Wiley & Sons, ISBN 0-471-10366-7 (cloth) ISBN 0-471-10464-7 (paper), 1983, p. 75.

existentes, que antes tendem a aumentar"[19]. Mesmo sem fazer referência às razões de tais disparidades que, entretanto, se acham devidamente identificadas por Eduardo Paz Ferreira, é seguramente compreensível que, a despeito das diferenças sócio-económicas entre os dois grupos, se insista no questionamento das razões particulares do acentuado enriquecimento de alguns países e do empobrecimento de outros e, relativamente a estes últimos, colocar a questão de saber que políticas devem os respectivos governos adoptar para alcançar o desenvolvimento económico. Por isso, entender o que é desenvolvimento, quais as políticas mais adequadas para o alcançar e superar a barreira da pobreza absoluta nos PMAs, constitui uma questão prévia.

A problemática do desenvolvimento constitui, sem dúvida, o cerne das relações internacionais entre os Estados. E um exemplo peculiar de tais relações é o da cooperação entre a UE e os Estados ACP. Uma cooperação duradoura, marcada por várias experiências e tentativas de adoptar instrumentos e regimes comerciais que pudessem ditar melhor sorte para o bloco sul. Infelizmente não se conseguiu muito ou, melhor, não se atingiu o ideal. Mas a cooperação continua, não nos mesmos moldes de então mas num estilo diferente, em que para este último grupo se impõe um arregaçar das mangas porque o regime transitório previsto no Acordo de Cotonou vai terminar e muito em breve. E, então, será provavelmente o "salve-se quem poder"! Mas, até 2008, os PMAs procurarão, com certeza, explorar o que têm de vantagens comparativas e aprofundar as estratégias de negociação para os tempos vindouros.

Por tudo isto: pobreza extrema, dificuldade de tirar vantagem plena das oportunidades de cooperação e por tudo o mais que não vem aqui explícito, vale a pena aproveitar o tema sobre desenvolvimento para fazer uma incursão sobre a problemática dos PMAs e particularmente os do Continente Africano, por causa da sua história homogénea e dos incidentes económicos comuns.

---

[19] FERREIRA, Eduardo Paz, *"Valores e Interesses: Desenvolvimento Económico e Política Comunitária de Cooperação"*, Coimbra, Almedina, 2004, p. 28.

2. Panorama do desenvolvimento económico dos PMAs africanos

Muitos dos PMAs, a maioria dos quais africanos, outrora colónias, tornaram-se independentes e foi então que os seus governos se lançaram, de facto, ao debate sobre o desenvolvimento. Antes disso, a prioridade era outra: Conquistar a pátria, a identidade. Todavia, a dialéctica da vida, reforçada pelo estigma humano, vem a confirmar que à medida que se resolve um problema, um outro começa. Eis porque, após a conquista das independências, as novas nações passaram a lidar com vários problemas todos, porém, relacionados com o desenvolvimento. Aliás, como nota Eduardo Paz Ferreira, *"a independência foi normalmente associada à esperança de um surto de desenvolvimento que assegurasse melhores níveis de bem estar para as populações anteriormente colonizadas, mas, esse efeito não se veio a produzir na generalidade do continente africano, ainda que algumas economias, já na década de noventa, dessem sinais positivos e apresentassem taxas de crescimento apreciáveis..."*[20], daí o debate por vezes interrompido, mas sempre retomado. O objectivo é encontrar uma "fórmula" que, uma vez aplicada, o resultado final dê sinal positivo ao desenvolvimento. Pode até ser. O problema é quando e como, já que as estatísticas do Banco Mundial, para a maioria das jovens nações, continuam a retratar um gráfico decrescente e não é apenas o Banco Mundial quem o diz. Os próprios Estados têm a consciência disso. Vale a pena aqui recordar algumas passagens de uma intervenção de Renato Cardoso, oportunamente citado por Eduardo Paz Ferreira, referindo-se ao desenvolvimento como *"o anseio fundamental dos povos do Continente: em boa verdade é a razão e legitimação dos próprios processos de independência"* e, mais adiante, a questionar *"Vinte e cinco anos após onde estamos nós? Qual o nível de bem-estar que conseguimos? Que futuro? Este é o cerne das interrogações da África a si própria"*[21]. Estas interrogações podiam até estar ultrapassadas, se se considerar que as mesmas datam de 1986 e que, de lá para cá, algo se fez no domínio dos serviços sociais básicos, por exemplo, não fosse a situação de pobreza extrema que teima em prevalecer e que aliando-se ao HIV-SIDA,

---

[20] FERREIRA, Eduardo Paz, *"Desenvolvimento e Direitos Humanos"*, Revista da Faculdade de Direito da Universidade de Lisboa, Coimbra Editora, 2000, p. 25.
[21] Idem.

reduz a esperança de vida no Continente Africano para um índice médio de 49,1 contra 77,4 anos dos PDs.[22]

Obviamente que esta circunstância não deve remeter o Continente nem ao desespero e nem ao conformismo. Deve, sim, atiçar o debate e a busca incessante de soluções onde o apoio dos PDs continue como um instrumento valioso mas não o único e nem o instrumento-regra, quer para evitar a habitualidade, quer para reduzir a dependência económica. Efectivamente, na prática, são várias as motivações que levam os PDs a prestar o seu apoio. Entre elas, existem razões puramente humanitárias mas também outros interesses, orientados no sentido de exercer no seio dos PMAs a sua influência política, económica ou de outra natureza.

Seja qual for o "partido económico" a que se esteja filiado, como lembra Eduardo Paz Ferreira, *"não se pode ignorar que estamos em presença de uma situação que encontra as suas raízes numa ordem económica internacional existente e que conduziu à criação de profundas desigualdades entre dois grupos de países*[23]. A mesma ideia parece ser comungada por Soares Martinez que debruçando-se sobre a problemática da desigualdade entre as nações, a dado passo, afirma *"Acresce, para tornar mais grave ainda o problema das desigualdades económicas internacionais, que essas tendem constantemente a agravar-se, em consequência das próprias relações estabelecidas entre os países pobres e os países ricos. Porque tais relações que se têm baseado numa livre circulação de pessoas e bens, atraem para as zonas mais evoluídas os capitais e a mão-de-obra."*[24] Esta constatação é fundamental para perceber não só a dimensão dessas desigualdades mas também a necessidade de se não forçar as mesmas soluções de desenvolvimento adoptadas nos PDs, pois podem simplesmente não funcionar.

Parta-se do princípio de que cada continente, cada grupo de países ou mesmo cada país é um caso e porque, como diz o senso comum, *cada caso é um caso*, merece estratégias e instrumentos de desenvolvimento específicos.

---

[22] Refere-se ao Índice de Desenvolvimento Humano relatvo à esperança de vida à nascença, em 2002, Cfr RDH (2004), p. 142.

[23] FERREIRA, Eduardo Paz, ob. citada, p. 28.

[24] MARTINEZ, Soares, *"Economia Política"*, 5ª Edição, Coimbra, Almedina, 1991, p. 869.

No entanto, o tema sobre desenvolvimento, mesmo quando circunscrito aos PMAs, não é de discussão linear. A este propósito, Sundrum refere-se à existência de quatro categorias de estudos sobre desenvolvimento. Em primeiro lugar, aqueles que, sendo de natureza descritiva, adoptam uma análise genérica sobre o desenvolvimento económico; Os segundos focalizam o grupo dos PMAs ou apenas alguns destes, traduzindo apenas informações estatísticas compiladas, *grosso modo*, a partir de dados obtidos das principais organizações internacionais como as Nações Unidas.

Contestando estes dois métodos de estudo, o descritivo e o estatístico, Sundrum alega que os mesmos pecam pelo grau de generalização, pela ausência de um critério de selecção adequada da informação a descrever ou dos dados estatísticos, sendo que muitas vezes as conclusões a que se chega em relação a um país ou grupo de países, podem não ser realistas em virtude de ter tomado como ponto de partida uma informação genérica.

Consequentemente, defende a necessidade de proceder-se a estudos baseados em alguma teoria sustentando que, mesmo quando se tem que descrever ou compilar dados estatísticos, é necessário fundamentar o estudo na base de uma determinada teoria ou modelo científico a partir do qual se pode entender o critério de selecção ou de escolha desta ou daquela informação ou dados estatísticos.

A crítica de Sundrum aos dois modelos de estudos sobre o desenvolvimento procura chamar a atenção para a necessidade de se evitar partir de generalizações ou, neste caso, da falsa ideia de que as experiências ou os modelos de desenvolvimento dos PDs são automaticamente válidos para os PVDs ou para os PMAs.

Em alternativa, Sundrum propõe um terceiro grupo de estudos, privilegiando as concepções económicas neoclássicas que partem de uma dada experiência, não como uma fórmula de aplicação automática mas sim como uma base de análise das suas consequências e implicações, para daí maximizar essa experiência num contexto individual ou determinado.

Defendendo a teoria neoclássica, Sundrum refere que ela resulta numa combinação entre o método de desenvolvimento e o crescimento *per capita* e no fim permite, entre outros, concluir que todos os recursos são integralmente utilizados e alocados a múltiplos usos, bem como determinar o aumento da quantidade dos recursos em cada momento e ainda a forma como esse aumento influencia o crescimento.

Contra esta teoria, argumenta-se que a mesma é válida para os PDs mas nem sempre é aplicável aos PMAs, em virtude do seu baixo nível de desenvolvimento. Ou seja, que, a par do aumento dos recursos, deve-se ter em conta outros aspectos como, por exemplo, o estado e o progresso tecnológico e o *stock* de capital existente em cada país.

Por último, a quarta categoria de estudos identificada por Sundrum é a que se inspira em Marx e que defende que a economia não pode ser determinada pelos mecanismos dos preços dos mercados, tal como defendido pelos neoclássicos, mas sim através da luta pelo controlo da economia, entre as diferentes classes sociais.

No caso do Continente Africano, o problema do desenvolvimento não é tanto ao nível dos estudos que devem ser feitos, pois a situação é suficientemente conhecida. O Banco Mundial repete-a todos os anos, com a diferença de que agrava-se a cada ano que passa. Para David Dollar, a razão disso é porque "*A África foi, até aqui, deixada de fora do desenvolvimento da globalização... Uma vez que o resto do Mundo está a crescer, isso significa que a África sub-sahariana como um todo está a ser deixada cada vez mais para trás*". [25] E a revelação não seria grave se não fosse o facto de a mesma vir de um Director do Grupo de Investigação do Banco Mundial, uma das maiores senão a maior instituição financeira mundial, responsável por uma boa parte de ajuda ao desenvolvimento canalizado para o Continente. Tal revelação, despida de qualquer intenção segregacionista, antes pelo contrário sensata e honesta, vem reforçar a ideia de que os Estados africanos devem, eles próprios, procurar soluções para as suas necessidades, de acordo com os recursos de que dispõem.

A ajuda externa não deve, pois, substituir os esforços internos e deve ser vista apenas como um dos instrumentos de desenvolvimento mas não o único e, uma vez obtida, os africanos não deveriam esperar que se lhes diga como aplicar essa ajuda. Infelizmente, os doadores muitas vezes impõem o *como, onde* e *quando aplicar* o que, algumas vezes, retira a essência daquilo que é uma verdadeira ajuda. Este é também o entendimento de Dollar que, peremptoriamente, afirma "*os que estão de fora podem ajudar mas os africanos têm que tomar a iniciativa de tornar o*

---

[25] DOLLAR, David, apud Fundação Calouste Gulbenkian, "*Globalização, Desenvolvimento e Equidade*", Lisboa, Dom Quixote, ISBN 972-20-2001-3, 2001, p. 101.

continente próspero" e indica que *"Temos actualmente uma razoável investigação mundial sobre as determinantes do crescimento e há provas muito claras de que certas instituições e políticas promovem o crescimento económico... Portanto assistimos a um crescimento bastante saudável no Uganda durante os anos 90. O Gana é também uma história de relativo sucesso e, mais recentemente, temos o caso de Moçambique... esta noção que tenho de boa política inclui também políticas sectoriais".*[26]

Ao analisar a problemática do desenvolvimento no contexto do tema da presente dissertação, tem-se exactamente como ideia discutir a viabilidade ou não de uma (boa) política sectorial do turismo como um dos factores de crescimento e instrumento de desenvolvimento, equacionando as sugestões de David Dollar de combinar a ajuda externa ao desenvolvimento com as políticas económicas de crescimento que como ele argumenta esse é o mecanismo para que a ajuda seja produtiva.

Os PMAs ou, mais especificamente, os países da África Sub-sahariana têm, em geral, problemas comuns específicos e contingências próprias exigindo, por isso, soluções concretas e iniciativas próprias, na esteira do pensamento de Dollar que reafirma"*os doadores não podem tomar a liderança na realização da reforma económica. As sociedades – e na nossa discussão aqui, as sociedades africanas – têm que tomar a dianteira. Interesses externos não podem tomar a liderança."* Este é, aliás, um aspecto de soberania nacional, pois, a não ser assim, que soberania política pode um Estado ter se não tiver soberania económica e, neste contexto, capacidade para liderar os destinos económicos do seu país?

A África precisa da ajuda externa. Porém, esta não pode estar condicionada a receitas e conselhos dos PDs, sob pena de não atender às reais necessidades dos mutuários e tornar-se um mero agravamento da dívida externa, sem quaisquer resultados materiais e sociais dignos de registo. Neste ponto, alguns doadores precisam mudar a sua atitude.

Naturalmente que a experiência mundial é crucial, sobretudo no âmbito do turismo, cujos impactos são de possível verificação tanto nos PDs como nos PMAs. Todavia, essa experiência só será válida na medida em que permitir reduzir os desequilíbrios na distribuição da renda entre

---

[26] Idem ob. citada, pp 102 e 103.

os dois grupos. Porém, actualmente não é assim. Mesmo no turismo onde os PMAs se vangloriam de possuir excelentes recursos naturais, em alguns casos os melhores, as desigualdades são enormes. Por exemplo, de acordo com as estatísticas da OMT (1998), o crescimento da indústria turística, a nível mundial, atingiu o dobro, com um aumento de receitas de 204 para 444 biliões de dólares, de 1997 a 1998. Mas, o certo é que a Europa e a América do Norte seguidos, recentemente, da Ásia e do Pacífico, são os mercados que concentram maior volume dessas receitas e também maior número de chegadas, enquanto que no Continente Africano só a África do Sul é frequentemente visitada.

Assim, relativamente a 1997, 54% do volume de receitas e 52% do total de chegadas internacionais pertencem apenas aos 10 principais destinos turísticos.[27]

De acordo com a OMT as chegadas internacionais ascenderam, em 2000, a 697 milhões de turistas correspondendo, em termos de receitas geradas, a mais de 478 biliões de dólares, sem incluir as receitas provenientes de outros serviços complementares como transporte com os quais o número elevaria-se então a 575 biliões de dólares.[28]

Não obstante esta constatação, o turismo em outras partes está a emergir como um factor privilegiado de desenvolvimento e para muitos dos PMAs como uma alternativa de desenvolvimento. Que impacto terá o turismo nestes países?

Além das expectativas baseadas no crescimento do turismo, atingido em outros países, os PMAs têm certamente outras razões específicas para, no âmbito do desenvolvimento, optar pelo turismo. É por isso, também, que, ao analisar a questão de desenvolvimento, se focalizam os PMAs. E, embora as razões sejam várias, podem reter-se as seguintes:

– Em primeiro lugar, Moçambique, país de onde a autora é nacional, é um PMA pelo que, em geral, terá as mesmas aspirações económicas e sociais no âmbito do seu desenvolvimento e alguns dos constrangimentos atinentes ao processo respectivo serão comuns a todos os países como tal classificados. Neste sentido,

---

[27] PEARCE, Douglas G. e BUTLER, Richard W. (Orgs.), *"Desenvolvimento em Turismo: temas contemporâneos"*, São Paulo, Contexto Editorial, ISBN 85-7244-197-2, 1999, p. 11.

[28] LOURENCO, Nelson e JORGE, N. In *"Coastal tourism environment, and sustainable local development"*, Índia, TERI, ISBN 81-7993-017-3, 2003, p. 50.

entender a problemática de desenvolvimento e suas vicissitudes nos PMAs, em geral, constitui uma premissa básica tanto para compreender as opções de desenvolvimento de Moçambique e suas consequências como, sobretudo, para avaliar o impacto da política do turismo no desenvolvimento do País;

– Em segundo lugar, os governos dos PMAs, em geral, lutam por adoptar as políticas mais apropriadas ao crescimento acelerado das suas economias e ao combate à pobreza absoluta, pelo que, em princípio, comungam das mesmas estratégias. Mas estas não podem nem ignorar nem desvirtuar os conceitos básicos defendidos pela Comunidade Internacional, através dos fóruns das principais organizações internacionais como é o caso de desenvolvimento sustentável que se impõe a todos os países, incluindo os PMAs.

Assim, a par duma abordagem genérica sobre o desenvolvimento, importa focalizar o conceito de desenvolvimento sustentável e analisar como é que o mesmo é encarado pela Comunidade Internacional e que deveres impõe aos Estados membros, a fim de que se possa avaliar até que ponto os PMAs estão preparados ou pelo menos cientes das implicações da sua opção.

Atendendo a que todos os países vivem sob o paradigma da globalização, cujos efeitos se repercutem a todos os países, a análise do conceito de desenvolvimento deverá igualmente ter em conta este paradigma.

Infelizmente, o Relatório de Desenvolvimento Humano 2004 (RDH 2004) mantém o mesmo quadro desolador sobre a região da África Sub--sahariana indicando, por exemplo, que enquanto alguns países, designadamente os da Ásia Oriental e do Pacífico, estão a registar progressos relativamente a todos os Objectivos de Desenvolvimento do Milénio (ODM), outros, particularmente os situados na África Sub-sahariana estão a regredir. Deste modo, por exemplo, enquanto uns irão atingir as metas de educação e de redução do índice de mortalidade infantil em apenas 11 anos, conforme estabelecido, a África Sub-sahariana precisa de 100 anos! Fica, pois, claro que a ideia de uma aldeia global subjacente no paradigma da globalização só existe, por enquanto, no campo das hipóteses.

As diferenças estruturais e de oportunidades entre os PDs e os PMAs são de tal ordem que as estratégias de desenvolvimento não podem ser as mesmas, muito embora a globalização, tal como no desporto, onde valem as mesmas regras de jogo tanto para a equipa forte como para a equipa fraca, imponha exactamente as mesmas regras para todos.

Ora, se a globalização impõe as mesmas regras a todos e se o turismo é susceptível de produzir os mesmos impactos, pelo menos os negativos, ou parte deles, em qualquer país, há todo o interesse em analisar a forma e as estratégias de desenvolvimento adoptadas pelos PMAs e suas motivações e o modo como tais estratégias se acham harmonizadas, a nível interno, com as outras políticas sectoriais e, a nível externo, com as regras básicas estabelecidas nos principais instrumentos sobre o desenvolvimento, nomeadamente com as regras de desenvolvimento sustentável.

Face ao que acima se expõe, analisam-se neste capítulo e sucessivamente, os conceitos de desenvolvimento, estabelecendo-se um certo paralelismo com o conceito de *crescimento*, relativamente ao qual, geralmente, a doutrina procura vincar as diferenças; o desenvolvimento no contexto da globalização, a importância dos investimentos directos estrangeiros, as estratégias de desenvolvimento e o desenvolvimento sustentável, conforme defendido pelas principais organizações internacionais e com particular interesse no âmbito do turismo.

Todos estes conceitos são importantes para a análise dos pressupostos que servem de fundamento às opções e estratégias dos PMAs mas também às implicações de tais opções.

SECÇÃO II – O Conceito de Desenvolvimento

1. Desenvolvimento *Versus* Crescimento Económico

Convém, antes de mais, salientar que é comum ouvir falar simultaneamente de *crescimento* e *desenvolvimento* ou até confundirem-se os dois termos. Isto sucede porque, para certos autores, o primeiro corresponde a uma avaliação quantitativa, enquanto o segundo corresponderia a uma avaliação qualitativa. Impõe-se assim, à partida, clarificar a questão. Ora, de acordo com um dicionário económico, crescimento *"é o aumento sustentado da produção de um país, durante um período longo"*[29],

---

[29] ECHAUDEMAISON, Claude Danièlè, *"Dicionário de Economia e Ciências Sociais"*, Porto Editora, ISBN 972-0-05277-5, 2001, pp. 87 e 101.

para o qual se usa, como indicador, o Produto Interno Bruto (PIB), calculado a preços constantes e geralmente influenciado pelo progresso tecnológico, melhoria de qualidade da mão-de-obra, entre outros ou, segundo François Perroux, crescimento "*é o aumento da dimensão de uma unidade, quase sempre a nação, expresso pelo produto global bruto (conjunto dos bens e serviços obtidos durante um período, incluídas as amortizações), referido ao número de habitantes*"[30]; enquanto que Desenvolvimento "*é a transformação das estruturas demográficas, económicas e sociais que, geralmente, acompanha o crescimento*", podendo retirar-se desta noção um elemento de natureza estrutural que se traduz na urbanização e industrialização, etc., e outro de ordem qualitativa, inerente às condutas.

Para Samuelson e Nordhaus[31], crescimento económico "*representa a expansão do PIB potencial ou produto nacional de um país*" e sustentam que, embora os caminhos que conduzem ao crescimento não sejam iguais, há, todavia, factores comuns que influenciam o crescimento económico, tanto nos países ricos como nos países pobres, os quais constituem aquilo que designam como *as quatro rodas do crescimento*, designadamente: *a quantidade e qualidade da população activa, a abundância da terra e dos recursos naturais, a quantidade do capital acumulado* e *o progresso tecnológico e a inovação*.

Como argumentam Samuelson e Nordhaus, cada uma destas quatro rodas tem o seu mecanismo de funcionamento. Todavia, a decisão pública joga um papel preponderante na definição das combinações entre as quatro rodas bem como dos elementos adicionais que se revelem recomendáveis, e também na orientação de todo o processo que levará ao crescimento económico.

Quanto ao desenvolvimento, mesmo sem apresentar uma definição taxativa, Samuelson e Nordhaus entendem que "*A chave do desenvolvimento reside em quatro factores fundamentais: recursos humanos, recursos naturais, formação de capital e tecnologia*".[32] Desta ideia, parece

---

[30] PERROUX, François, "Ensaio sobre a Filosofia do Novo Desenvolvimento", Lisboa, Fundação Calouste Gulbenkian, 1981.
[31] SAMUELSON, Paul e NORDHAUS, William D., "*Economia*", Décima Sexta Edição, Lisboa, McGrawHill, ISBN 972-9241-40-6, 1999, pp. 518 e 536.
[32] SAMUELSON, Paul e NORDHAUS, William D., Ob. Citada, p. 555.

poder-se dizer que tanto o crescimento como o desenvolvimento económico assentam sobre a mesma base. Porém, o crescimento económico é apenas o caminho e não o desenvolvimento em si mesmo.

Sundrum, por sua vez, apresenta um painel de definições, no qual procura demonstrar a tendência doutrinária de fixar o conceito de desenvolvimento, com recurso à distinção entre as figuras económicas de *desenvolvimento* e *crescimento*, sem, contudo, negar que os dois se complementam, nos seguintes termos:

– *"By 'development', therefore, we shall understand only such changes in economic life as are not forced upon it from without, but arise by its own initiative, from within."* (Schumpeter, 1934, p. 13).

– *"We shall designate by the term growth, changes in population and in the sum total of savings plus accumulation."* (Schumpeter, 1934, p. 863).

– *"Nor will the mere growth of the economy, as shown by the growth of population and wealth, be designated here as a process of development".* (Schumpeter, 1934, p. 63).[33]

Analisando as várias definições avançadas pelos diferentes autores, resulta que o conceito de desenvolvimento é muito mais abrangente e, talvez por isso, François Perroux refere que *"Desenvolvimento é tudo ao mesmo tempo, a acção de desenvolver e o que daí resulta"*[34]. Entretanto, reconhecendo a "dupla ambiguidade" desta definição, como ele próprio afirma, acrescenta que *"... o desenvolvimento não poderá nunca ser objecto de uma definição satisfatória para todos, i.e., para todos os países, todas as experiências, todas as exigências"*[35].

Parece ter razão Perroux, pois, sendo o desenvolvimento um processo de transformação, porém, de realidades diversas e com recurso a factores diversos e, sendo que nesse processo uns têm tudo e outros nada têm, ou ainda, sendo o desenvolvimento simultaneamente a acção de

---

[33] SUNDRUM, ob. citada, pp. 75 e 76.
[34] PERROUX, François, *"Ensaio sobre a Filosofia do novo Direito"*, ob. ciitada p. 13.
[35] Idem, p. 18.

desenvolver e o produto dessa acção, sendo certo que nem a acção, nem o resultado são iguais para todos, não há dúvidas de que o conceito de desenvolvimento tem de ser necessariamente variável.

Cada Estado tem a sua forma de agir, de se desenvolver conforme os pressupostos, as condições e as oportunidades que tem.

Assim, o conceito de desenvolvimento no Japão será diferente do conceito de desenvolvimento em Moçambique, por exemplo, de tal maneira que mesmo que a taxa de crescimento nos dois países fosse, num dado ano, igual em termos numéricos, o resultado do desenvolvimento alcançado seria obviamente diferente como diferente seria o significado real dessa taxa na vida das respectivas populações.

No entanto, o facto de não se poder definir desenvolvimento, pelo menos de forma satisfatória para todos, não invalida a ideia de que existe entre este conceito e o de crescimento uma relação de complementaridade baseada no facto de que do crescimento advém, a longo prazo, o desenvolvimento ou seja as mudanças estruturais, técnicas, sectoriais, demográficas, entre outras.

Neste âmbito, parece que dependendo sempre o desenvolvimento do crescimento económico poderia, por consequência, concluir-se que sempre que há crescimento também há desenvolvimento. Porém, nem sempre é assim. Por exemplo, a introdução de fábricas novas num determinado país, em princípio, traduz-se no aumento do PIB mas tal pode não se reflectir em termos de construção de novas estradas, hospitais ou outras infra-estruturas com impacto na vida das populações. Isto demonstra a dificuldade que há em interpretar o desenvolvimento. Aliás, costuma-se dizer que *o desenvolvimento é como uma girafa, difícil de definir mas fácil de reconhecer*. Provavelmente é esta a razão que leva determinados autores a sugerir outras concepções.

2. Outras concepções sobre o conceito de Desenvolvimento

Vários outros autores se debruçam sobre o conceito de desenvolvimento sem, contudo, arriscar uma definição acabada. Celso Furtado explica o conceito de desenvolvimento a partir de três dimensões: a primeira toma o desenvolvimento como uma forma de aumento da eficácia do sistema social de produção, a segunda refere-se ao desenvolvimento como um meio de satisfação das necessidades básicas da população e a terceira como um meio de alcançar um objectivo definido pelos poderes dominantes de uma sociedade sobre a utilização de recursos raros.

Aparentemente insatisfeito com a sua própria concepção e, à semelhança de Perroux, Furtado considera haver alguma ambiguidade, especialmente no que diz respeito ao último aspecto, argumentando que aquilo que é o desejo de um grupo pode ser supérfluo para os outros e, relativamente ao segundo aspecto, alega que uma maior eficácia do sistema social de produção não implica necessariamente a satisfação das necessidades básicas da população, havendo mesmo casos em que a uma introdução de técnicas sofisticadas no processo produtivo corresponde uma deterioração das condições de vida.[36] Como solução, sugere que o conceito de desenvolvimento de uma dada sociedade seja aferido a partir de uma base ideológica e tendo em conta a respectiva estrutura social e a política de desenvolvimento subjacente.

No entanto, o termo desenvolvimento é comummente interpretado a partir do binómio: PDs *versus* PMDs (PMAs) e diz-se que o desenvolvimento é a soma de todas as diferenças entre estes dois grupos de países, as quais podem ser de dois níveis: diferenças causais ou aquelas que resultam dessas mesmas causas.

As primeiras são decisivas e, por isso, na definição das PP deve-se privilegiar a sua remoção, pois remover apenas as consequências dessas diferenças, como frequentemente acontece, sem contudo eliminar as suas causas, não permite o desenvolvimento nos PMAs. Entretanto, importante é também determinar os principais factores responsáveis pelas diferenças entre os PDs e os PMAs. Um desses factores é que enquanto nos PDs há um elevado e crescente índice de investimentos, bem como o uso de tecnologias avançadas; nos PMAs a situação é quase que estática. O volume de investimentos é insignificante e muitas vezes condicionado pela instabilidade política, situação agravada pela ausência de investigação e uso de tecnologias avançadas. O outro factor é a atitude e a experiência das pessoas nos PDs relativamente às actividades que realizam.

As diferenças entre os PDs e os PMAs são frequentemente avaliadas em função dos dados estatísticos relativos ao crescimento económico.

---

[36] Furtado, Celso, *"Introdução ao Desenvolvimento: Enfoque Histórico-cultural"*, Rio de Janeiro, Paz e Terra, 2000, ISBN 85-219-0373-1, p. 22.

Os PMAs são, entretanto, muitas vezes críticos em relação a tais dados sobre os níveis de crescimento, afirmando tratar-se de crescimento sem desenvolvimento, para qualificar um crescimento desacompanhado de desenvolvimento.

É dentro desta perspectiva que o tema sobre *desenvolvimento* ganha maior relevância nos países do Terceiro Mundo, tendo em conta os desafios que se colocam perante os Estados que integram este grupo. Desde logo, porque é nesses países onde a maioria da população do mundo vive, essencialmente de agricultura e dependente dos PDs, dependência essa determinada pela necessidade que aqueles têm de importar bens manufacturados, oriundos destes países e também pela adopção, regra geral, de modelos de desenvolvimento ocidentais, não obstante o facto de muitas vezes os mesmos serem incompatíveis com a situação real dos PMAs, cujo processo de desenvolvimento passa a ser controlado pelos PDs.

Como observa Perroux, *"Os países em desenvolvimento estão nitidamente submetidos a tensões internas excepcionais, agravadas pelo facto de se saberem joguetes numa luta mundial. O modelo "social" do ocidente não lhes é aplicável porque foi elaborado para um outro estádio de desenvolvimento, e a forma da sociedade que lhe deu origem tem poucas relações com as das sociedades tradicionais que teria a pretensão de melhorar..."*.[37]

Não cabe aqui analisar os vários modelos de desenvolvimento, pretendendo-se tão somente chamar a atenção sobre o risco, várias vezes existente, de os governos adoptarem PP importadas de outros países, sem ter em conta as diferenças existentes nas estruturas económicas e natureza de recursos disponíveis, daí resultando a sua ineficácia conforme, aliás, argumentos apresentados no ponto anterior.

Saliente-se, no entanto, que a importação dos modelos ou, na circunstância, das PP é muitas vezes consequência da falta de capacidade técnica ou experiência suficiente para a sua elaboração. Mas, outras vezes, são os doadores que têm de financiar o processo de elaboração das PP que impõem o recurso às consultorias externas e determinam as regras a observar em todo o processo da sua adjudicação. O resultado disso é a contratação de consultores muitas vezes sem o domínio da situação real dos PMAs e que, por causa disso, e também por razões de comodidade,

---

[37] PERROUX, François, ob. citada p. 83.

recomendam modelos desfasados da realidade, situação que só perpetua a dependência e o subdesenvolvimento dos países do Terceiro Mundo. Porém, com dependência, na medida em que esta implique a ausência de liberdade, não se pode falar de desenvolvimento. Já o tinha notado Amartya Sen. E, numa publicação recente, o BM veio também, a par de outros valores sociais, culturais, ambientais e legais, a defender um conceito de desenvolvimento que pressupõe liberdade, ao referir que *"Development is about improving the quality of people's live, expanding their ability to shape their own futures. This generally calls for higher per capita income, but involves much more. It involves more equitable education and job opportunities. Greater gender equality. Better health and nutrion. A cleaner, more sustainable natural environment. A more impartial judicial and legal system. Broader civil and political freedoms. A richer cultural life..."*[38] É este conceito abrangente que se pretende assumir, muito embora, na prática, implique um longo percurso para os PVDs, não raras vezes, determinado pelos PDs que procuram sempre uma forma de impor as suas soluções.

A atitude dos PDs de influenciar as PP adoptadas pelos PMAs com vista a manter o seu controle económico não é nova. A prova disso é que há muito que as Nações Unidas fazem apelo para que seja respeitado o direito dos países a um desenvolvimento autónomo e livre de interferências, sem prejuízo da necessária cooperação a que todos os Estados são instados a estabelecer, particularmente a favor dos PVDs, especialmente consagrado em vários instrumentos jurídicos internacionais.

Num outro contexto, o envolvimento da Comunidade Internacional nos processos de desenvolvimento está patente, por exemplo, nos acordos de cooperação entre a União Europeia (UE) e o grupo de Países da África, Caraíbas e Pacífico (ACP) cujo respectivo acordo – o Acordo de Cotonou – actualmente vigente, prevê relativamente aos PMAs, como Moçambique, durante o período transitório, um tratamento especial concedido a estes países, no pressuposto de que essa seja a melhor via que permite a sua integração sem grandes convulsões na economia e que pode impulsionar o seu desenvolvimento sustentável e a erradicação da pobreza.

---

[38] Thomas Vnod et al, WORLD BANK, *"The Quality of Growty"*, Oxford University Press, 2000, p. XXIII.

O Relatório sobre o Desenvolvimento Mundial 1990, publicado para o Banco Mundial, é uma prova de que a erradicação da pobreza não é assunto novo e nem apenas dos países pobres, variando somente a forma de abordagem ao longo dos tempos.

Assim e no que concerne às *políticas de combate à pobreza*, o relatório refere que " *nos anos 50 e 60, muita gente considerou ser o crescimento o melhor meio de reduzir a pobreza e elevar a qualidade de vida.... Nos anos 70, passou-se a atentar especificamente para prestação de serviços de saúde, nutrição e educação, vistos como questões de política pública. O relatório sobre o desenvolvimento mundial 1980, com base nos índices então disponíveis, sustentou que melhorar a saúde, a educação e a nutrição era algo não só intrinsecamente importante, mas também um meio de estimular o aumento das rendas, inclusive dos pobres. Nos anos 80 a ênfase voltou a mudar. Os países – na África sub--sahariana e na América Latina, sobretudo – lutavam para ajustar-se, após a recessão global. Aumentou a contenção da despesa pública. Em muitos países, além disso, começou a ser questionada a eficácia das políticas públicas, em especial aquelas cujo alvo eram os pobres. É neste contexto que o Relatório sobre o desenvolvimento mundial volta a exa-minar a possibilidade de as políticas contribuírem para a redução da pobreza, e examina também as perspectivas que têm os pobres nos anos 90.*" [39]

Neste extracto do relatório, está claro que os vários PVDs há muito se encontram envolvidos na procura de formas de combater a pobreza, através das PP. Contudo, os elementos utilizados ao nível das respectivas estratégias ao longo do tempo são, obviamente, variáveis. Mas, de acordo com o mesmo relatório, países que privilegiaram a combinação de dois elementos: o *trabalho*, implicando a utilização da mão-de-obra disponí-vel dos pobres e a *prestação de serviços sociais básicos aos pobres* em termos de cuidados médicos, incluindo planeamento familiar, nutrição e educação melhoraram as condições de vida das respectivas populações.

O desenvolvimento, como um dos fins de todas as PP, nomeadamente a política do turismo, não se reduz e nem se pode basear apenas em factores materiais, financeiros ou outros, sem considerar o factor humano,

---

[39] BANCO MUNDIAL, *"Relatório sobre o Desenvolvimento Mundial 1990: A Pobreza"*, Fundação Getúlio Vargas, ISNB 0-8213-1510-2, pp. 2 e 3.

quer porque ao Homem compete dirigir todo o processo de organização e funcionamento da actividade económica, quer porque todo esse processo se dirige, em última análise, a proporcionar ao Homem o bem-estar e o seu desenvolvimento económico e social. Perroux considera que "*o desenvolvimento remete-nos para o homem, sujeito e agente, para as sociedades humanas, para a sua finalidade e para os seus objectivos manifestamente evolutivos*". E, mais adiante, argumenta que "*o desenvolvimento pressupõe a expansão da actividade dos homens em relação aos homens, para troca de bens ou serviços e para troca de informação e de símbolos*".[40]

Assim, não haverá desenvolvimento se não houver homens capazes de dirigir ou de executar programas económicos ou sociais, como também não fará sentido imaginar desenvolvimento que não seja para beneficiar o próprio Homem, considerado não apenas como a soma das pessoas existentes numa determinada sociedade, num dado momento, mas incluindo também as gerações vindouras. Neste contexto, o desenvolvimento constitui uma palavra de ordem de e para todos os países que aspiram ao bem-estar dos seus povos e, neste sentido, um desafio tanto para os países pobres como para os países ricos.

Note-se, aliás, que, na actualidade, fala-se de desenvolvimento humano justo e sustentável no âmbito de uma economia baseada no conhecimento, entendida, de acordo com Mário Murteira, como "*um sistema económico onde predominam os serviços e as actividades económicas em geral que são intensivas em conhecimento (usam tecnologias avançadas, mão de obra altamente qualificada e investem significativamente em actividades de investigação e desenvolvimento)*"[41].

O novo conceito de economia baseada no conhecimento, sem dúvida que encontra o seu fundamento no paradigma da globalização, exigindo competitividade que, por sua vez, pressupõe a inovação em termos de produtos, serviços e processos de produção e de organização empresarial. Mas, porque sem o domínio da tecnologia e da informação não pode haver inovação, o conhecimento é, sem dúvida, um elemento crucial.

---

[40] PERROUX, François, Ob. Citada, pp. 30, 56.

[41] MURTEIRA, Mário, In Revista Mais, "*Desenvolvimento Humano Justo e Sustentável*", p. 16.

A globalização, na medida em que consubstancia as forças de mudança e desenvolvimento que afectam todos os países, representa, para o sector do turismo, um grande desafio. A presença e o poder das grandes empresas transnacionais, o aumento das linhas de transporte, sobretudo aéreo, ligando diferentes países e continentes, são alguns dos elementos que fazem do turismo um factor de contacto entre os povos, ao mesmo tempo que impõem a adopção de políticas susceptíveis de responder àquele desafio.

Portanto, analisando o panorama económico dos PMAs e dos PVDs, em geral, e o quadro das relações que estes estabelecem com os PDs, resulta claro que os esforços de desenvolvimento recomendados pela comunidade internacional, através das organizações especializadas das NU, passam pela definição de estratégias com abordagens temáticas, quer de nível internacional quer de nível nacional, tanto mais profundas quanto mais complexa for a situação de subdesenvolvimento que se pretende alterar. Por isso, as estratégias de desenvolvimento constituem uma peça fundamental na materialização das PP, devendo os PDs garantir aos PMAs a necessária assistência técnica sem, contudo, impor modelos que não tenham em conta a realidade concreta destes últimos, pois como observa Streeten *"Yet, it is of the greatest importance to know what types of tecnical assistance help countries to become self-reliant and to acquire the necessary skills, and which are ineffective or actually counter-productive, prolonging and perpetuating dependency. The need for an objective, critical form of appraisal and evaluation is urgent. This analysis should form the basis for making constructive proposals as to how the value of technical assistance can be improved and how the capacity of the developing countries can be strengthened."*[42]

Neste contexto, a definição de estratégias de desenvolvimento com princípios e objectivos claros baseados não só nas experiências dos outros países mas, sobretudo, na realidade concreta de cada país, *maxime* de cada PMA, sobre a materialização das PP, é de vital importância, dela dependendo, em larga medida, o sucesso na sua implementação.

---

[42] STREETEN, Paul Patrick, *"Thinking about Development"*, Itália, Edições Alessandro Pio, ISBN 0-521-48276-3, 1997, p. 12.

3. Estratégias de Desenvolvimento

De acordo com um dicionário português, define-se como *estratégia*, entre outros, o *"conjunto de meios e planos para resolver situações complexas."* [43]

Para Mário Murteira, *"A estratégia é, afinal, o enunciado das orientações prioritárias e dos correspondentes meios ou instrumentos de política económica que o poder político pretende seguir e utilizar na condução do desenvolvimento do País."* [44] Como é óbvio, as orientações e os meios ou instrumentos contidos na estratégia abrangem diferentes matérias, nomeadamente relacionadas com o investimento e formas de seu financiamento, a coordenação intersectorial, as sinergias a estabelecer e os Recursos Humanos necessários, incluindo as prioridades de formação.

Neste contexto, a estratégia afigura-se um instrumento de mudanças ou de formulação de objectivos e de estabelecimento de condições e mecanismos a seguir para introduzir alterações, geralmente profundas, num determinado sector de actividade económica. E isto tendo em conta que o processo de desenvolvimento pressupõe a existência de problemas que afectam a sociedade e impedem o seu bem-estar. Neste sentido, as PP que os governos adoptam, representando o conjunto de decisões sobre determinado processo de desenvolvimento, devem ser sustentadas por uma estratégia de operacionalização, apta a resolver as mais complexas situações que num dado momento e contexto se apresentam. Por isso, as estratégias de desenvolvimento não podem ser iguais, na medida em que a sua adopção deve ter em conta o tipo de problemas ou situações que visam resolver, o grau de complexidade desses problemas e, entre outros, as disponibilidades em termos de recursos necessários. Aliás, mesmo quando as situações identificadas são similares, o que equivale dizer que mesmo quando os problemas sejam idênticos, as estratégias devem ser diferentes e sobretudo adequadas. No caso do turismo, as estratégias terão sobretudo em conta os produtos turísticos e demais condições complementares disponíveis em cada país.

---

[43] Dicionário básico ilustrado: Língua portuguesa, Porto Editora, ISBN 972-0--05104-3

[44] MURTEIRA, Mário *"Lições de Economia Política do Desenvolvimento,"* Edição revista e actualizada, Lisboa, Editorial Presença, 1990, p. 13.

No entanto, desde os anos 50 que os meios ou pelo menos os elementos que integram a estratégia de desenvolvimento e redução da pobreza foram variando no tempo e até no espaço. Com efeito, o Relatório do Banco Mundial de 1990 põe em relevo a variação e o emprego das estratégias de desenvolvimento nos diferentes países e ao longo do tempo. Assim, por exemplo, a Índia começou por considerar o *crescimento acelerado* como instrumento viável e nos anos 70 privilegiou a *prestação de serviços sociais básicos*; Nos anos 80, países da África Sub-sahariana e da América Latina apostaram na *contenção da despesa pública* e, na década de 90, a estratégia que mostrou maior eficácia no "...*combate à pobreza de modo rápido e politicamente sustentável...*", é a que resulta da combinação de dois elementos, o *trabalho* e a *prestação de serviços sociais básicos*.[45]

O emprego de estratégias pelos PMAs adoptadas no passado pelos PDs onde as experiências foram bem sucedidas, corresponde ao que Sundrum designa por "*imitative strategy*".

Sem negar que se possa recorrer a experiências passadas para maximizar aquilo que, sendo aplicável, pode ser benéfico para os PMAs, sobretudo na questão de saber como é que um grupo de países ultrapassou o problema da pobreza, Sundrum chama a atenção para o facto de que, em muitos casos, a situação então prevalecente nos PDs e as circunstâncias em que estes optaram por certas soluções, se alterou significativamente. E, neste contexto, sugere que se tenha em conta três aspectos fundamentais, em que:

– O primeiro, tem a ver com o facto de que a situação da pobreza que existiu nos PDs, determinando o emprego de certas estratégias, não é a mesma que se vive hoje nos PMAs. Enquanto que aqueles, na altura em que, eventualmente, eram considerados pobres, apresentavam factores sociais, políticos e culturais homogéneos, os PMAs apresentam, do ponto de vista histórico, social, económico, cultural e político, um quadro bastante heterogéneo, sendo que "*To imitate all these features is to confuse development with westernization, which may be neither necessary nor desirable.*"[46] Neste sentido, não se pode recorrer exactamente às mesmas

---

[45] A corroborar esta ideia, no Relatório do Banco Mundial de 1990 o problema identificado, já lá vão décadas, é a pobreza.

[46] Sundrum, ob. Citada, p. 9 e ss.

soluções e, por via disso, aplicar aos PMAs as mesmas estratégias então aplicadas nos PDs senão na medida em que tal for necessário e adequado;

– O segundo aspecto relaciona-se com o facto de que considerar a estratégia imitativa seria o mesmo que admitir que há só uma única via de desenvolvimento, ou seja, que há só um processo, um modelo ou um só caminho de desenvolvimento. Porém, a ideia de um só caminho para o desenvolvimento não pode colher pois, mesmo com relação aos países que alcançaram o desenvolvimento no passado e que hoje integram o grupo dos PDs, há que considerar que, eles próprios, não partiram do mesmo ponto e nem sequer passaram exactamente pelas mesmas fases do processo de desenvolvimento e isto porque, na prática, não se encontravam todos no mesmo estágio de desenvolvimento. Mas, mesmo que o caminho de desenvolvimento tivesse sido óptimo para todos os PDS tal não significaria que também o fosse linearmente para os PMAs.

As condições que determinaram as estratégias adoptadas pelos PDs mudaram e os desafios que se colocam hoje para os PMAs não são os mesmos de então. Além disso, estes têm hoje um vasto campo de opções quanto os modelos de desenvolvimento, lidam com processos técnicos e tecnológicos bastante avançados com os quais os PDs não puderam contar na altura em que partiram para o seu desenvolvimento, contam com o apoio de um elevado número de PDs com que estes, na altura do seu desenvolvimento não puderam contar, o que oferece vantagens em termos de variedade de mercados para os quais podem exportar os seus bens ou serviços e também das possibilidades de obter financiamentos e apoios técnicos, não obstante o risco, sempre presente, da dependência económica resultante da influência que tais apoios implicam;

– O terceiro aspecto é que, mesmo os PDs que optaram por seguir a mesma via de desenvolvimento, esta não foi certamente benéfica para todos eles. Por isso, enveredar por esse caminho seria o mesmo que repetir os mesmos erros. Aliás, para alguns daqueles, a via de desenvolvimento então seguida deveu-se, de acordo com Singh, à ausência de um *"absent-minded process"* (Singh, S. K., 1975, p. xviii). E, por isso e como consequência, o seu desenvolvimento foi demasiado lento, enquanto os PMAs hoje, tendo diferentes oportunidades, aspiram a um desenvolvimento rápido e além disso pretendem precaver-se das desigualdades na distribuição do rendimento no seu processo de desenvolvimento.

Dos três aspectos acima, resulta que a aplicação de estratégias generalizadas, através da extrapolação de experiências ou modelos adoptados pelos PDs não pode ser linearmente defensável. Muitas das soluções adoptadas nestes países e consideradas como sendo as mais adequadas, na altura em que as mesmas foram eventualmente testadas e aplicadas, depois de se mostrarem eficientes, podem hoje não ser as mais apropriadas e, consequentemente, apresentar-se como as menos recomendáveis.

O argumento do senso comum de que a acumulação de conhecimentos significa desenvolvimento e que, por isso, bastaria aos PMAs conhecerem os modelos já usados pelos PDs, abstendo-se de inventar a roda, não pode proceder, senão quando se tem em conta as especificidades de cada País.

As teorias clássicas que estabelecem relação entre as taxas de mortalidade e de natalidade e do crescimento económico hoje não têm validade absoluta; a teoria da dependência do crescimento económico ao comércio externo, baseado na quantidade dos factores de produção como capital e trabalho afectos à produção de bens ou serviços a exportar, observando a necessidade da sua maximização, como único ou o mais importante factor de desenvolvimento, é hoje afastada pela preferência à capacidade de apresentar no mercado externo bens ou serviços competitivos que possam oferecer vantagens comparativas aos respectivos países. Aliás, de acordo com as teorias neoclássicas de desenvolvimento, o crescimento de produção não depende apenas da quantidade dos factores de produção mas também do progresso tecnológico, entendido como um processo endógeno constituído por várias fases, nomeadamente, a descoberta de novos produtos ou processos (invenções), o desenvolvimento das invenções (inovações) e a modificação das inovações (processo de aprendizagem).

No que diz respeito ao turismo, a teoria neoclássica é aplicável, se se tiver em conta que um dos problemas fundamentais consiste em saber *como atrair maior número de turistas e investidores,* pelo que é também determinante *conhecer os novos padrões de oferta turística,* sobretudo dos vigentes na arena internacional. Neste contexto, a estratégia deve enunciar as condições e os meios necessários para uma *melhor prestação de produtos e serviços turísticos: as condições para uma maior segurança* e o conjunto de *incentivos* que, para o turista e para o investidor, podem constituir um atractivo e concorrer para o desenvolvimento do turismo.

Note-se que tanto o turista como o investidor são, em regra, extremamente sensíveis e exigentes: As suas opções por um determinado país e as suas expectativas em torno dos produtos e serviços disponíveis ou das condições de investimento no país eleito não podem ser defraudadas. Por isso, a estratégia de desenvolvimento adoptada deve ter em conta os elementos necessários para assegurar a materialização dos princípios e objectivos preconizados para o desenvolvimento do sector, com base no conhecimento não só da realidade interna mas também da procura internacional, das tecnologias de informação e de investigação sobre o turismo, sobretudo a nível mundial. Só assim se pode compreender o turismo como uma actividade que pode contribuir para o desenvolvimento e redução da pobreza absoluta e para a integração da economia nacional na economia regional e mundial.

Por tudo isto, as estratégias de desenvolvimento do turismo não podem partir, pura e simplesmente, dos modelos importados.

As experiências dos outros países, nomeadamente dos PDs, devem servir apenas de referência. A realidade interna, os recursos existentes e a capacidade da sua gestão devem ser tidos em conta na escolha do factor e do modelo de desenvolvimento mais adequado.

3.1. *Elementos essenciais da estratégia de desenvolvimento*

Nicholas Sten, no âmbito de um estudo de reflexão desenvolvido após os ataques de 11 de Setembro de 2001, contra o World Trade Center, em Nova Iorque e o Pentágono, em Washington D.C., identifica alguns aspectos importantes para explicar as causas dos conflitos e genocídios no mundo e defende que as grandes organizações internacionais como as NU e o BM podem desempenhar um papel de vital importância na promoção do diálogo político e da cooperação.

Assinalando os sucessos alcançados em várias frentes, por estas organizações, como a redução das tensões políticas locais, melhoria da assistência ao desenvolvimento e do ambiente de investimentos, entre outros, defende que uma estratégia de desenvolvimento baseada num trabalho permanentemente participativo e assente numa base de colaboração e respeito mútuos, pode também ajudar a reduzir a pobreza e os conflitos.

Na sua reflexão, Nicholas Sten entende que na base de um trabalho conjunto é possível alcançar o desenvolvimento, devendo, no entanto, estabelecer-se uma relação de complementaridade entre a acção do Estado e os Mercados. Paralelamente, sustenta a necessidade que os países, no plano nacional, têm de estabelecer estratégias de desenvolvimento que observem os seguintes elementos:

– Adopção de políticas que privilegiem a melhoria do clima de investimentos, com vista à elevação da produtividade e das taxas de emprego e de crescimento económico e susceptíveis de promover e capacitar as populações vulneráveis a participar em acções que visem o desenvolvimento;
– Adopção de políticas envolvendo não só as lideranças mas que tenham também o suporte de toda a sociedade; e

No plano internacional, reitera que as instituições financeiras como o BM jogam um papel importante como agentes de mudanças. No entanto, não podem pretender fazer tudo. Porém, as suas estratégias de desenvolvimento devem privilegiar o estabelecimento de parcerias entre os diferentes actores.

A contribuição de Nicholas Sten, mesmo que não revele ideias propriamente novas, tem o mérito de sintetizar os pressupostos básicos de desenvolvimento susceptíveis de originar fluxos de investimento, bem como o aumento da produtividade, das taxas de crescimento e de emprego e, neste contexto, válidas também para o turismo.

SECÇÃO III – A crescente importância dos investimentos no desenvolvimento económico

1. Aspectos gerais

Sendo o desenvolvimento um aspecto das relações internacionais há de implicar a mesma interdependência económica entre as nações de que a Economia Internacional, em geral, trata.

Neste contexto, o desenvolvimento será influenciado pelos mesmos factores que determinam a dinâmica da economia internacional, nomeadamente, o fluxo dos bens e serviços, incluindo os investimentos, e as políticas adoptadas para a regulação destes fluxos e seus efeitos no bem estar social. Assim, por exemplo, as políticas fiscais e monetárias podem estabelecer medidas restritivas com relação ao fluxo de bens e serviços no âmbito das relações que determinado Estado estabelece com outros Estados.

A adopção de tais medidas tem por fim último influenciar o crescimento económico ou privilegiar o desenvolvimento de um determinado sector.

É neste âmbito que, no contexto de desenvolvimento, importa determinar a importância, cada vez crescente, dos fluxos de investimento, aqui entendido como " *a acumulação de possibilidades de produção, quer directamente através de projectos produtivos, quer indirectamente através de projectos não directamente produtivos mas que, de uma forma ou de outra, contribuem para a dinamização da actividade económica, o crescimento da produtividade, o aumento do produto e dos rendimentos sociais e para a melhoria das condições de vida em geral. Traduz-se na aplicação de uma poupança social e constitui a «mola mestra» do crescimento económico sustentado que impulsiona o desenvolvimento*"[47]. Neste sentido, importa fazer uma análise sobre a contribuição de tais fluxos no desenvolvimento das nações.

Do ponto de vista empresarial, a decisão de investir ou de aplicar a poupança no circuito económico depende da susceptibilidade que tal aplicação tem de tornar rentáveis os recursos incorporados no processo produtivo, tendo por escopo o lucro. Todavia, o investimento não beneficia apenas o empresário que desenvolve a actividade na perspectiva de obter o retorno e também os excedentes mas a sociedade em geral.

Deste ponto de vista decorre que, para a concretização da decisão do empresário em investir, cabe ao Estado[48] estabelecer políticas abertas ao investimento público e privado, sobretudo o Investimento Directo Estrangeiro (IDE), pois, como observa Bernard Guillochon, "*a abertura dos mercados ao exterior não se faz apenas pela troca de produtos. As empresas também se «deslocalizam», para controlar uma fonte da matéria-prima, utilizar mão-de-obra mais barata, ou para se aproximarem de um*

---

[47] Marques, Albertino, "*Concepção e Análise de Projectos de Investimento*", 2ª Edição, Lisboa, Edições Sílabo, ISBN: 972-618-232-8, 2000, p. 17.

[48] Que tem também interesse no IDE pois, em geral, para o Governo (e também para o economista) o investimento representa uma variação positiva do capital num determinado período, em regra um ano.

mercado em desenvolvimento", sendo que *"O IDE desenvolveu-se num ritmo sem precedentes no período recente, sobretudo no sector das Indústrias transformadoras de alta tecnologia e nos serviços."*[49]

2. Desenvolvimento e mobilidade internacional de factores

O desenvolvimento pressupõe também a capacidade de um país movimentar, através das suas fronteiras, factores como o capital, a mão-de-obra e a tecnologia, tendo em conta a sua situação económica. Para Dominick Salvatore, *"um país relativamente abundante em capital e escasso em mão-de-obra, como os Estados Unidos, poderia optar por exportar commodities intensivas em capital ou exportar o próprio capital, e importar produtos intensivos em mão-de-obra ou permitir a imigração de trabalhadores de países com grande oferta de mão-de-obra."*[50]

O inverso é válido. Ou seja, um país pobre, sem capital e normalmente com mão-de-obra abundante pode, por exemplo, optar por importar o capital, através das empresas multinacionais que constituem *"um importante veículo para o fluxo internacional de capital, mão-de-obra e tecnologia".*[51]

Deste modo, os PMAs devem, a par de outras estratégias, privilegiar nas suas PP medidas que, em particular, possam determinar maior fluxo de investimentos privados quer estes sejam em carteira, representando os activos financeiros detidos pelas instituições financeiras, quer sejam directos, representando os investimentos efectivos cujo principal responsável são as empresas multinacionais que exploram determinadas indústrias ou serviços.

---

[49] GUILLOCHON, Bernard, *"Economia Internacional: Actualização e complementação analítica por Francisco Corrêa Guedes"*, 2ª Edição actualizada, Planeta Editora, 1998, ISBN 972-731-036-2, pp. 138 e 139.

[50] SALVATORE, Dominick, *"Economia Internacional"*, Rio de Janeiro, LTC Editora, Sexta Edição, 1998, p. 213.

[51] Idem.

3. Factores determinantes dos fluxos de investimentos estrangeiros

A decisão que as empresas multinacionais tomam de realizar os seus investimentos no estrangeiro não é aleatória. Ela encontra fundamento naquilo que são as condições que o País receptor oferece, desde que susceptíveis de proporcionar maior rendimento e menor risco.

Tais condições incluem, na visão de Dominick, taxas de crescimento mais elevadas, tratamento alfandegário mais favorável e maior disponibilidade de infra-estruturas.[52] Por sua vez, Guillochon defende três razões que, na sua óptica, determinam o IDE e que se podem resumir no seguinte: necessidade de salvaguardar o mercado, nos casos em que determinada empresa, tendo perdido o monopólio, em virtude da concorrência, precisa de conquistar novos mercados; preferência pela internalização de certas operações, consistindo na produção de matérias-primas e de certos acessórios e consequente comercialização do produto final; e aproveitamento das vantagens comparativas dos países receptores, incluindo a mão-de-obra barata.[53]

A estes factores junta-se o conhecimento que os investidores têm sobre os melhores processos e técnicas de produção e habilidades administrativas que concorrem para que tenham um controlo directo no país receptor sem ter que depender apenas das exportações, a partir do país de origem, ou da concessão de licenças de exploração a terceiros, evitando, neste último caso, a divulgação dos seus segredos industriais e comerciais e ainda assegurando a qualidade dos seus produtos ou serviços.

Através do IDE, as empresas multinacionais passam também a poder controlar directamente a matéria-prima disponível nos países receptores, adquirindo-a a preços muito mais competitivos do que aqueles que resultariam da sua importação e assegurando o abastecimento regular da sua indústria. Trata-se, neste caso, da integração vertical.

Outras razões que determinam o IDE são os subsídios e outros incentivos que, regra geral, os países receptores oferecem aos investidores.

---

[52] Ibdem p. 216.
[53] Guillochon, Bernard, ob. citada p. 140.

4. Impacto do IDE sobre o bem-estar

Os vários analistas sobre a matéria são unânimes em considerar que os Estados Unidos tem vindo a liderar a lista dos principais países beneficiários do IDE realizado, seguindo-lhes o Reino Unido, o Japão, Alemanha, França e outros países europeus, enquanto que África ocupa a última posição. Entretanto, no que diz respeito ao IDE recebido, a situação é inversa.[54]

Ora, o impacto do IDE será tanto mais positivo quanto maior for a livre mobilidade do capital internacional implicando maior fluxo de investimentos e, consequentemente, maior rendimento e bem-estar social.

Na perspectiva dos países investidores, o IDE proporciona igualmente, em termos globais, um ganho. Porém, o impacto em termos de mão-de-obra será negativo, pois a renda correspondente é transferida para os países receptores.

Ao nível da balança de pagamentos, o IDE vai provocar uma diferença positiva entre os rendimentos totais e os gastos totais dos países receptores. Todavia, no que concerne aos países investidores, no momento inicial, a exportação do capital vai afectar negativamente a balança de pagamentos, situação que depois será compensada pelo volume das exportações do capital e outros bens do país investidor para o receptor e, além disso, pelos lucros gerados pelo IDE.

5. Acordos sobre a protecção do IDE

A nível internacional e antes da instituição da OMC cabia unicamente às partes celebrar Acordos, em regra, bilaterais, sobre o regime jurídico destinado a promover e ao mesmo tempo proteger o IDE entre os Estados. Com a instituição da OMC, passou esta a assumir a função de gerir as negociações inerentes ao IDE cujos acordos envolvem primordialmente países da OCDE seguidos dos asiáticos (cfr. Guillochon, 1998, p. 123).

---

[54] De acordo com os dados da UNCTAD (1996), apud SALVATORE, Dominick, ob. citada p, 218. Por exemplo, em 1995 enquanto o IDE (em biliões de dóllares americanos) realizado nos Estados Unidos era de 706 nos PVDs o total situava-se apenas em 214 e o recebido no mesmo período era nos Estados Unidos 564 e nos PVDs, totalizava 694. No mesmo sentido GUILLOCHON, Bernard, ob. citada, p. 119.

Assim, os acordos bilaterais são a fonte internacional mais abundante do IDE. Até 1996 existiam 1160 acordos. No entanto de acordo com o relatório sobre o desenvolvimento mundial 2005 *"Existem hoje mais de 2200 acordos bilaterais sobre o investimento, 200 acordos de cooperação regional e mais de 500 convenções e instrumentos multilaterais."*[55] Fundamentalmente, as cláusulas destes instrumentos incidem sobre as regras básicas de acesso ao exercício da actividade pelas empresas estrangeiras, modo de resolução dos litígios no âmbito da relação que se estabelece entre estas e os Estados receptores, protecção dos direitos de propriedade, tributação, entre outros.

Os acordos multilaterais, na medida em que envolvem vários países, como sucede, por exemplo, com os acordos de cooperação entre a UE e o grupo ACP, da MERCOSUL ou da OMC, normalmente com o objectivo de reduzir ou eliminar as restrições que representem obstáculo ao IDE, apresentam a vantagem de levar os governos a assumir compromissos sobre políticas cujas matérias poderiam não ter o mesmo impacto se estes agissem isoladamente. Na prática, além das regras da OMC sobre a liberalização das trocas, existe, ao nível da OCDE, o Código de Liberalização dos Movimentos de Capitais, adoptado em 1961. Entretanto, Déborah de Azevedo sustenta que a negociação dos acordos inerentes à promoção e protecção de investimentos, fundada no interesse pela segurança, nos países receptores de investimentos, do capital exportado, remonta a 1959, na Alemanha, ressalvando porém, que já nos anos 50 os EUA defendiam a adopção de acordos destinados a oferecer garantias, ainda que de âmbito restrito, face à expansão dos seus investimentos nos PVDs.

Com a adopção, em 1974, pela ONU, da chamada Declaração sobre Direitos e Deveres Económicos, que reconhece o pleno direito de cada Estado dispor dos seus recursos naturais bem como o de afectá-los a qualquer actividade económica, de acordo, com as suas prioridades, os países emissores defenderam com sucesso a criação, em 1975, de organismos internacionais com a função de promover debates sobre as garantias e seguro para o capital. Na sequência disso, foi criada a Agência Multilateral para a Garantia de Investimentos (MIGA), na perspectiva de

---

[55] Banco Mundial, *"relatório sobre o desenvolvimento mundial 2005: Por um clima de Investimentos para todos"*, São Paulo, Editora Singular, ISBN 85-86626-21-X, 2005, p. 202.

salvaguardar os seus interesses em caso de crises políticas, mediante consagração de cláusulas de exclusão sobre quaisquer medidas legislativas susceptíveis de afectar os investimentos.[56]

Desde então, vários países incluindo os PVDs e em particular os latino-americanos, inicialmente tidos como cépticos, aderiram ao MIGA.

A nível interno, os Estados adoptam individualmente, legislações específicas sobre o IDE, incluindo a componente de serviços que de há uns tempos a esta parte tem vindo a registar crescimento.

A importância dos acordos sobre a promoção e protecção do IDE funda-se, também, na adopção de medidas visando, em particular, o estabelecimento de regras sobre a concessão aos capitais estrangeiros de um tratamento nacional e justo, permissões sobre a reexportação de capitais, bem como a consagração de direito à compensação em caso de expropriação. Neste sentido, os acordos sobre o IDE constituem um elemento impulsionador dos investimentos, sendo que as grandes conferências internacionais têm vindo a incluir nos seus debates matérias atinentes aos acordos sobre a promoção e protecção do IDE.

No rol desses acordos e apesar do fracasso, merece referência a proposta do Acordo Multilateral sobre Investimentos (MAI) sob os auspícios da OMC que, entretanto, dadas as divergências entre os PDs e os PMAs, resultou num impasse em Cancum.

6. A consagração do IDE na política de turismo em Moçambique

No conjunto dos factores impulsionadores do turismo, a nova política adoptada pelo Governo moçambicano consagra expressamente o IDE, confirmando a abertura do País não só em relação aos produtos mas também às próprias empresas que, pretendendo explorar os recursos existentes, decidam instalar-se em Moçambique, onde efectivamente se localiza um potencial mercado turístico em desenvolvimento.

No entanto, além da consagração constitucional nos termos do artigo 108 da CRM, em Moçambique o IDE é acolhido e estimulado no âmbito

---

[56] AZEVEDO, Déborah Bithiah, *"Negociação surge com perdas alemãs pós-guerra"* in Boletim Electrónico Agência, 2002, http://www3.camara.gov.br/internet/agencia/materias.asp?pk

da Lei de Investimentos – lei n.º 3/93, de 24 de Junho – e respectivo regulamento, aprovado pelo Decreto n.º 14/93, de 21 de Julho.

Nos termos da a) do n.º 1, do artigo 1, a Lei de Investimentos define o IDE como sendo *"qualquer das formas de contribuição de capital estrangeiro susceptível de avaliação pecuniária, que constitua capital ou recursos próprios ou sob conta e risco do investidor estrangeiro, provenientes do exterior e destinados à sua incorporação no investimento para a realização de um projecto de actividade económica, através de uma empresa registada em Moçambique e a operar tendo a sua base em território moçambicano".*

Para estimular o IDE, a lei de investimentos estabelece, no âmbito do Capítulo II, dedicado às garantias e incentivos fiscais, várias disposições nomeadamente as que se referem à protecção dos direitos de propriedade (cfr. artigo 13); ao direito de transferir os fundos – lucros exportáveis provenientes do próprio IDE, *royalties*, amortizações e juros de empréstimos obtidos no exterior, direito à indemnização em caso de eventual nacionalização ou expropriação, determinadas por razões ponderosas, de interesse nacional, saúde e ordem públicas, direito à reexportação do capital estrangeiro – (cfr. artigo 14), e aos incentivos (cfr. artigo 16).

Outros importantes instrumentos jurídicos sobre o investimento em Moçambique podem estimular o IDE. Tal é o caso do Regulamento das Zonas Francas Industriais, aprovado pelo Decreto n.º 62/99, de 21 de Setembro, com as alterações introduzidas pelos Decretos n.ºs 35/2000, de 17 de Outubro e 16/2002, de 27 de Junho (aprova o Código dos Benefícios Fiscais); do Diploma Ministerial n.º 14/2002, de 30 de Janeiro, relativo à concessão de isenções aduaneiras, fiscais e parafiscais, sobre mercadorias que circulem nas zonas francas industriais que se destinem exclusivamente à produção de artigos de exportação e sobre os próprios produtos de exportação produzidos nessas zonas.

Note-se, no entanto, que a lei de investimentos aplica-se a todos os investimentos que se realizem no território moçambicano, independentemente da nacionalidade e desde que observem os requisitos para o efeito estipulados na própria lei (cfr. n.º 1, do artigo 3) e, além disso, consagra o princípio de *"igualdade de tratamento"* entre investidores, empregadores e trabalhadores estrangeiros e nacionais (cfr. n.º 1, do artigo 4).

A excepção a este princípio decorre do n.º 2 do mesmo artigo que fixa tratamento diferenciado para investimentos nacionais que, em face da sua dimensão e interesse para o Estado, possam merecer algum apoio ou tratamento especiais.

Nestes termos, o legislador moçambicano reconhecendo, embora, as virtudes do IDE quanto ao impulso que o mesmo pode dar ao crescimento económico, não prevê, de forma expressa, regime especial, salvo no que diz respeito às transferências de fundos para o exterior.

No entanto, é salutar o regime de benefícios específicos para a actividade de hotelaria e turismo, nos termos do n.º 1, do Código dos Benefícios Fiscais que inclui, além das unidades hoteleiras e suas partes complementares, os Parques e Reservas Nacionais e excluindo os empreendimentos relativos à restauração e outros serviços afins.

O n.º 1 do artigo 29 do mesmo código refere-se aos incentivos excepcionais para *"empreendimentos cujo investimento exceda o equivalente a quinhentos milhões de dólares dos Estados Unidos da América, bem como os empreendimentos em infra-estruturas de domínio público, levados a cabo sob o regime de concessão..."*

Ora, considerando o valor de investimento mínimo exigido nos termos deste dispositivo legal, pode-se entender que, na prática, dirige-se ao IDE. Com efeito, para a condição de muitos investidores nacionais, o montante de mais de quinhentos milhões de dólares americanos estabelecido na lei como condição para beneficiar de incentivos fiscais, está muito aquém da sua capacidade financeira.

Saliente-se, no entanto, que no âmbito da Lei do Turismo, através das figuras de *Zonas de interesse turístico, Empreendimentos de interesse para o turismo* e de *Empreendimentos de utilidade turística* previstas nos artigos 8, 10 e 11, respectivamente, podem estabelecer-se regimes especiais favoráveis ao investimento. Com efeito, a referida Lei do Turismo dispõe, por exemplo, nos termos do artigo 14 que *"Os investimentos em empreendimentos novos, bem como as benfeitorias podem, pelo seu interesse sócio-económico no desenvolvimento do sector, beneficiar de incentivos especiais a definir pelo Conselho de Ministros"*.

A ideia de incentivos e outros benefícios fiscais, no caso do turismo em Moçambique é particularmente defensável na esteira do pensamento de economistas como Alexander Hamilton, no seu "Report on Manufactures" em 1791 e também por John Stuart Mill e Alfred Marshall, a favor das chamadas indústrias nascentes, defendendo que para sobreviverem à concorrência dos grandes produtores no mercado global e para assegurar-lhes preços competitivos, carecem de tratamento especial, na fase de expansão.

7. Evolução do IDE

Como qualquer outro tipo de investimento, o IDE sofre as influências dos grandes paradigmas ou fenómenos internacionais que, em geral, afectam a economia internacional.

Nesta base, a globalização e a liberalização das trocas comerciais, sob a tutela da OMC, marcaram de modo especial o novo rumo do IDE depois de ter passado por vários momentos distintos. O primeiro momento vai de 1973 a 1985 e é caracterizado por um grande fluxo do IDE que duplicou de quase 20 para cerca de 50 biliões de dólares em 1984; o segundo, vai de 1984 a 1990 e é caracterizado por um significativo aumento médio anual de 35% dos IDE; o terceiro situa-se entre 1990 e 1992, registando uma redução de cerca de 90 biliões de dólares; o último momento começa em 1993 com uma cifra dos IDE superior a 300 biliões.[57]

O aumento mundial do IDE deve-se à crescente consciência que a partir da década de 80, com o fim da guerra fria, as várias nações ganham sobre os benefícios dos IDE, nomeadamente quanto à transferência do capital e de tecnologia, expansão e diversificação das actividades das empresas multinacionais estimuladas pela liberalização do comércio mundial, implicando a adopção pelos Estados de medidas mais adequadas a atrair o interesse dos investidores estrangeiros como a concessão de benefícios fiscais ou de incentivos, a protecção da propriedade industrial, a autorização para a exportação dos lucros e a redução ou eliminação de barreiras administrativas e outras formas de restrições.

Esta abertura ao comércio mundial, aliada a medidas mais favoráveis ao IDE, foram responsáveis pelo lançamento dos mercados emergentes como a Ásia, incluindo na área do turismo.

A propósito das medidas destinadas a atrair cada vez mais o IDE, Guillochon chama atenção para o risco que os países receptores correm de alienar seus recursos como a terra, a favor das empresas multinacionais que, aproveitando-se do facto de haver muitos países interessados nos seus investimentos, praticamente determinam o que lhes parece conveniente.

Esta situação pode contrariar as expectativas criadas em torno do IDE. Por exemplo, uma eventual concessão de benefícios fiscais ou outras facilidades que, em termos reais, ultrapasse a capacidade efectiva

---

[57] GUILLOCHON, Bernard, ob. citada p. 120.

dessas multinacionais gerarem rendimentos, pode equivaler a uma subvenção excessiva do IDE em que o governo transfere o rendimento para estas empresas.[58]

Em geral, o IDE mundial tende a crescer. Todavia, tal como no passado, mantém-se a preferência das grandes companhias transnacionais em investir nos PDs como EUA, Japão e em países da Europa. Porém, ainda que com alguma ascendência, não se pode dizer o mesmo do continente africano onde a maioria dos seus países apresenta índices do IDE relativamente baixos quando avaliados em função dos fluxos totais.

Segundo estudo realizado pela UNCTAD (1999), sobre investimentos em África, o turismo figura na lista dos sectores que têm atraído a atenção dos investidores a par de outras indústrias como a de telecomunicações, bebidas, têxteis e vestuário, minas e pedreira.

No que diz respeito aos países receptores, o estudo identifica a África do Sul, a Nigéria, o Botswana, Costa do Marfim e Tunísia como os mais susceptíveis de atrair o IDE e do ponto de vista de países com ambiente mais favorável ao investimento, constam Botswana, Moçambique, Gana, Namíbia, Tunísia e Uganda.

Gráfico 1. Fluxo de Entrada Global de IDE
1993-2001, Biliões de USD, por grupo de Países

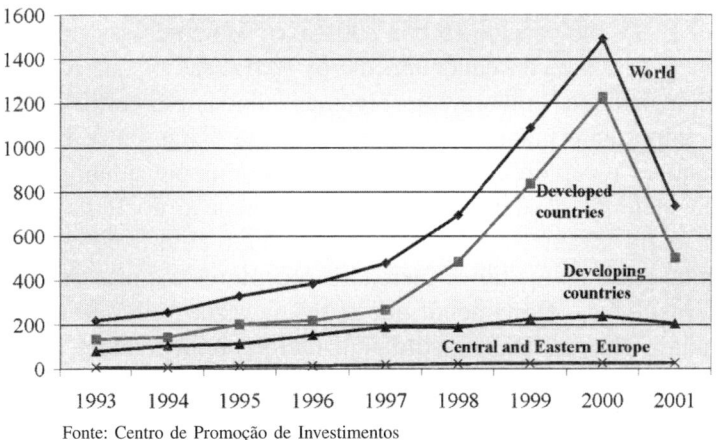

Fonte: Centro de Promoção de Investimentos

---

[58] GUILLOCHON, ob. citada p. 122.

Do gráfico 1 acima, verifica-se que entre o período 1993 a 2001, o IDE mundial registou um crescimento gradual, particularmente a partir de 1997, atingindo o auge em 2000, ano em que tanto os PDs como os PVDs registaram crescimento, embora a taxas diferenciadas.

Gráfico 2. Fluxo de Entrada de IDE para Países em Desenvolvimento
1995-2001, Biliões de USD, por região

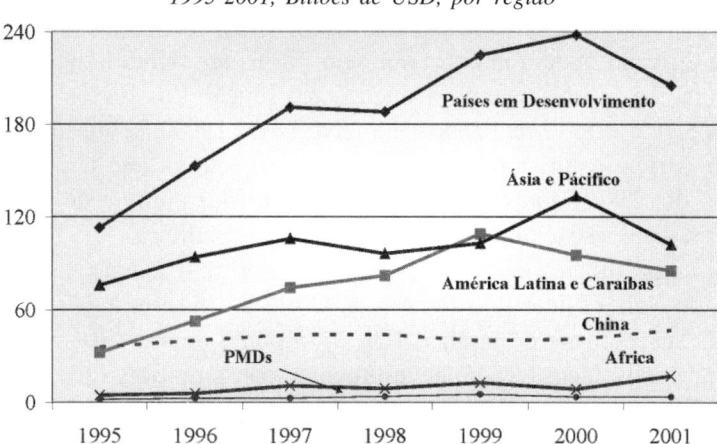

Fonte: Centro de Promoção de Investimentos

No gráfico 2 acima indicado, observa-se uma ascensão do fluxo do IDE nos PVDs, no período 1995 a 2001 mas, sobretudo, a partir de 1997. Todavia, a África e consequentemente os PMDs são os que menos fluxo do IDE registaram, embora com algumas subidas em certos períodos.

É importante notar o posicionamento da China entre os 10 principais países receptores do IDE e que, pese embora alguma descontinuidade, demonstra alguma ascensão na recepção do IDE. Este dado poderá, mais adiante, ajudar a compreender o futuro posicionamento deste país entre os melhores mercados receptores e emissores de turistas internacionais. Certamente que entre as razões que oportunamente serão analisadas, o IDE constitui um factor impulsionador deste mercado emergente.

Saliente-se, no entanto, que foi também em 2001, durante a Conferência de Doha que, em face da acentuada deterioração dos termos de troca da maioria dos PMAs, defendeu-se, com maior firmeza, a necessidade de uma maior ajuda ao desenvolvimento.

Apresenta-se o gráfico 3 onde se indicam os 10 principais países receptores do IDE, em biliões de USD, em 2001. Neste gráfico, verifica--se que nenhum país africano integra os 10 mais, confirmando o que acima ficou exposto quanto à preferência dos detentores de capitais pelos PDs. Confirmação é também em relação aos EUA como país privilegiado em termos de recepção do IDE. Com efeito, os EUA não só ocupam o primeiro plano como absorveram no período em análise mais de metade do valor investido no Reino Unido que se posicionou em segundo lugar.

Gráfico 3. 10 Maiores Destinos de IDE
2001, Biliões de USD

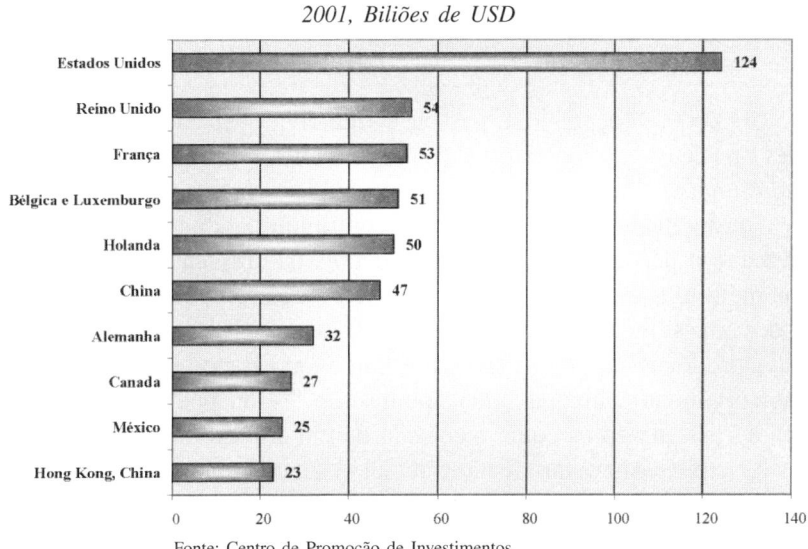

Fonte: Centro de Promoção de Investimentos

E, por coincidência ou não, foi igualmente em 2001 que se verificou a recuperação dos fluxos de ajuda externa, após um período de acentuado declínio, conforme se pode observar do gráfico 4, que adiante se ilustra.

No que concerne ao fluxo do IDE verifica-se, no período de 1995 a 1999, uma evolução quase crescente para os PMDs, seguida de um forte decréscimo de 1999 a 2000 e uma subida no ano seguinte.

Gráfico 4. Fluxo de IDE e ODA para PMDs/LDCs
1985-2001, USD biliões

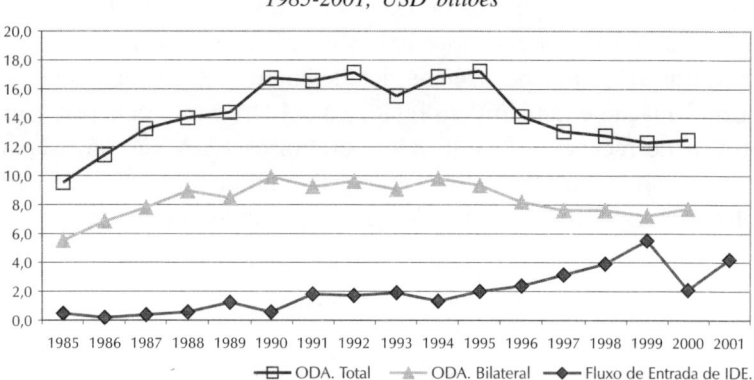

Em 2000, Moçambique passou a figurar na lista dos 10 principais países africanos receptores do IDE como ilustra o gráfico 5 que adiante se apresenta.

Um dos factores que certamente contribuiu para este facto é a confiança que o país começou a inspirar depois da cessação da guerra civil e das melhorias estruturais em termos de PPs com repercussão na atracção dos investimentos estrangeiros.

A propósito da guerra civil, o Relatório do Banco Mundial sobre o Desenvolvimento mundial 2005 aponta que "Nada pode minar tanto o clima de investimentos como a eclosão de um conflito armado. Todos os tipos de capital – humano, físico e social – são destruídos, o investimento entra em colapso e os recursos são desviados das atividades que geram crescimento".[59]

O inverso desta afirmação será o de que numa situação de fim de guerra opera-se a reposição dos capitais e com a estabilidade recupera-se o investimento. Mas, como é óbvio, a recuperação não pode acontecer de um momento para outro, senão de forma gradual. Daí que, pese embora o facto de a guerra ter terminado em Moçambique em 1992, só mais tarde os investimentos tenham começado a responder positivamente. Efectivamente, e como mais adiante o relatório do BM indica, "Muito

---

[59] The World Bank, *"Relatório sobre o desenvolvimento mundial 2005: Um Melhor clima de investimento para todos"*, Editora Singular, São Paulo, Brasil, ISBN 85-86626--21-X, 2005, p. 89.

embora a paz seja essencial para incrementar o investimento produtivo, as firmas exigem mais do que isso. Elas requerem um clima com razoável nível de estabilidade política e económica..." (The world Bank, 2005, p. 89).

Gráfico 5. Fluxos de Entrada de IDE, Top. 10 – Países em Africa
2000 e 2001, biliões de USD

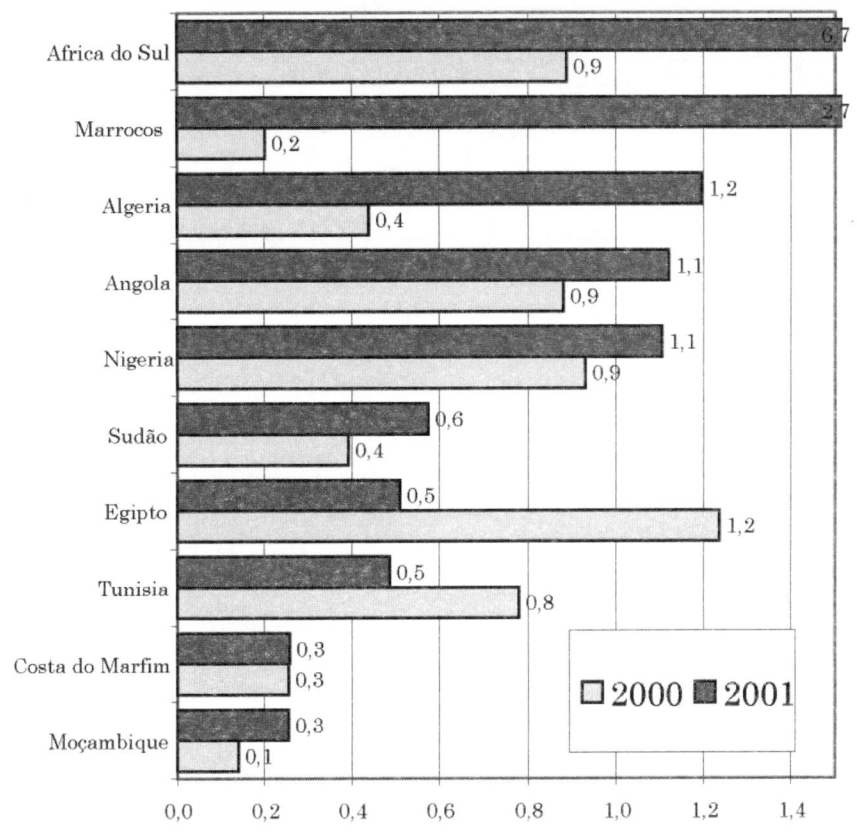

Tabela 5. Top. 10 – Posições Africanas nos índices de IDE da UNCTAD

		Índice de Performance de IDE				Índice do Potencial de IDE	
		Valor				Score 0-1	
Rank	**Economia**	1988-1990	1998-2000	*Rank*	**Economia**	1988-1990	1998-2000
3	Angola	0.0	5.1	45	Botswana	0.297	0.346
23	Moçambique	0.3	1.8	66	Egipto	0.172	0.287
28	Zambia	4.2	1.7	68	Namibia	0.164	0.279
46	Togo	1.1	1.2	74	Tunísia	0.179	0.268
58	Sudão	-0.1	1.0	77	Africa do Sul	0.220	0.266
59	Uganda	0.0	1.0	83	Gabão	0.188	0.253
61	Malawi	1.1	1.0	85	Gâmbia	0.199	0.250
62	Gambia	1.9	0.9	90	Marrocos	0.178	0.237
63	Namibia	0.5	0.9	94	Uganda	0.115	0.228
64	Costa do Marfim	0.4	0.9	95	Líbia Arabe Jam.	0.182	0.218

Gráfico 6. Industrias com grande potencial de IDE em Africa, 2000-2003

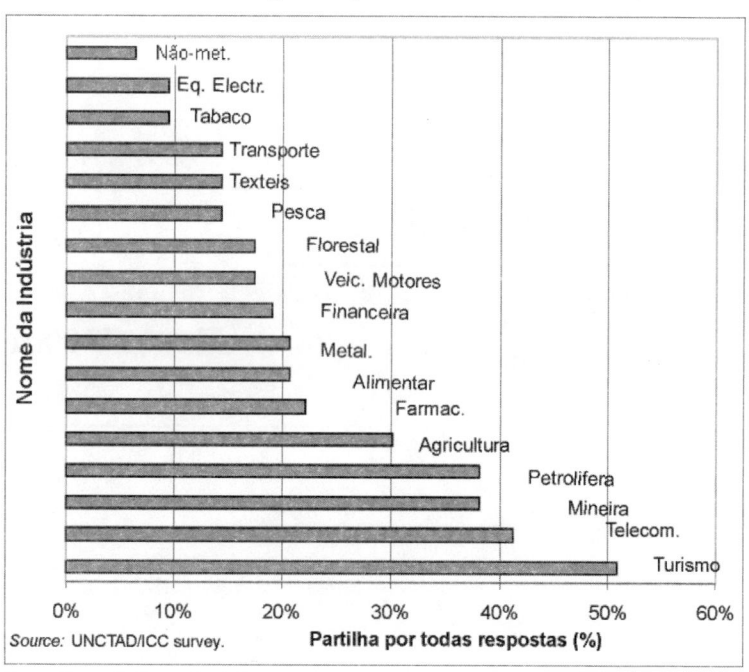

Fonte: Centro de Promoção de Investimentos

O gráfico 6 acima ilustra os principais sectores de actividade que, segundo o já referido estudo feito pela UNCTAD, melhor contribuem para o crescimento económico no Continente africano, destacando-se, em primeiro lugar, o turismo, seguido das telecomunicações, minas petróleo, agricultura e processamento de alimentos, o que reforça a ideia de que o turismo representa a opção de desenvolvimento dos PMAs, especialmente em África, entretanto condicionada pelo princípio da sustentabilidade.

SECÇÃO IV – Desenvolvimento Sustentável

1. Noção

O conceito de *desenvolvimento sustentável* foi popularizado em 1987 pela Comissão Mundial sobre o Ambiente e Desenvolvimento conhecido por *Brundtland Comission*. Desde então, até aos dias que correm, o conceito de desenvolvimento, nos vários domínios, sobretudo económico, tem sido associado à ideia da sustentabilidade. E fala-se, então, de *desenvolvimento económico sustentável* cujo conceito procura aglutinar e promover o equilíbrio entre elementos estritamente económicos, habitualmente avaliáveis em termos monetários, como o Produto Interno Bruto e o Rendimento *Per Capita*, e os de natureza social e ambiental.

O novo paradigma de desenvolvimento sustentável implica, pois, a consideração de outros elementos como seja, a valorização dos aspectos ambientais, conservação, preservação e racionalidade dos recursos, como parte do processo de desenvolvimento económico, e a promoção da igualdade entre os diferentes extractos sociais, respeitando e protegendo os seus valores culturais e definindo objectivos de curto, médio e longo prazos, de modo a que o desenvolvimento beneficie não só as gerações presentes como também as vindouras. Diggines define desenvolvimento sustentável como " *a process of change in which the exploitation of resources, the direction of investments, the orientation of technological development, and institutional change are all in harmony and enhance both current and future potential to meet needs and aspirations*";[60]

---

[60] PEARCE, Philip L., Morrison, Alastair M., e Rutledge, Joy L., *"Tourism: Bridges across continents"*, Irwin/Mcgraw – Hill, ISBN 0-07-4705415, p. 315.

enquanto Manning e Dougherty, 1995, são citados a definir desenvolvimento sustentável como sendo *"The use of natural resources to support economic activity without compromising the environment's carrying capacity"*.[61]

Face às definições avançadas, parece poder-se considerar que o conceito de *desenvolvimento sustentável* tem como elemento preponderante o *equilíbrio económico, social e ambiental,* na medida em que o correspondente processo deve ser capaz de produzir benefícios susceptíveis de proporcionar o bem-estar social das gerações presentes sem descurar os interesses das gerações futuras, mediante utilização racional dos recursos disponíveis, assegurando assim a sua durabilidade.

No que concerne ao turismo, a presença do conceito de desenvolvimento sustentável parece ser particularmente exigível ou pelo menos desejável, tendo em conta a susceptibilidade que as actividades respectivas geralmente têm de produzir impactos negativos sobre o ambiente envolvente, não obstante algumas atitudes de resistência por parte de determinadas comunidades ou outros grupos de interesses que interpretam o desenvolvimento sustentável como um mecanismo de impedir os seus negócios ou, no caso do turismo, uma forma de impedir o exercício das suas actividades. Aliás, essa foi também a percepção dos PVDs durante as discussões da Agenda 21. Mas, como defende o *ESD Working Group, 1991,* o desenvolvimento sustentável indica o rumo, a direcção que os negócios devem tomar, a fim de assegurar a protecção duradoira das próprias comunidades, do ambiente e dos valores culturais, i.e. *"The use of the world´s resources for present generation which does not detract from the resources available for future generation. An approach for tourism development which balances economic needs with social, cultural, and environmental impacts."* [62]

O novo conceito de desenvolvimento económico sustentável vem criar um equilíbrio entre as teses extremistas quer dos que defendem a prevalência do interesse económico, entendendo que este justifica qualquer actuação sobre o ambiente, quer dos ecologistas ferrenhos que pretendiam que a defesa do ambiente fosse ao ponto de se manter o ambiente intacto. Porém, o desenvolvimento sustentável defende soluções

---

[61] Idem pp. 22 e 421.
[62] PEARCE, Philip L., at all, ob. Citada, pp. 22 a 421.

eclécticas i.e., desenvolvimento económico mediante utilização racional dos recursos naturais e com respeito ao ambiente, um processo particularmente importante para o turismo, na medida em que exige que o seu desenvolvimento seja avaliado não apenas em termos de crescimento mas, também, da sua sustentabilidade.

2. Génese e evolução do conceito de desenvolvimento sustentável

Embora o chamado Relatório *Brundtland,* de 1987, seja responsável pela disseminação do conceito de desenvolvimento sustentável, não se pode negar o facto de que foi em 1972 quando, sob os auspícios da ONU, se realizou em Estocolmo a Conferência das Nações Unidas sobre Meio Ambiente Humano e os representantes dos governos que participaram no evento subscreveram uma Declaração de Princípios sobre a responsabilidade dos seres humanos na conservação do meio ambiente e adoptaram um plano de acção que, entre outros, estabeleceu metas de avaliação do impacto ambiental e de educação sobre a importância da conservação.[63] Desenhou-se, então, o embrião de um conceito inovador – *desenvolvimento sustentável* – que, entretanto, viria a ganhar forma na Cimeira do Rio de 1992.

Ora, sendo o turismo uma actividade essencialmente baseada na utilização de recursos naturais e com enorme potencial para interferir no meio ambiente, o conceito de desenvolvimento sustentável é particularmente aplicável a este sector de actividade económica.

Neste contexto, a Conferência Mundial do Turismo Cultural, realizada em Abril de 1995, nas Ilhas Canárias, adoptou a chamada Declaração de Laçarote, sobre o Turismo Sustentável, na qual se estabelece que o desenvolvimento do turismo deve fundar-se em critérios de sustentabilidade (há quem empregue o termo *durabilidade*) ecológica, adequação a um plano de longo prazo, viabilidade económica para as comunidades locais e ser socialmente ético e susceptível de melhorar a vida das populações.

---

[63] No mesmo sentido, a publicação do chamado relatório *"Limites do Crescimento",* igualmente em 1972, indicava que o consumo mundial cada vez crescente teria como consequência o limite do crescimento, inclusive projectando o declínio dos alimentos e da produção industrial até 2010.

Portanto, a partir da Conferência do Rio, o conceito de desenvolvimento sustentável foi "democratizado" e passou a ser a chave dos programas de desenvolvimento.

Hoje, o conceito de desenvolvimento sustentável ganha a dimensão de um novo paradigma e neste sentido impõe-se em praticamente todas as formas de actividade económica que envolvam a exploração ou o manuseamento de recursos naturais.

CAPÍTULO II

INTRODUÇÃO AO TURISMO

SECÇÃO I – Origem e Conceito de Turismo

1. Localização no espaço e no tempo

Vários autores se debruçam sobre a origem histórica do turismo, resultando como ideia assente que, em termos etimológicos, a expressão *turismo* deriva do termo hebraico antigo *Tur* e "corresponde *ao conceito de Viagem de descoberta, de exploração, de reconhecimento"*[64] ou, de acordo com Alberto Sessa, *"Già il Chambers's Ethimological Dictionary accorda alla parola "tour" il significato di "giro o circolo", "di andare attorno", "di viaggio in circuito", derivati dal greco "tornos" di cui "turn" in inglese."*[65] Deste modo, se se entender turismo como sinónimo de *viagem e* se se tiver em conta o seu carácter eminentemente social, pode considerar-se que o fenómeno é tão antigo quanto a existência do próprio Homem. De facto, sendo este, por natureza, um ser gregário, impossível de imaginar a sua existência senão que inserido numa socie-dade, bem se compreende o seu interesse em movimentar-se de um lugar para outro, com vista a satisfazer as mais variadas necessidades. É a própria condição humana que assim o exige.

Historicamente, há referências dando conta que tratadistas como Arthur Haulot, de origem suíça, associam o turismo às viagens efectuadas

---

[64] OLIVEIRA, Antônio Pereira, *"Turismo e Desenvolvimento: planejamento e orga-nização"*, 3ª Edição Revista e Ampliada, São Paulo, Editora Atlas S.A, 2001, p. 17.

[65] SESSA, Alberto, *"Elementi di Sociologia e Psicologia del Turismo"*, CLITT Collana Libri Istruzione Tecnica Turistica", Roma, 1992, 7ª. Edição, p. 26.

pelos enviados do Profeta Moisés à terra de Canaá, destinadas a fazer o reconhecimento das condições físicas e de fertilidade dos solos. Mas também se associa o turismo a grandes acontecimentos como, por exemplo, os primeiros jogos olímpicos realizados na Grécia Antiga, em 776 a.c, que deram lugar às primeiras viagens, as quais passaram a registar maior frequência, em face da descoberta das águas minerais e termais com propriedades curativas; as peregrinações religiosas do século VI, realizadas pelos cristãos para Roma e Jerusalém e pelos maometanos para a Meca; a descoberta do túmulo de São Tiago Maior, na Cidade de Santiago de Compostela, Norte de Espanha, em 813; e a célebre primeira viagem à China, de Marco Polo, juntamente com seu pai e tio, ambos comerciantes notáveis da época, em 1254.

A doutrina é, no entanto, unânime em considerar que o turismo celebrizou-se em 1700, ligado à ideia do *"Grand Tour", consubstanciando* uma viagem pela Europa e em particular entre Itália e França, no contexto da civilização ocidental, em contraposição ao "Petit Tour", que apenas representava uma viagem compreendida entre o Sul e o Oeste da França, portanto, do Vale de Loire a Paris.

No entanto, entre o *Grand Tour* e o *Petit Tour* existe um elemento comum: viagem com retorno.

A partir do *Grand Tour* nascem, por derivação, também os conceitos de *turismo* e de *turista*.[66] Por isso e não obstante os dados históricos retro mencionados, a maioria dos estudiosos considera que o conceito de turismo tem a sua origem essencialmente no continente europeu e funda-se na odisseia das viagens realizadas na era dos descobrimentos e, subsequentemente às deslocações militares e mais tarde às práticas comerciais que contribuíram para o desenvolvimento de grandes rotas ligando países, continentes e o mundo, em geral. Este facto, por sua vez, terá contribuido para o reconhecimento, pelos Estados, da importância das viagens no desenvolvimento das comunicações e da ligação entre os países, através do fenómeno do turismo, propiciando, mais tarde, a criação da Organização Mundial do Turismo (OMT). Mas não se deve pensar que o conceito

---

[66] OLIVEIRA, Antônio Pereira, ob. citada p. 21. No mesmo sentido e, entre outros, Luís Lavaur, citado por Alberto Sessa, indica que "... del termino turismo che deriva dal Grand Tour che si trasferisce nella parola "turista", che viene impiegata prima nella lingua inglese, in seguito in quella francese. Da "tour/tourist" si passa al "touring" e più tardi al "turismo".

do turismo apenas se liga às viagens de cidadãos europeus, no âmbito dos descobrimentos. Ao longo da história, existiram também viagens de cidadãos de várias partes do mundo que constituíram as bases para as civilizações dos respectivos povos, fruto de contactos com outras civilizações no âmbito das práticas comerciais ou de outras actividades que permitiram o estabelecimento de grandes rotas ao longo das quais se fixaram grandes entrepostos comerciais. No caso da civilização romana, por exemplo, a actividade de caça e a arqueológica, para efeitos de ornamentação, constituíram premissas para o surgimento do turismo.

2. O turismo como fenómeno social e económico

Com a revolução industrial o conceito do turismo evoluiu, passando a incorporar aspectos sociais e económicos. O fenómeno de massas que o *Grand Tour* representava no início, particularmente influenciado pela revolução industrial cuja época foi marcada por grandes movimentações turísticas, transformou-se num fenómeno social. Este, por sua vez, determinou processos económicos nos quais são envolvidas milhares e milhares de pessoas que actuam como turistas, fornecedores ou simples consumidores de produtos ou serviços turísticos. Deste modo, o fenómeno turístico apresenta-se, de forma inegável, com uma dimensão económica e outra social.

Na sua dimensão económica, o turismo constitui uma fonte de geração de divisas e favorece o desenvolvimento de outras actividades de transporte, de produção de produtos alimentares ou de outra natureza, de recreação, artesanato, pesca, entre outras.

Pode-se, então, dizer que, na perspectiva económica, o turismo cria riqueza e emprego, na medida em que envolve um processo de produção de bens e serviços. E, nesse processo de criação de riqueza funciona também como estímulo em relação a outras actividades económicas (de construção, mobiliário, têxteis, agrícola, etc).

Na sua dimensão social, o turismo aproxima os povos, reforça a unidade social e a ideia da chamada *aldeia* global, baseada no incremento dos contactos entre os homens, promove a reafirmação do próprio Homem, tornando-o cada vez mais solidário com os outros, independentemente das fronteiras, cria oportunidades de emprego e melhora a qualidade de vida das populações.

É também nesta componente que as relações interpessoais jogam um papel importante porquanto, dependendo da maior ou menor hospitalidade das comunidades anfitriãs, se pode influenciar a prosperidade de um determinado destino turístico.

3. Conceito de *Turismo*

3.1. *O conceito restrito: Turismo como sinónimo de viagem*

Da origem histórica do turismo pode-se dizer que o seu conceito revela-se primordialmente equivalente a " viagem " e, neste sentido, está ligado à essência da condição humana e, como tal, à própria civilização do Homem.

Para Alberto Sessa "*... resta però implicito che il turismo da sempre rappresenti un aspetto fondamentale della condizione umana, appartenga all'uomo nel suo intimo, alla natura umana ed è ovviamente complesso ed articolato come questa: allo stesso tempo constituisce un fatto sociale e un fatto personale. Come fatto socialle rappresenta molte genti, come fatto personale rappresenta la spinta a realizzare il viaggio con il ritorno*".[67]

Assim, resulta que o elemento essencial do turismo é a viagem com retorno. E, tendo em conta que viajar é próprio do Homem e, por isso, faz parte da história da Humanidade e da sua civilização, o turismo surge como condição imprescindível da existência do Homem. Alberto Sessa escreve que "*La parola turismo nasce dunque come un viaggio nel tempo e un ritorno al passato, come un sofisticato tentativo di ritorno alle fonti*". E mais adiante afirma que "*Già l'appaiare il turismo con il viaggio rende implicita la caratteristica che il viaggio appartenga all'uomo e alla condizione umana*".

Dunque, se il turismo è uguale al viaggio: il viaggio fa parte della storia dell'umanità e de tutte le civiltà: in conseguenza, il turismo ne fa parte allo stesso titolo".[68]

---

[67] Sessa, Alberto, "*Elementi di Sociologia e Psicologia del Turismo*", Roma, CLITT, 7ª Edizione, 1992, p. 27.

[68] Idem ob.citada, p. 26.

Massimo Fragola considera o turismo como um bem jurídico, porém, de noção equívoca e, como tal, difícil de definir. Mesmo assim, sugere que *"Il turismo dal punto de vista giurdico, como bene immateriale, differenziato quindi dai beni privati e publici, nel quale si distinguono tre valenze, quella economica, sociale e culturale"* e, concordando com Giannini Sepe, refere que *"Il turismo configurato como bene giuridico immaterialle unitario, sintesi di valori fondamentali riferiti alle esigenze della persona umana."* [69]

Do que acima se expõe resulta que a característica essencial do turismo é o movimento que determinada pessoa (o turista) faz, saíndo do lugar de sua residência habitual para outro, retornando depois a casa.

As motivações para tal movimento são várias e distintas, podendo apontar-se: a saúde, cultura, lazer, investigação, aventura, entre outros, conforme as condições ambientais existentes no lugar de destino. No entanto, em quase todas essas formas, está presente um elemento económico. Donde, sem prejuízo do conceito original, a expressão turismo apresenta outra acepção ou outras acepções.

É neste contexto que, a par de uma perspectiva jurídica, conforme referido por Massimo Fragola, Alberto Sessa identifica uma perspectiva social e económica do turismo e refere que *"Dal punto di vista sociale-economico l'espandersi del turismo è collegato da sempre ad una precisa caratterizzazione politica ed economica ovviamente riportata alle differenti epoche. Il turismo, l'organizzazione del turismo, la ricettività, o l'industria della ricettività stessa rappresentano i connotati e le linee fondamentali delle grandi epoche storiche... In altri termini, l'essenza economica del turismo si tramuta nella sua sociale con l'essere la causa del livello di maturità di una nazione in una interrelazione inscindibile tra l'economia e la società."* [70]

3.2. *O conceito amplo: Turismo como actividade económica*

Quer em face das diferentes definições avançadas sobre o turismo quer em face das diferentes perspectivas sob as quais o conceito do turismo pode ser analisado, evidente se torna que a sua abordagem é complexa.

---

[69] FRAGOLA, Massimo, *"Profilo Comunitario del Turismo"*, Padova, CEDAM, 1996, ISBN 88-13-19733-0, p. 18.

[70] SESSA, Alberto, ob. Citada, pp. 28 e 29.

Reconhecendo o facto, Philip L. Morrison et al afirmam que *"The complexity of the term often occupies several pages of tourism textbooks"*, sendo que o turismo pode ser visto não apenas como uma viagem mas também como todo um conjunto de acções levadas a cabo tanto pelo sector público como pelo sector privado, concorrendo para a organização e funcionamento do sector do turismo e para a oferta de serviços ou produtos turísticos, a turistas e consumidores, de forma sã e sustentável ou, parafraseando os autores retro mencionados, *"Tourism is the sum of government and private sector activities which shape and serve the needs and manage the consequences of holiday and business travel. The central activities of the government and private sector include promotion, planning, providing services and preventing impacts"*.[71]

O turismo surge, neste âmbito, como uma actividade económica – a actividade turística – realizada no âmbito de uma parceria entre os sectores público e privado, sem prejuízo do papel específico de cada um, com vista à satisfação das necessidades dos turistas ou consumidores de produtos ou serviços turísticos. Aliás, mesmo para os autores que consideram o turismo como uma viagem, há que ter em conta que como tal envolve muitos outros aspectos a serem considerados para que essa viagem se torne num conjunto de experiências agradáveis para o turista.

Assim entendido, o turismo não pode ser visto apenas no sentido de uma simples deslocação de um lugar para outro mas como um conjunto de experiências e emoções que essa deslocação proporciona ao turista, através da mudança do seu lugar habitual para outro.

Entre os factores que proporcionam ao turista o prazer e a alegria de mudança do lugar, releva o transporte, incluindo a sua comodidade e conforto.

No seu sentido amplo, o conceito de turismo representa um ramo de actividade em que várias forças, nomeadamente o sector público e o sector privado interagem na realização das actividades turísticas compreendidas neste mesmo ramo. No entanto, convém salientar que embora as acções do sector público e do sector privado concorram para a realização do mesmo fim, não são iguais as respectivas funções.

---

[71] PEARCE, Philip L., MORRISON, Alaistair M. e RUTLEDGE, Joy L., *"TOURISM Bridges across continents"*, Irwin McGraw – Hill, Australia, 1998, ISBN 0-07-470541-5, P. xvi e xvii.

O governo tem, prevalentemente, funções de soberania como a regulação, fiscalização e controlo da actividade turística, enquanto que o sector privado, pela essência do seu substracto empresarial, cujo escopo é a realização do lucro, ocupa-se dos investimentos na área do turismo, optando por qualquer uma das várias actividades turísticas como a hotelaria, restauração, mergulho, agenciamento de viagens, entre outras, que a definição adoptada permite cobrir.

Na prática, porém, o conceito de turismo terá de ser determinado em função do contexto em que o termo é empregue, tendo em conta as duas principais acepções: turismo como viagem e turismo como actividade económica, sendo certo que entre os dois existe uma certa relação.

A *viagem* constitui um elemento essencial do turismo mas, não bastante para definir o seu conceito, o qual deve ser entendido, em primeiro lugar, como um conjunto de actividades e relações que se estabelecem por ocasião de uma viagem e exercidas de forma profissional.

Assim, ao longo da presente dissertação, o leitor terá de se precaver em relação à diversidade de acepções do termo turismo, sendo certo que, salvo raras excepções, o mesmo será predominantemente usado como sinónimo de sector de actividade económica relacionada com viagens de turistas, nas suas variadas formas.

4. A definição de *Turista*

De acordo com a OMT, " *tourist is a temporary visitor staying at least twenty-four hours for a period not exceeding twelve months in any country not their normal place of residence, whereas excursionists, the second category of visitor, do not spend the night in the destination country. Such a definition includes people visiting for leisure purposes and business visitors, and incorporates most visitors not paid from within the country being visited...*" (WTO – 1997, 24) ou ainda "*A person who travels to a country other than that in which s/he has his/ /her usual residence, but outside his/her usual environment for a period of at least one night but not more than one year, and whose main purpose of visit is other than the exercise of any activity remunerated from within the country visited. This term includes people travelling for leisure, recreation and holidays, visiting friends and relatives;*

business and professional; health treatment; religious pilgrames and other purposes."[72]

Tendo em conta a fixação de um período mínimo de 24 horas, pode--se perguntar como classificar aqueles que viajam, por exemplo, por motivos de lazer ou para atender um *workshop*, permanecendo no destino apenas algumas horas que no total não perfazem 24 horas? Com efeito, hoje em dia, pode-se tomar pequeno-almoço num país e jantar ou mesmo almoçar noutro.

Alberto Sessa parece mais cauteloso, ao referir que *"Turista deve essere considerato colui che va e poi ritorna, dunque il viaggiare in se non rappresenta la sicurezza del ritorno a casa"*.[73]

Nesta breve definição de turista, dada por Sessa, dois elementos básicos determinam o conceito de turista.

O primeiro refere-se ao carácter temporário da viagem empreendida pelo turista, de modo que este parte de um lugar, geralmente o da sua residência habitual, para outro, permanecendo neste último por um certo e determinado período de tempo. Neste contexto, o turista não se confunde com o viajante comum, pois este pode bem viajar por tempo indeterminado.

O segundo elemento é a liberdade que caracteriza a viagem do turista diferentemente do militar, do estudante ou do trabalhador que o faz em cumprimento de um dever patriótico, académico ou laboral, nem sempre voluntário, mesmo nos dois últimos casos.

SECÇÃO II – Formas e modalidades de turismo

1. Aspectos gerais

O conceito de turismo cobre diferentes formas, de acordo com os objectivos que os turistas ou consumidores de produtos turísticos têm

---

[72] HARRISON, David, *"Tourism & The Less Developed Countries"*, England, John Wiley & Sons Ltd, 1995, ISBN 0-471-95120-x, p. 2 e PEARCE, Philip L. at all "Tourism: Bridges across continents", Irwin/ Mcgraw – Hill, ISBN 0-07-4705415, p. 422.

[73] SESSA, Alberto, *"Elementi di Sociologia e Psicologia del Turismo"*, Roma, CLITT, 7ª Edizione, 1992, p. 30.

em vista e que os levam a empreender uma determinada viagem ou a optar por determinado tipo de serviços ou produtos.

Assim, enquanto que para uns o interesse é o recreio ou o lazer, para outros será a cultura de um determinado povo enquanto para outros ainda, será a busca de soluções para a sua saúde ou simplesmente a prática de um determinado tipo de desporto.

Neste contexto, por exemplo, Pearce at al entendem que *"For student in Perth, Western Australia, the kind of tourists which are familiar may be Singaporean and Indonesian visitors to the Burswood Casino, as well as Australian visitors touring the country and German visitors keen on adventure to desert environments. For the student in the Northern Territory, package tours British, north American and Japanese tourists are on obvious part of the tourism landscape...."*[74].

2. As várias formas e modalidades do turismo

Considerando, pois, as várias motivações que levam os turistas a deslocar-se a um determinado lugar, a doutrina distingue várias formas de turismo, das quais se destacam:

– *Turismo de lazer:* referente a viagens de mero passeio, em que o turista pretende tão somente mudar de ares, conhecer novos lugares, passar férias ou visitar amigos.

Em princípio, este tipo de turismo pode ser praticado em qualquer lugar. No entanto, parece importante que o local escolhido seja o mais tranquilo possível e possua infra-estruturas de boa qualidade, susceptíveis de proporcionar ao visitante maior gozo.

O turismo de praia e sol, muito comum na maioria dos países africanos, enquadra-se precisamente nesta categoria. Turistas que visitam as praias têm interesse em nadar e também aproveitar fazer os chamados banhos de sol, numa mera actividade de lazer.

Este é o tipo de turismo que actualmente domina a indústria turística dos PMAs, situados em zonas tropicais como Moçambique, sendo responsável pelo maior movimento de turistas.

---

[74] PEARCE, Philip et al *"TOURISM Bridges across continents"*, Irwin McGraw – Hill, Australia, 1998, ISBN 0-07-470541-5, Pp. xvi e xvii.

– *Turismo de eventos*: tipo de turismo realizado por ocasião de encontros de debate sobre matérias de interesse comum, focalizando diferentes temas de âmbito profissional, cultural, desportivo ou outro. Actualmente, o turismo de eventos constitui um dos mais importantes segmentos de chegadas internacionais. Contudo, é mais exigente ainda que o primeiro tipo pois, além de lugares de acomodação em quantidade e qualidade suficientes requer uma ampla e forte segurança, facilidades em termos de transporte e equipamentos de som, audiovisual e *Internet*.

O *Turismo de eventos* compreende essencialmente: congressos, convenções, seminários, mesas redondas, simpósios, seminários, painéis, conferências, fóruns, colóquios, palestras, exposições, salões e feiras, encontros, bolsas, festas, festivais, "workshops" e "shows" nomeadamente, musicais.

Ao nível mundial, multiplicam-se os eventos que determinam o movimento de turistas para atender qualquer dos tipos de eventos acima indicados. Por exemplo, é comum organizarem-se seminários, mesas redondas, painéis, *workshops*, para apresentação ou debate público dos temas de actualidade e de interesse geral para uma determinada sociedade, grupo de países ou para a comunidade em geral.

No que diz respeito ao caso específico de turismo, as feiras internacionais e as bolsas de turismo constituem uma das formas de turismo de evento que de forma regular junta países de diferentes latitudes do mundo que se encontram num determinado ponto onde expõem e promovem os seus produtos turísticos. Além das feiras internacionais, podem organizar-se feiras regionais reunindo um grupo restrito de países de acordo com a sua localização geográfica, ou mesmo feiras nacionais que juntam participantes provenientes de diferentes províncias, por exemplo.

– *Turismo de águas termais*: aquele em que o produto em causa são águas hidrominerais, naturais, conhecidas e procuradas pelas suas propriedades medicinais que os turistas procuram com o propósito de curar certo tipo de doenças ou simplesmente para o relaxe.

No entanto, não basta que um determinado país ou região tenha águas termais para se tornar um destino turístico, sendo necessário providenciar infra-estruturas, e equipamentos pertinentes quer para os turistas doentes como para seus acompanhantes e outros que visitam o lugar para simples recreio.

– *Turismo desportivo*: é o tipo de turismo relacionado com eventos desportivos e que envolve tanto os que vão participar como aqueles que vão simplesmente assistir a esses mesmos eventos. Pode ser de âmbito local, nacional, regional ou internacional, consoante a proveniência dos atletas que vão disputar os jogos.

O turismo desportivo é um importante veículo para o *marketing* das instituições, empresas e países, constituindo uma excelente oportunidade para o incremento dos rendimentos dos países acolhedores. A título de exemplo, a Austrália é citada como tendo logrado um crescimento de 31%, de um ano para outro e arrecadado três fabulosos prémios, na sequência da organização dos Jogos Olímpicos de Sydney que tiveram lugar em Julho de 2000, sendo o primeiro referente ao sucesso alcançado com a estratégia denominada Movimento Olímpico que proporcionou ao país 1, 6 milhão de visitantes e em que foram aplicados US$ 6,5 bilhões de dólares; o segundo refere-se ao Programa Olímpico de Relações com a Imprensa que gerou um ganho de US$ 6,6 bilhões em publicidade; E, o último diz respeito ao sucesso da campanha publicitária e foi atribuído à Australian Tourist Comission (ATC) juntamente com a Qantas Airways.[75]

Cientes do impacto que o turismo desportivo, sobretudo a nível internacional, tem no desenvolvimento dos seus países, os Estados da região austral de África têm vindo a promover competições nas modalidades de futebol, voleibol, basktebol e atletismo, actividades que contribuem para o desenvolvimento do turismo. Por isso, com a realização em vista do mundial de Futebol 2010, na África do Sul, países da região já estão a desenhar estratégias que incluem o aproveitamento dos benefícios no âmbito do turismo.

– *Turismo religioso*: aquele que tem a ver com as peregrinações religiosas referentes a visitas a lugares considerados sagrados como a Fátima em Portugal, pelos católicos e outros turistas e a Meca, pelos maometanos.

– *Turismo de juventude* também conhecido por *turismo juvenil*: é realizado por pessoas jovens, estudantes ou não, para festejar algum

---

[75] OLIVEIRA, Antônio Pereira, *"Turismo e Desenvolvimento: planejamento e organização"*, 3ª edição Revista e Ampliada, São Paulo, Editora Atlas S.A, 2001, p. 17.

acontecimento, promover intercâmbios entre os jovens, principalmente durante as férias escolares. Para o efeito, os locais visitados devem oferecer condições de diversão.

– *Turismo social*: é organizado pelas entidades empregadoras a favor dos seus trabalhadores, especialmente em épocas cujos hotéis registam menos movimento de hóspedes e como tal com os preços de alojamento mais baixos, ficando estes com o ónus de reembolsar os valores adiantados pelas empresas em condições vantajosas.

– *Turismo cultural*: o que envolve a participação em eventos ou acções de pesquisa por professores, estudantes, arqueólogos ou cientistas, com o objectivo de obter mais conhecimentos sobre determinada matéria. As viagens destinadas ao estudo das pinturas rupestres e outro tipo de objectos arqueológicos, através de escavações, no Egipto, constituem exemplo do turismo cultural.

A Declaração de ACRA, de Abril de 1995, sobre Turismo Cultural, desempenha um papel importante na promoção e preservação de lugares histórico-culturais dos povos, como forma de promover o turismo dos seus países, pois, como diz Sylvia Jaramillo:

"Para el turismo y su promoción es muy valioso poder decir que tenemos lugares Património de la humanidade, que pueden ser visitados. Ello atrae a los visitantes más exclusivos y habla de la atención y conservatión que um país há dado a sua história, a sus primitivos pobladores, a sus monumentos"[76]

Em Moçambique, por exemplo, são frequentes as visitas à Ilha de Moçambique, um distrito costeiro da Província de Nampula.[77]

O papel da UNESCO no âmbito do turismo cultural tem um grande impacto na promoção do Património da Humanidade e visa a protecção de bens ou recursos que pelo seu valor histórico, arquitectónico, natural ou cultural representam não só para os países onde os mesmos se loca-

[76] JARAMILLO, Sylviya, *"Revista Gerencia des Viajes"*, in Antônio Pereira, *"Tturismo e Desenvolvimento: planejamento e organização"*, p. 104.

[77] Classificado, em Dezembro de 1991, pela UNESCO, como Património Mundial em reconhecimento do alto valor histórico-cultural que representa a riqueza da diversidade cultural consubstanciando o entrosamento no oceano índico de várias civilizações designadamente: swahili africa – islâmica, árabe-indiana e portuguesa.

lizam e para os quais tenham algum significado, por exemplo, na sua relação com os seus antepassados mas também interesse para toda a Humanidade. Neste sentido, os lugares como tal classificados têm um grande impacto no sector do turismo, pois podem atrair turistas de vários quadrantes e desse modo contribuir para o seu desenvolvimento.

– Outros autores distinguem ainda o *turismo étnico e nostálgico,* praticado por aqueles que desejam visitar os seus locais de origem ou dos de seus antepassados ou por aqueles que viajam com o propósito de assistir ou observar as manifestações culturais dos povos nativos, diferentes dos que se podem observar nas cidades. Por exemplo, os rituais e outras cerimónias ligados a tradições de povos nativos.

– *Turismo gastronómico*: destina-se a promover os pratos típicos ou outros produtos oferecidos à mesa cujos sabores passam a constituir um atractivo para os turistas internacionais.

– *Turismo ecológico:* é geralmente praticado por pessoas provenientes de países industrializados, interessadas em contemplar a natureza, em virtude de a partir dos seus países ter-se tornado difícil, por causa do desenvolvimento que determinou o desaparecimento de alguns recursos naturais ou em virtude de se tratar de espécies próprias das zonas tropicais. Tornou-se particularmente conhecido com a realização do ECO 92, no Rio de Janeiro e inclui, entre outros, o ciclismo, cavalgada, safari fotográfico e mergulho.

– *Turismo de aventura:* como o próprio nome refere, trata-se de um tipo de turismo praticado por aventureiros, pessoas dispostas a viver as maiores emoções, capazes de lhes aumentar a adrenalina. Estão neste conjunto, os alpinistas e os que fazem passeios de balão, etc.

– *Turismo de cruzeiros marítimos:* envolve as viagens de pessoas em navios devidamente equipados para oferecer a bordo praticamente todas as condições possíveis em terra e a preços competitivos.

O maior palco do turismo de cruzeiro localiza-se na região de Caribe, onde se encontram os maiores navios de sempre como, por exemplo, o *Destiny* com 101 mil toneladas de peso e com capacidade para 2.642 passageiros, o *Grand Princess,* com 285 metros de comprimento, 109 mil toneladas e capacidade para 2.600 passageiros, o navio *Eagle,* o *Voyage of the Sea,* considerado o maior de todos, até ao momento, com 141 toneladas.

Segundo Antônio Oliveira, *"vários motivos levaram ao desenvolvimento da região caribenha. Por dispor de um mar profundo, que permite a atracação dos enormes navios, e porque os governos dos países cari-benhos organizaram-se e investiram na infra-estrutura portuária. Eles perceberam que a forma de que dispunham para sair das dificuldades financeiras era o turismo. Assim, constituíram uma associação congre-gando os países do Caribe e passaram a atuar em conjunto no mercado mundial, com um marketing agressivo e eficaz.*"[78]

– *Turismo de negócios:* praticado por pessoas de muitas posses, para reunir-se com os seus parceiros, fornecedores ou clientes e que viajam, em qualquer época do ano, normalmente por pouco tempo, dispostos a gastar mais em hotéis de luxo que ofereçam todo o tipo de facilidades.

– *Turismo de compras:* praticado por pessoas que viajam para adquirir produtos específicos, ou que sendo outro o motivo da viagem, entretanto, não conseguem regressar ao seu destino sem produtos de recordação específicos. Por exemplo, os chocolates suíços, os perfumes franceses, ou os bens de artesanato moçambicanos.

– *O Turismo da terceira idade:* em regra, tem como emissores PDs, sendo praticado por pessoas idosas, interessadas em repousar em lugares que disponham de belas paisagens, tranquilas e seguras.

– *O Turismo rural:* praticado por pessoas que viajam em busca de oportunidades para a prática de actividades só possíveis em zonas rurais (como os passeios a cavalo, a caminhada pelos campos, os churrascos, entre outros).

– *O Turismo técnico:* consubstancia as viagens realizadas por aqueles que trabalham em áreas técnicas com o objectivo de conhecer, na prática, os processos de produção ou de adquirir experiências práticas sobre como resolver certo tipo de problemas técnicos.

Outras formas são nomeadamente: o *turismo de saúde,* que se refere a viagens efectuadas por pessoas que pretendem serviços médicos especializados; o *Turismo Gay (GLS),* que representa o tipo de turismo em recrudescimento, sobretudo nos PDs e que envolve pessoas que estabelecem uma relação amorosa com pessoa do mesmo sexo; e, finalmente, o *Turismo de intercâmbio,* que é o tipo de turismo convencionalmente

---

[78] OLIVEIRA, Antônio Pereira, *"Turismo e Desenvolvimento: planejamento e organização",* 3ª Edição Revista e Ampliada, São Paulo, Editora Atlas S.A, 2001, p. 86.

praticado por jovens estudantes que realizam seus cursos fora dos países de residência e normalmente se hospedam em casas de famílias cujo contacto permite a rápida assimilação da matéria.

Note-se que a escolha que um determinado país faz para investir num determinado tipo de turismo deve levar em conta as condições existentes ou aquelas que potencialmente poderão ser criadas.

Cuba, por exemplo, consegue atrair maior número de pessoas interessadas no turismo de saúde, devido ao domínio que tem neste ramo e que constitui uma vantagem comparativa de maior valia, ainda por cima sem dependência de condições climatéricas, ou seja, que pode ser praticada sem dependência da variação das estações do ano.

SECÇÃO III – O Turismo como indústria

1. Aspectos gerais

O turismo é considerado como um fenómeno complexo, ligado à revolução industrial. Por isso, Alberto Sessa, refere que *"Il turismo è quel fenomeno complesso e tipico della civiltà industriale che ha origine dal viaggio e dal soggiorno temporaneo dei non-residenti. I processi di vario genere che ne derivano hanno come base unica ed originale le interrelazioni umane."*[79]

Ora, da complexidade do turismo deriva, particularmente, a sua qualificação como indústria. Mas, considerar o turismo como indústria parece entrar em contradição com o facto de se reconhecer que o turismo *" tem a virtude, entre outras, de não ser poluente,"*[80] quando comparado com a generalidade das indústrias normalmente responsabilizadas pela poluição do ambiente.

Argumentando a ideia de o turismo ser uma indústria, Antônio Oliveira considera que *"o turismo, que era para muitos uma atividade secundária, passou a receber atenção especial em razão de ser fonte*

---

[79] Sessa, Alberto, Ob. citada, p. 136.

[80] Santos, António Almeida, in *"Actas do IV Congresso Internacionl Sobre Turismo Cultural, Lusofonia e Desenvolvimento"*, p. 15.

geradora de receitas e a exigir metódica e delicada manipulação, consolidando-se dentro do conceito de 'indústria normal'... Assim, o turismo pode ser considerado como uma indústria por muitas razões. Pela existência de uma organização dentro do setor que promove as viagens e beneficia os locais receptores, pelos meios que utiliza e pelos resultados que produz.

O turismo aproveita os bens da natureza sem consumi-los, nem esgotá-los, emprega uma grande quantidade de mão-de-obra; exige investimento de enormes somas de dinheiro; gera rendas individuais e empresariais; proporciona o ingresso de divisas na balança de pagamentos; origina receitas para os cofres públicos; produz múltiplos efeitos na economia do país; valoriza imóveis e impulsiona a construção civil".[81]

Tendo em conta a capacidade que o turismo tem de criar à sua volta um efeito multiplicador, Wahab considera que "*O turismo é uma destas novas indústrias que são capazes de propiciar um rápido crescimento económico em ofertas de empregos, renda, nível de vida e ativação de outros setores produtivos do país receptor.*"[82]

A consideração do turismo como indústria é de extrema importância porquanto dela decorrem importantes efeitos relacionados com o desenvolvimento e gestão da actividade.

2. O funcionamento da indústria turística

O turismo como indústria constitui uma actividade que envolve uma combinação complexa de elementos não só humanos e materiais como também de natureza psicológica.

Do ponto de vista humano, são os transportadores, os agentes de viagem e de turismo, os operadores hoteleiros, etc. E, do ponto de vista material são os meios de transporte, os hotéis ou outros meios de alojamento turístico e demais serviços complementares.

---

[81] OLIVEIRA, António Pereira, "*Turismo e Desenvolvimento: Planejamento e Organização*" São Paulo, Editora Atlas S.A., 3ª Ed. Rev. e Ampl., ISBN 85-224-2998-7, 2001, p. 44.
[82] WAHAB, S. "*Introdução à Administração do Turismo.*", in Oliveira, António Pereira, ob. citada p. 45.

Quanto aos elementos psicológicos e no que diz respeito ao turista, são as expectativas, as necessidades e as suas ansiedades, decorrentes daquilo que é a essência humana, envolvendo não só os sentimentos comuns como o amor, a angústia, o medo e outras emoções, algumas das quais incontroláveis ou irresistíveis mas, além destas, as emoções que o Homem frequentemente busca, construindo sonhos e fantasias e imaginando lugares desconhecidos ou experimentando o desejo de uma aventura. Consequentemente, procura formas de estímulo ou de concretização através de actividades de lazer, recreação, desporto, descanso, ou outras, incluindo aquelas que na prática envolvem certos riscos. Por vezes, é a simples necessidade de mudança, de sair do meio habitual, sobretudo para os que trabalham de forma intensiva.

Em todas ou pelo menos em quase todas estas situações, as viagens são um meio de concretização que exige da indústria turística a criação de condições de viagem, especialmente para o turista internacional, tais como: meios de transporte, alojamento e outros serviços fornecidos pelos intermediários entre o turista e os transportadores e os proprietários dos meios de alojamento.

O turista é normalmente influenciado por aquilo que ouve e sobretudo o que vê, i.e. aquilo que chega ao seu conhecimento e, em função disso, cria novos hábitos, ganha novos gostos, chegando até a mudar de comportamento. A via mais eficiente para a transmissão de novos conhecimentos dos produtos e serviços turísticos é, sem dúvida, a inovação tecnológica, pois de acordo com Licínio Cunha, *"graças à evolução tecnológica e científica os consumidores turísticos cada vez têm acesso mais fácil à informação sobre as diferentes alternativas o que lhes permite uma maior liberdade e uma melhor fundamentação das suas decisões de consumo baseada no conhecimento dos preços, das instalações, do nível de serviço, das actividades existentes, etc."*[83]

Todos estes serviços e outros não mencionados constituem um sistema de cuja eficiência depende a qualidade do turismo a desenvolver. Este sistema caracteriza o funcionamento da indústria turística através de vários componentes independentes, todavia interactivos.

---

[83] CUNHA, Licínio, *"Introdução ao Turismo"*, Lisboa, Editorial Verbo, n.º de Edição 2665, 2001, p. 398.

Para que o turismo seja bem sucedido é necessário que cada componente realize a sua função com eficiência e oportunidade para garantir a complementaridade e coesão do sistema. Por isso, Douglas Foster fala da possibilidade de uma integração vertical e horizontal.

No primeiro caso, da integração vertical, verificar-se-ia a criação de uma empresa mista a partir da fusão de várias organizações de diferentes níveis da indústria ilustrando com o exemplo de *"operadores turísticos que dominam agentes de viagem, companhias de aviação ou de navios de cruzeiro que compram hotéis"*;[84] enquanto que no segundo caso, a situação de fusão verifica-se entre empresas que sejam do mesmo nível. Por exemplo, entre grupos de operadores turísticos ou de hotéis.

No entanto, algumas vezes, a fusão é determinada por razões de mercado. Por exemplo, quando existam várias pequenas unidades hoteleiras que precisam de se associar para enfrentar a concorrência.

Qualquer que seja a organização interna dos vários fornecedores de serviços, ao nível exterior a indústria turística deve funcionar como uma estrutura organizada em torno do mesmo objectivo – servir melhor o turista e tornar o destino turístico mais atractivo e competitivo.

Essencialmente, a indústria turística envolve quatro categorias de componentes básicos:

A primeira integra os vários tipos de alojamento como: hotéis, pensões, casas de hóspedes, conjuntos turísticos e outros meios complementares de alojamento.

A segunda categoria é dos transportes, podendo ser: aéreos, marítimos, rodoviários ou ferroviários. Porém, qualquer que seja o meio de transporte a empregar deve ser cómodo, confortável, rápido e seguro.

A terceira categoria integra as atracções que constituem a linha de produtos que o destino turístico tem para oferecer ao turista. Estes produtos tanto podem ser naturais, por exemplo, paisagens, praias, montanhas e águas termais, como podem resultar da criação do Homem nomeadamente: os museus, monumentos, construções arqueológicas, entre outros.

Na última categoria integram-se os serviços de apoio incluindo: restaurantes, centros de informação turística, entre outros.

---

[84] Foster, Douglas, *"Viagens e Turismo: Manual de Gestão"*, EDIÇÕES CETOP, Edição n.º 0625005, ISBN 972-641-181-5, p. 58.

Geralmente estes serviços são assegurados pelo sector privado. Todavia, o sector público desempenha um papel importante na definição de políticas, regras sobre atracção de investimentos, incluindo a criação de incentivos, medidas de segurança e higiene, segurança dos turistas, promoção e marketing, entre outras.

Da eficiência deste sistema dirigido a satisfazer as necessidades do turista depende o crescimento e a evolução do turismo e sua contribuição na economia nacional e mundial.

Além disso, o crescimento do turismo é também determinado pela capacidade que as empresas têm de concorrer umas com as outras, de modo a satisfazer o cliente e de, através da satisfação de um turista, ganhar muito mais clientes, pelo que *"a satisfação do consumidor é uma condição essencial para o sucesso das empresas e dos destinos turísticos o que significa que têm de garantir aos seus clientes que são capazes de responder melhor às suas necessidades, desejos e expectativas do que os concorrentes..."*[85]

É nestes termos que se defende a ideia de sistema. Porém, não se deve pensar que se põe de lado a concorrência entre os agentes económicos. A concorrência é sempre necessária e deve sempre existir, pois, como defende Carlos Olavo, em propriedade industrial, ela oferece *"a possibilidade de flutuação de escolha por parte dos consumidores e representa a competição entre os vários agentes económicos com vista a atingirem a supremacia no mercado em relação aos demais."*[86] Por isso é que, normalmente, a concorrência é consentida pelos poderes públicos desde que circunscrita nos limites da lei, pois, ela estimula a perfeição e evita a prática de preços altos.

Um destino turístico precisa, para se tornar competitivo, de oferecer produtos de boa qualidade, a preços razoáveis, a par de outras condições como segurança e saúde entre outros factores determinantes para a opção do turista.

Apreciando os dados geralmente apresentados pela OMT, pode-se estabelecer uma relação de causa e efeito entre a eficiência da indústria turística num dado destino e os índices de evolução do turismo. Isto pode

---

[85] CUNHA, Licínio *"Introdução ao Turismo*, ob. citada p. 398-399.

[86] OLAVO, Carlos, *"Propriedade Industrial – Sinais Distintivos do Comércio, Concorrência Desleal"*, Livraria Almedina, Coimbra – 1997, p. 8.

explicar o facto de que países com melhores infra-estruturas, melhor segurança e melhores preços se situem no *ranking* dos países melhor posicionados como mais adiante, na PARTE III, do presente trabalho, se poderá constatar.

CAPÍTULO III

IMPACTO DO TURISMO NOS DOMÍNIOS ECONÓMICO, SOCIAL, CULTURAL E AMBIENTAL

SECÇÃO I – Visão geral: Os recursos turísticos

1. Aspectos Gerais

A indústria turística é geralmente considerada, a nível internacional, como sendo susceptível de proporcionar aos países um crescimento acelerado. A este propósito, o Relatório da OMT, de 1996, refere que *"Tourism is the fastest growing industry internationally"*[87] e, também na sua avaliação, conforme preâmbulo do Código Mundial da Ética do Turismo, os membros reconhecem *"... o crescimento rápido e contínuo, não só passado como o previsível, da actividade turística..."*. O mesmo reconhecimento resulta de forma expressa do Protocolo sobre o Desenvolvimento do Turismo da SADC.[88]

Neste contexto, o turismo tem sido igualmente considerado como um dos factores predilectos de desenvolvimento, tendo em conta o seu contributo na criação dos postos de trabalho e na geração de receitas, especialmente nos PMAs, onde a componente do turismo internacional,

---

[87] BAUER, Irmargard, *"The Impact of tourism in developing Countries on the health of The Local Host Communities: The need for more research"*, The Jornal of Tourism Studies, Vol. 10. N.º 1, ISSN 1035.462, 1999, p. 2.

[88] Cfr. Preâmbulo do Protocolo sobre o Desenvolvimento do Turismo na SADC, assinado em Grand Baie, Ilhas Maurícias, aos 14 de Setembro de 1998 e ratificado pelo Governo, através da Resolução n.º 12/2001, de 20 de Março, do Conselho de Ministros, publicado no B.R. n.º 11, I Série, de 20 de Março.

entendido como factor de entrada de turistas dos PDs para os PMAs, é positivamente apreciado como uma importante alternativa de desenvolvimento sócio-económico.

Do ponto de vista económico e, na perspectiva dos PMAs, um dos argumentos a favor do turismo é a deterioração dos termos de troca, comprometendo a sua capacidade de competir no mercado internacional, sendo que uma das principais razões é a falta de matérias-primas locais, o que determina a sua importação e, consequentemente, o agravamento dos custos de produção.

Ora, o turismo, usando como matéria-prima os recursos naturais existentes de forma mais ou menos abundante, constitui para esses países uma indústria alternativa.

Apesar desta vantagem, o turismo é uma indústria que se pode considerar de duas faces: uma positiva e outra negativa. Por isso, enquanto uns argumentam a favor do turismo, sobretudo considerando o seu papel de impulsionador de economia, quer pela possibilidade que tem de provocar um crescimento rápido, através da entrada de divisas, quer pelas oportunidades de emprego que oferece, sem falar de outras vantagens ao nível da promoção das relações internacionais e da segurança; outros há que se insurgem contra o turismo, devido aos danos que frequentemente provoca, sobretudo os relacionados com o ambiente e que, em última análise, se repercutem na própria economia.

A propósito das duas faces, Oppermann (p. 106), considera que *"Tourism has many facets and apparently generates as much criticism as praise: Tourism as an economic development agent, a job generator, and a white industry, but also tourism as an evil industry, a destructive force, etc.."* Com efeito, o mundo inteiro é testemunha de algumas ocorrências recentes como o *"Tsunami"* e os terramotos cíclicos ou as cheias jamais vistas na história do nosso planeta, um pouco por todo o lado.

O turismo é frequentemente associado a alguns desses acontecimentos e, por isso, encarado por alguns com legítimo cepticismo.

O presente capítulo, tendo em conta as virtudes do turismo e também os seus defeitos, procura analisar o lado positivo do turismo mas, também o seu lado negativo. Esta análise deverá permitir encontrar pelo menos uma parte das respostas a dar à grande questão suscitada pelo tema em apreço, a de saber se vale a pena ou não apostar no turismo como base de desenvolvimento.

Embora o turismo seja partilhado por todos os países, ricos e pobres, não há dúvidas de que estes últimos entendem-no quase que como uma tábua de salvação. No entanto, o sucesso no desenvolvimento da actividade turística depende dos recursos existentes e da forma como os mesmos são explorados ou aproveitados.

2. Recursos naturais *versus* recursos turísticos

Em geral, a opção que um país tem de desenvolver ou de priorizar esta ou aquela actividade há-de ter por base, em larga medida, os recursos disponíveis.

Todos gostariam, certamente, de produzir platina, ouro ou outro metal precioso. Todavia, muitos não o podem fazer pelo simples facto de não possuírem os respectivos minérios.

No desenvolvimento do turismo, as coisas passam-se da mesma maneira. Não basta a vontade, o querer. É preciso ter em conta os recursos existentes e, naturalmente, a capacidade de tornar esses recursos atractivos e susceptíveis de oferecer ao país detentor vantagens comparativas.

Os recursos naturais, por si sós, não são suficientes para gerar os benefícios esperados. O Homem, com a sua acção, é que vai adicionar os ingredientes necessários para tornar esses recursos mais apetecíveis e aptos a atrair turistas.

"Resources are not, they become; they are not static but expand and contract in response to human wants and human actions", diz Zimmermann (1951, p. 15), que defende ainda o seguinte: *"Availability for human use, not mere physical presence, is the chief criterion of resources. Availability, in turn, depends on human wants and abilities"* E, concordando com este ponto de vista, Oppermann refere que *"An island with its beaches and tropical climate is not a tourism resource until it is made accessible to tourists and it is something desired by tourists"*[89]. Daqui resulta, por um lado, que os recursos turísticos implicam a soma dos recursos naturais e de todos os elementos que com a sua intervenção o Homem adiciona com vista a potenciar aqueles recursos ao desenvol-

---

[89] ZIIMMERMANN, apud OPPERMANN, ob. citada, p. 106.

vimento do turismo. Por outro lado, decorre que os recursos naturais, sendo embora os mais determinantes, não são os únicos que jogam um papel importante no desenvolvimento do turismo. Turistas há que viajam para um determinado país atraídos pelos grandes centros de diversão, para jogar num casino famoso, ou pelos grandes centros comerciais, para fazer compras de produtos específicos ou também por causa da oportunidade de visitar várias lojas no mesmo local. Outros ainda são atraídos por um certo tipo de passeios como os de teleférico ou de balão, etc. Por conseguinte, as praias, as lindas paisagens e outros locais naturais não são os únicos atractivos. E, mesmo que fossem, sempre seria necessário combinar o natural com o artificial para tornar o produto ou serviço turístico mais atractivo e útil para o turista.

SECÇÃO II – Os impactos positivos do turismo

1. No caso específico dos PMAs

1.1. *Aspectos Gerais*

Durante muito tempo, o turismo foi considerado uma actividade económica própria dos PDs. Entretanto, é hoje entendido por muitos como um crucial agente indutor de desenvolvimento e uma alternativa económica viável relativamente a muitos sectores primários e mesmo secundários nos PMAs. Os casos de sucesso do turismo em alguns países como Tunísia, Marrocos, México e muitos países caribenhos (Opperman, 1997, p. 1) levam a que o turismo, sobretudo na perspectiva internacional, seja considerado um factor vital e necessário para a captação de divisas nos PMAs, desde que detentores de *terra*, *sol* e *mar*. Esta ideia é reforçada pelo quadro económico e social dos PMAs, há muito sombrio. Com efeito, os esforços que vem sendo desenvolvidos, quer pelos governos destes países, unilateralmente, quer pela comunidade internacional, estão longe de alterar o actual cenário, espelhado de forma dramática no Relatório de Desenvolvimento Humano 2004, onde se reconhece o facto e, pior, onde se menciona que muitos desses países, onde a maioria continua a viver com o equivalente a menos de um dólar por dia, não vão alcançar as metas do milénio, pelo menos nos prazos preconizados.

Ainda assim, o relatório do Banco Mundial sobre o desenvolvimento 2005 entende que a comunidade internacional "pode dar a mão", por exemplo, no domínio dos investimentos através da remoção das políticas distorcivas geralmente adoptadas pelos PDs, assistência mais ampla e efectiva, incluindo na formulação de PP mais adequadas ao melhoramento do clima de investimentos.

1.2. *O Turismo como alternativa de desenvolvimento nos PMAs*

Segundo Cooper et al, *"Durante as últimas décadas, muitas economias cresceram em seus setores de serviços, mesmo quando os setores mais tradicionais, agrícolas e manufatureiros, estiveram sujeitos à estagnação ou ao declínio. O turismo é uma indústria baseada em serviços e, como tal, foi parcialmente responsável pelo crescimento deste setor. Nos países em desenvolvim*ento, *o setor de serviços é responsável por cerca de 40% do Produto Interno Bruto..."*[90]. Para a maioria dos PMAs, commumente caracterizados por uma economia debilitada, parque industrial obsoleto, elevado grau de endividamento, fraca capacidade tecnológica e ausência de "know how" e, consequentemente, sem grandes hipóteses para apostar em outras áreas de actividade como indústria, comércio, transportes, exigindo capacidade de modernização e implicando elevados custos de produção para que os seus bens e ou serviços possam competir, num mercado cada vez mais globalizado, o turismo aparece como uma alternativa viável, para a geração de novos postos de trabalho e de receitas que contribuem para a correcção dos défices da balança comercial. É que, paradoxalmente, os PMAs são hoje considerados como potenciais destinos turísticos em virtude das suas especiais atracções nomeadamente, naturais e culturais. Por exemplo, comparados com os PDs, os PMAs apresentam muitos lugares exóticos próprios para a prática de turismo de aventura, os quais constituem uma interessante alternativa para turistas que tenham já experimentado outro tipo de turismo mais vulgar.

Nas suas estratégias de *marketing*, os PMAs têm destacado a parte cultural relativa às comunidades locais, cujo contacto oferece ao turista

---

[90] COOPER, Chris et al, *"Turismo: princípios e prática"*, 2ª Edição, Brasil, São Paulo, Bookman/ Artmed Editora S.A., ISBN 0-582-31273-6, 2002, p. 159.

estrangeiro uma nova experiência. Por isso, nestes países, o turismo é considerado "*a vital development agent and an ideal economic alternative to more traditional primary and secondary sectors*".[91]

Saliente-se que a favor de muitos PMAs, como Moçambique, jogam factores como: recursos naturais pouco comuns, clima tropical com sol abundante, praias extensas e de águas cristalinas, fauna, florestas, cultura, tradições e histórias que potenciam a atracção aos turistas. Aliás, a generalidade destes países possui "*terra, água e atmosfera*", considerados "*principais recursos naturais*" susceptíveis de proporcionar uma variedade de bens e serviços.[92]

Diferentemente, a maioria dos PDs não tem a mesma vantagem de combinar os vários recursos aqui citados; daí que, não raras vezes, os seus cidadãos fazem longas viagens, justamente para desfrutar das condições que a natureza oferece aos PMAs.

Neste contexto, os PMAs detentores de recursos naturais capazes de atrair turistas e investidores, podem reduzir as desvantagens económicas, sociais e de infra-estruturas e oferecer aos seus cidadãos melhores condições de vida e compensando ou minimizando os défices registados em outras actividades como a indústria e a agricultura, por a sua exploração não se mostrar viável face aos custos de produção respectivos.

No caso da indústria, por exemplo, é *mister* salientar que, *grosso modo*, os PMAs são ex-colónias e, por razões de estratégia e de política económica, a estrutura da indústria transformadora desses países foi concebida, pelos governos então colonizadores, não para a produção de produtos acabados mas apenas para produtos intermédios, a partir de matérias-primas e subsidiárias importadas das metrópoles.

Após a conquista das respectivas independências, as ex-colónias passaram a ter dificuldades de assegurar a continuidade da actividade industrial face à sua dependência original que, associada ao estado obsoleto dos seus equipamentos e aos elevados custos de manutenção e ou modernização e da importação das matérias-primas e subsidiárias, levou a que muitas empresas passassem a laborar muito abaixo da sua capaci-

[91] OPPERMANN, Martin & Chon, Kye-Sung, "*Tourism in Developing Countries*", London, International Thomson Business Press, ISBN 0-4151-3939-2, 1997, p. 1.
[92] SAMUELSON, Paul A. e Nordhaus, William D., "*Economia*", Décima Sexta Edição, Lisboa, McGraw-Hill, ISNB: 972-8298-83-8, 1999, p. 325.

dade instalada, sem qualquer hipótese de suportar a concorrência de produtos similares, importados de outros países, sobretudo os provenientes dos mercados asiáticos.

No que tange à agricultura, e embora *"o recurso natural mais valioso dos países em vias de desenvolvimento seja os terrenos aráveis"* e se considere que *"Grande parte da população activa nos países em vias de desenvolvimento está empregada na agricultura"*[93] e, por isso, a produção agrícola pode determinar de forma significativa o aumento do produto desses países, sucede que, nos dias que correm, as exigências, tanto do mercado interno como do mercado externo, implicam a utilização de equipamentos e tecnologia modernos, incluindo sistemas de irrigação e outro tipo de insumos agrícolas, cuja aquisição importa a mobilização de recursos financeiros que se situam muito aquém das reais capacidades dos agricultores ou daqueles que gostariam de fazer da agricultura a sua profissão. Deste modo, os que apostam nesta actividade arriscam-se sempre a ver os seus produtos encarecidos e, por isso, sem hipóteses de concorrer num mercado cada vez mais competitivo e globalizado. Parece, pois, poder admitir-se a opinião dos que consideram que *"specially for small developing countries with few primary resources and a small industrial base, and particularly for small microstates, tourism often constitute the only viable economic activity within their economic means and their resource base (Lee 1987; Wilkinsen, 1989)"*.[94]

É neste contexto que a maioria dos PVDs e essencialmente os PMAs aos quais o declínio dos termos das trocas comerciais dos seus produtos de exportação, a baixa produtividade agrícola, contrastando com o elevado número de desempregados e do grau de analfabetismo, entre outros, obriga a investigar novas indústrias, produtos ou serviços, tendo em conta a necessidade de corrigir os défices das suas balanças de pagamento, têm vindo a considerar o turismo como um meio de desenvolvimento susceptível de assegurar um crescimento acelerado das suas economias e também a criação de oportunidades de emprego e entrada de divisas.

A este propósito, Naylon (1967, p. 23) invoca, como exemplo, o sucesso alcançado pela Espanha no desenvolvimento do turismo, considerando que:

---

[93] Samuelson, Paul A. e Nordhaus, William D., Idem ob. e p. citadas.
[94] Oppermann, Martin & Chon, Kye-Sung, ob. e p. citadas.

"Tourism is perhaps the only sector of economic activity in which the principles of free trade still apply. More important, it is now possible for underdeveloped countries to improve their economies, not by increasing exports via low-cost production, but by tourism." [95]

A Espanha é, pois, considerada exemplo de um país que atingiu o seu rápido crescimento económico através do desenvolvimento do turismo a ser seguido pelos PMAs que aspirem alcançar o mesmo objectivo, com vista não só a reduzir o défice da balança de pagamentos como também a criar condições para um clima de investimento mais favorável.

Neste contexto, jogam a favor do turismo o seu impulso ao rápido crescimento económico, a redução dos défices da balança de pagamentos, a redução dos índices de desemprego e a captação de divisas.

1.3. *O Efeito Multiplicador do Turismo na perspectiva dos PMAs*

Do ponto de vista económico e do que se disse acima resulta, essencialmente, que o turismo nos PMAs apresenta uma série de benefícios directos. Entretanto, além destes, o turismo tem também a susceptibilidade de provocar sinergias, através do seu efeito multiplicador, pelo que constitui um factor dinamizador e de estímulo relativamente a outros sectores produtivos ou de prestação de serviços como agricultura, comércio, transportes, comunicações, artesanato, mobiliário, entre outros, que abastecem os hotéis, proporcionam formas de deslocação de turistas de um ponto para outro ou simplesmente proporcionam ao turista estrangeiro momentos de contacto com a cultura e a história do país (caso dos museus e monumentos; das danças típicas das comunidades locais ou das obras artesanais que o turista leva como recordação).

Nesta medida, o turismo funciona, de forma decisiva, como um motor que desencadeia o funcionamento de todo uma série de outras actividades económicas e desse modo multiplica o volume de receitas e os postos de emprego.

Fora o domínio económico, o turismo provoca, do ponto de vista social, designadamente, a necessidade de melhor assegurar aos turistas ou

---

[95] Idem, ob. citada p. 16.

mesmo aos residentes das zonas onde se localizam os empreendimentos turísticos, outros serviços sociais como hospitais, escolas, centros de diversão e outros que contribuem sobremaneira para o desenvolvimento humano, aproximando os povos e fomentando um espírito de solidariedade.

Enfim, o turismo constitui uma ponte de unidade nacional, regional e internacional, capaz de quebrar fronteiras e superar as barreiras políticas, tribais, raciais, religiosas ou de outra natureza e, deste modo, contribuir para ligar os PMAs ao resto do mundo.

Sendo o turismo uma indústria especialmente dependente de bens e sobretudo de serviços geralmente controlados pelas grandes multinacionais e, consequentemente, dependendo os PMAs de importações desses bens ou serviços, poderia, de certo modo e com alguma legitimidade, colocar-se a questão de saber se, ainda assim, pode o turismo, tal como considerado, nos PMAs, proporcionar vantagens nestes países. Como resposta a esta questão, Harrison considera que:

"It is clear ... that developing countries as a whole are net importer of services but a net recipient of foreign exchange from travel, which constitutes the generally accepted proxy for tourism earnings. With the exception of the developing countries of West Asia, which include the OPEC countries, tourism makes a considerable net contribution to foreign exchange earnings. In developing countries in the rest of Ásia, Latin America and Africa, in 1986, net foreign exchange receipts from tourism contributed 2.6, 2.6 and 0.7 billion dollars respectively to the balance of payments."[96]

O efeito multiplicador deriva, em particular, do grau de utilização de uma gama diversificada de serviços, pressupondo a intervenção de um número elevado de fornecedores. É o que sucede na instalação e exploração de um hotel que implica o consumo de muitos e diferentes mercadorias e serviços. Para a sua instalação, são necessários materiais de construção e, depois, para o seu funcionamento são necessários equipamentos, mobiliário, utensílios e as chamadas mercadorias de primeira linha. Cada um dos diferentes bens aqui mencionados têm fornecedores diversos. E diversos são também os serviços e respectivos fornecedores

---

[96] HARRISON, David, *"Tourism & Less Developed Countries"*, England, John Wiley & Sons, ISBN 0-471-95120-X, 1995, pp 48-49.

como são os casos de telecomunicações, electricidade, gás, água e outros, além do uso intensivo da mão-de-obra.

É também o caso da organização de eventos como seminários, congressos ou outros similares, implicando a mobilização de vários recursos em termos de transporte, equipamento diverso, comunicações, banca, entre outros.

Sobre esta hipótese, Ignarra cita a SPC&VB, SEBRAF a considerar que *"observando-se como exemplo, os equipamentos e serviços utilizados pelos organizadores de eventos, pode-se ter uma ideia do efeito multiplicador do setor turístico.*[97] Com efeito, além do alojamento, os congressistas precisarão de outros tantos serviços como os de restauração e bebidas, transporte, equipamento informático, equipamento de som, blocos de notas, pastas, esferográficas, entre outros.

2. Impactos económicos positivos comuns

2.1. *Conceitos básicos de economia e sua validade no âmbito do turismo*

O desenvolvimento do turismo, como uma actividade económica específica, há-de ter por base os mesmos pressupostos da actividade económica em geral. Entre esses pressupostos, relevam os conceitos básicos da economia, os quais podem ajudar a compreender as razões que levam a optar por esta ou aquela actividade.

No caso do turismo, os mesmos conceitos ajudam a determinar os motivos que levam os países destinatários a apostar neste ramo de actividade. Por conseguinte, determinar os impactos económicos do turismo implica, em primeiro lugar, determinar os efeitos queridos pela sociedade que decide desenvolver o turismo, i.e. os seus efeitos positivos.

---

[97] SPC&VB, SEBRAF, *"Capacitação de Cidades Paulistas para Captação e Promoção de Eventos"*, São Paulo, 1996. apud IGNARRA, ob. citada p. 100.

2.1.1. Conceito de Economia

Vários autores se debruçam sobre os estudos económicos e, obviamente, procuram, à partida, estabelecer o conceito da economia.

Soares Martinez, a despeito da definição de Economia Política, parte de certas expressões commumente usadas, com os mais variados sentidos e explica, por exemplo, que:

"... quando se diz que determinada pessoa «vive com economia», atribui-se-lhe um emprego racional e moderado dos bens económicos disponíveis. E a expressão «fazer economias» exprime a renúncia à satisfação de necessidades económicas presentes e a constituição de reservas e bens destinados a satisfazer necessidades económicas futuras."[98]

E, segundo Samuelson,

"... economia é o estudo da forma como as sociedades utilizam recursos escassos para produzir bens com valor e de como os distribuem entre os vários indivíduos." [99]

Os dois conceitos têm um denominador comum: a ideia de que os recursos existem em quantidades limitadas – escassez – e de que, face a essa escassez, se torna necessária a sua utilização racional.

Como em qualquer outro ramo de actividade, no âmbito do turismo, a partir dos recursos disponíveis, todavia escassos, as sociedades procuram criar as suas riquezas, produzindo bens ou serviços aptos a satisfazer as suas variadas necessidades, as quais podem ser fundamentais ou básicas (como por exemplo alimentar-se ou vestir-se) e secundárias ou supérfluas (fumar ou ir ao cinema, por exemplo), consoante sejam ou não indispensáveis para a sobrevivência do Homem. Por conseguinte, sendo o fim último dessa riqueza a satisfação das múltiplas necessidades humanas, é preciso que os bens produzidos sejam de alguma utilidade. *"O turismo é um desses serviços que tem utilidade para os indivíduos e uma oferta limitada."* [100]

---

[98] MARTINEZ, Soares, *"Economia Política*, 5ª Edição, Coimbra, Almedina, 1991, p. 2.

[99] SAMUELSON, Paul A., NORDHAUS, William D. ob. citada, p. 4.

[100] IGNARRA, Luíz Renato, *"Fundamentos do Turismo"*, Brazil, Pioneira, 1998. p. 144.

2.1.2. Conceito de utilidade turística

Em sentido económico, não se deve produzir apenas por produzir. Os bens económicos (materiais ou imateriais) e os serviços que resultam da actividade produtiva devem ser aptos a satisfazer as necessidades, sendo certo que, à medida que estas vão sendo satisfeitas, outras novas necessidades surgem.

Aplicando esta ideia ao turismo, há-de resultar que um turista satisfaz as suas necessidades turísticas quando concretiza o seu desejo, por exemplo, de visitar um determinado lugar e tenderá a visitar sempre novos lugares que ainda não conhece, a experimentar um novo tipo de alojamento ou de refeição em vez de repetir os mesmos.

Utilidade é, pois, a susceptibilidade ou a qualidade que os bens económicos ou os serviços têm de satisfazer as necessidades dos consumidores.

Desta noção, resulta que o conceito de utilidade económica não coincide com a noção do senso comum de que só é útil o que não for prejudicial. Com efeito, a utilidade económica pressupõe tão somente a capacidade de os bens ou serviços económicos proporcionarem ao consumidor a vantagem querida, independentemente dos seus efeitos socialmente aceitas ou moralmente censuráveis. Bens prejudiciais à saúde são economicamente úteis se forem aptos a satisfazer o desejo do seu consumidor.

Os efeitos do turismo nem sempre são benéficos. Porém, os produtos ou serviços turísticos têm sempre utilidade económica na medida em que forem aptos a satisfazer o desejo dos turistas. Neste sentido, utilidade turística será *"a capacidade que os bens e serviços turísticos possuem para satisfazer as necessidades de viagem quaisquer que sejam as motivações que estão na origem. Como o grau de utilidade de um bem não depende apenas da sua quantidade, mas também da quantidade de todas as demais espécies de bens que o agente económico encontra à sua disposição, a utilidade turística é a utilidade que o agente encontra no conjunto de prestações de que se serve para satisfazer a sua necessidade."*[101]

---

[101] CUNHA, Licínio, *"Economia e Política do Turismo"*, Portugal, Editora McGraw--Hill de Portugal, Ldª, ISBN: 972-8298-52-8, 1997, p. 121.

2.1.3. *Utilidade turística marginal*

Os bens ou serviços económicos têm uma função – satisfazer as necessidades dos consumidores, o que quer dizer que cumprem a sua função quando estes atingem o grau de satisfação esperado. Ou seja, a partir do momento em que o consumidor atinge esse grau de satisfação, diminui o seu desejo inicial, até atingir um ponto de saciedade, para além do qual o consumo torna-se num autêntico desperdício.

Assim, pode-se dizer que a utilidade económica dos bens ou serviços económicos é directamente influenciada pelo consumo, variando na proporção inversa do aumento deste. Explicando: Um bem ou serviço económico, será tanto menos útil quanto maior for o seu consumo. Isto explica-se pelo facto de que esses bens ou serviços visam a satisfação das necessidades. Ora, à medida que forem aplicadas determinadas quantidades de bens ou serviços, vai diminuindo a importância económica desses bens ou serviços.

A utilidade marginal de um bem ou serviço económico corresponde à utilidade da última dose aplicada na satisfação de uma determinada necessidade.

Extrapolando este conceito para o caso específico do turismo, dir--se-á que a necessidade turística de visitar um determinado país ou local é satisfeita quando o turista visita esse mesmo país ou local. A sua primeira viagem vai despertar mais curiosidade, vai aumentar o seu desejo de conhecer o país eleito. Por isso, depois da primeira viagem tenderá a voltar. Entretanto, depois de um certo número de viagens, a curiosidade vai diminuir até um ponto em que perderá interesse voltar ao mesmo local, pois terá atingido um ponto de satisfação tal que, nessa altura, procurará conhecer outros lugares novos.

A utilidade turística não é, todavia, o único elemento que determina o consumo de produtos ou serviços turísticos. O custo desses mesmos produtos, a renda de que o turista dispõe são, entre outros, alguns factores determinantes.

3. Impacto do turismo na formação do PIB, postos de trabalho e impostos

As vantagens económicas, figuram no topo das razões que levam tanto os PDs como os PVD's a desenvolver tanto o turismo doméstico, implicando a geração de receitas e de emprego para as localidades anfitriãs, como, em particular, o turismo internacional, configurando uma forma de importação de divisas por parte dos países destinatários. Entretanto, em termos de avaliação, afigura-se mais fácil medir o crescimento do turismo internacional do que o turismo doméstico, e isto por causa do controle que se faz relativamente aos turistas internacionais, por exemplo, através da migração e das alfândegas.

Não há dúvidas, porém, que os dois segmentos (turismo doméstico e turismo internacional) são importantes na formação do PIB, na criação de receitas e dos postos de trabalho, conquanto não na mesma proporção, como é claro, pois o turismo internacional implica o envolvimento de mais serviços e, por isso, mais gastos para o turista e mais rendimentos para os fornecedores.

De há uns tempos a esta parte, a componente de serviços tem vindo a crescer e a contribuir, de forma significativa, para o desenvolvimento económico mundial. O turismo é um sector que, dentro desta componente, tem vindo a registar um crescimento rápido, chegando a dominar o conjunto. Além da susceptibilidade que tem de gerar um crescimento acelerado, o turismo tem a capacidade de resistir em períodos de recessão, mantendo, em geral, os seus níveis ou assegurando a sua elevação. Por exemplo, de acordo com Cooper et al, *"De 1992 a 1994, o crescimento da receita de turismo foi muito maior do que o de outros serviços comerciais. Em 1996, a receita de turismo cresceu quase duas vezes mais do que os negócios internacionais em mercadorias e mais do que isso em relação a outros serviços, sendo responsável por 8% do total daqueles e 35% destes.*[102] Entretanto, é comum pensar-se na importância do turismo apenas com relação aos PDs. É, em parte, uma ideia legítima se, por um lado, considerar-se que estes países possuem uma série de facilidades nos vários sectores complementares ao turismo como infra-estruturas básicas, transporte, etc, posicionando-se como principais países receptores; e, por outro, que são os PDs que, tendo em conta o seu poder de compra, se apresentam com melhores condições para gastar, o que lhes permite posicionar-se também como os principais centros emissores de turistas, como indicam as tabelas 1 e 2 abaixo.

---

[102] COOPER, Chris et al, ob. citada. p. 159.

Tabela 1. Receitas do turismo dos principais PDs receptores
(em biliões de dólares 86/96)

PAÍS	1986	1987	1988	1989	1990	1991	1992	1993	1994	1995	1996
EUA	20,4	23,5	28,9	36,3	43,0	48,4	53,9	56,5	58,4	61,1	64,3
Espanha	12,1	14,8	16,7	16,2	18,6	19,0	22,2	19,4	21,5	25,3	28,4
Itália	9,9	12,2	12,4	11,9	20,0	18,4	21,5	20,5	23,8	27,5	27,4
França	9,7	12,0	13,8	16,2	20,2	21,4	25,1	23,4	24,7	27,5	28,2
R. Unido	8,2	10,2	11,0	11,4	14,9	13,1	13,9	13,5	15,2	19,1	19,7
Sub-Tot.	60,3	72,7	82,8	92,0	116,7	120,3	136,6	133,3	143,6	160,5	168,0
R- Mndo	77,3	94,1	114,9	123,6	144,4	147,3	167,5	172,5	207,6	232,6	254,7
Total	137,6	166,8	197,7	215,6	261,1	267,6	304,1	305,8	351,2	393,1	422,7
% 5 Pas	43,8	43,6	41,9	42,7	44,7	45,0	44,9	43,6	40,9	40,8	39,7

Fonte: Cooper, apud Organização Mundial do Turismo (1988, 1992, 1997).

Tabela 2. Gastos dos PDs, principais emissores turísticos
(em biliões de dólares): 1986-1996

PAÍS	1986	1987	1988	1989	1990	1991	1992	1993	1994	1995	1996
Alemanha	18,3	23,6	25,0	23,6	29,5	31,0	36,6	37,5	44,3	50,7	-
EUA	26,0	28,2	33,1	33,4	37,4	35,3	39,9	41,3	43,8	45,9	-
Japão	7,2	10,8	18,7	22,5	24,9	24,0	26,8	26,9	30,7	37,0	-
R.Unido	8,9	11,9	14,6	15,3	19,1	17,6	25,1	17,4	22,2	24,7	-
França	6,5	8,6	9,7	10,0	12,4	12,3	13,9	12,8	13,8	16,3	-
Sub.tot.	66,9	84,1	101,1	104,8	123,3	120,2	137,1	135,9	154,8	174,6	-
Rtº. Mdo	59,1	72,2	85,1	93,8	119,9	122,9	140,6	134,2	154,6	182,3	-
Total	125,0	156,3	186,2	198,6	243,2	243,1	277,7	270,1	309,4	356,9	-
% 5 País	53,5	53,8	54,3	52,8	50,7	49,5	49,4	50,3	50,0	48,9	-

Fonte: Cooper, apud Organização Mundial do Turismo (1988, 1992, 1997).

Observando as duas tabelas verifica-se que:

– Os EUA, o Reino Unido e a França figuram tanto no grupo dos 5 principais países receptores como no de igual número dos principais países emissores;

– A Alemanha e o Japão figuram apenas como 2 dos 5 principais países emissores;

– Espanha e Itália são 2 dos 5 principais países receptores;

– Os 5 principais países destinatários (receptores) totalizam quase metade das receitas do mundo inteiro em turismo; enquanto que
– Em termos de gastos, os 5 principais países (emissores) gastam acima do que o resto do mundo está disposto a despender.

Tabela 3. Receitas do turismo dos principais PDs (em %): Relação Total Renda x PIB (1995)

País	Rendas turismo (US$ milhões) (1)	Rendas de exportação (US$ milhões) (2)	(1) como % de (2)	PIB (US$ bilhões) (3)	(1) como % de (3)
Espanha	25.701	91.533	28,1	532.347	4,8
França	27.527	286.852	9,6	1.451.051	1,9
Itália	27.451	231.260	11,9	1.088.085	2,5
Reino Unido	19.073	242.036	7,9	1.094.734	1,7
Estados Unidos	61.137	584.743	10,5	7.100.007	0,9
Alemanha	16.221	508.404	3,2	2.252.343	0,7
Japão	3.226	443.265	0,7	4.963.587	0,1

Fonte: Cooper, apud Organização Mundial do Turismo (1997).

Dados estatísticos recolhidos por Ignarra[103] mostram igualmente uma evolução positiva e crescente do nível de receitas, do emprego e dos impostos gerados pelo sector do turismo ao nível mundial. Entretanto, os referidos dados, obtidos da OMT, mostram que a importância do turismo, sobretudo na formação do PIB, releva, em geral, com relação ao mundo inteiro, i.e. incluindo no Continente Africano, embora, individualmente, países como Espanha, EUA, Japão, Alemanha e México possam apresentar-se melhor posicionados no *ranking* dos países com maior geração de receitas.

Na tabela 4, abaixo, apresenta-se a evolução de receitas distribuídas pelos diferentes continentes, comparando o número de chegadas de turistas internacionais, alcançado em 1996 comparativamente a 1995 e o alcançado em 1999, tomando como base o ano 1994.

Analisando os dados constantes da referida tabela resulta, uma evolução positiva a nível mundial, determinada pelo crescimento verificado em cada um dos vários continentes, no período 1995 a 1996. A América

---

[103] IGNARRA, ob. citada. p. 9.

e a Europa são os continentes que neste período receberam mais turistas. Todavia, o continente africano registou também um crescimento assinalável.

Considerando um período mais longo (1994-1999) e tomando como ano base o de 1994, verifica-se igualmente uma evolução crescente, com o Continente Africano a registar um crescimento relativo de 60,3%, seguido do Médio Oriente com 59,4%.

Tabela 4. Mapa comparativo das receitas (1995 e 1996) e (1994 e 1999), em função do número de chegadas

REGIÕES	CHEGADAS		% de MUDANÇA		RECEITAS (milhões US$)		% de MUDANÇA	
	96/95	99/94	96/95	99/94	96/95	99/94	96/95	99/94
Mundo	592.122	656.900	4,6	19,3	423.116	455.440	7,6	28,7
Europa	347.437	385.900	3,6	16,4	214.474	232.100	5,9	29,6
Américas	115.511	126.700	4,3	19,1	106.378	124.900	6,1	31,2
Leste da Ásia/Pacífico	90.091	93.700	8,3	22,0	82.436	72.800	13,3	14,8
África	19.454	27.300	8,3	42,9	7.622	10.900	9,2	60,3
Médio Oriente	15.144	18.000	2,3	42,9	7.622	10.200	9,2	59,4
Sul da Ásia	4.485	5.400	4,3	38,5	3.963	4.500	8,8	45,2

Fonte: OMT – Organização Mundial do turismo

Da tabela acima, resulta evidente que o turismo não só evoluiu significativamente nos Continentes Europeu e Americano, como em particular no Continente Africano que, aliás, assumiu a liderança em 1999 com uma evolução positiva de receitas de 60%.

Além das receitas, o crescimento do turismo manifesta-se também através da componente social, em que, segundo Ignarra, *"Estima-se que no mundo 1 em cada 11 trabalhadores estão empregados no setor de viagens e turismo"*.[104] Em Moçambique, a Indústria hoteleira e similar emprega actualmente cerca de 32.000 trabalhadores.

---

[104] IGNARRA, ob. citada. p. 99.

Em termos globais, a evolução positiva do turismo traduz a manifestação de alguns dos impactos económicos de maior significado.

3.1. *Elementos determinantes*

Os impactos económicos do turismo não surgem automaticamente. Eles são o produto de combinação de certos elementos, cuja verificação estimula a formação do PIB, a geração de empregos e dos impostos, quer através de uma influência directa quer através do efeito multiplicador.

Tais elementos podem ser analisados em função dos diversos intervenientes, nomeadamente: o turista, os proprietários de estabelecimentos turísticos, o Governo e as comunidades locais, cada um dos quais com o seu interesse específico, designadamente:

- O turista tem como interesse principal maximizar a sua satisfação, desfrutando o prazer que a sua viagem lhe proporciona;
- O empresário, proprietário do estabelecimento turístico, procura obter o máximo de lucro em troca dos produtos ou serviços que oferece;
- O governo do destino turístico procura maximizar a captação de receitas.
- A comunidade hospedeira procura maximizar os benefícios directos e indirectos que a presença e os gastos dos turistas lhes proporciona.

Não obstante a multiplicidade de intervenientes, todos têm em vista ou, pelo menos, é desejável que prossigam o mesmo fim – o desenvolvimento do turismo no lugar de destino. Isto é possível mediante a harmonização dos seus objectivos específicos, a qual, por sua vez, permite um desenvolvimento turístico pacífico, harmonizado e crescente, estimulando a procura e também a oferta turística que, entretanto, dependem igualmente de outros factores.

3.1.1. *Procura turística*

No caso da procura turística, o primeiro factor de influência é o nível de preços dos produtos turísticos, cuja variação influi no aumento ou redução da procura.

Assim, aumentando o preço, reduz a procura e reduzindo o preço, aquela aumenta.

O segundo factor de estímulo da procura é o nível de preços de outros produtos ou serviços concorrentes. Porém, diferentemente do primeiro, o preço destes varia na proporção directa, relativamente à procura. Neste sentido, aumentando o preço dos produtos ou serviços concorrentes, aumenta igualmente a procura turística.

Outro factor determinante da procura turística relaciona-se com a variação do preço dos produtos e serviços complementares dos produtos e serviços turísticos. A um aumento do preço desses produtos há-de corresponder uma menor procura resultante da oneração do produto final.

A capacidade financeira ou o poder de compra do turista é outro elemento que influencia a procura. Assim, para maior poder de compra há-de corresponder uma maior capacidade e, por conseguinte, uma maior procura turística, um maior consumo de produtos e serviços turísticos.

O último elemento tem a ver com as opções do turista. Neste caso, é de extrema importância a manutenção dos gostos deste. Qualquer alteração nas suas opções ou nas dos consumidores pode influenciar a procura. Mas, em geral, os vários intervenientes, no lugar de destino – governo, empresários e a comunidade local – devem envidar esforços no sentido de manter ou melhorar as condições oferecidas pelas principais atracções.

Cálculo da procura turística

A equação que traduz a procura turística, de acordo com Ignarra, pode representar-se da seguinte maneira:

PTt = f(Ptt, PCt, PC't, Gt)

Onde:

PTt = Procura turística
Ptt = Preço do produto
PCt = Preço dos produtos concorrentes
PC't = Preços dos produtos complementares
Gt   = Gosto dos turistas

Elasticidade preço ou renda da procura

Na prática, uma pequena variação de preço pode provocar uma grande variação da procura e vice-versa. Deste modo, aplica-se neste âmbito o conceito de elasticidade – é a elasticidade da procura preço ou renda:

Ep = Variação da procura: variação do preço.

Oferta turística

Do ponto de vista da oferta turística, há também elementos que influenciam a oferta. Ignarra identifica os seguintes:

– O preço do produto ou serviço turístico – que varia na proporção directa i.e., quanto maior for, maior é também a sua oferta;
– O preço dos produtos concorrentes – o qual, à semelhança do preço do produto ou serviço turístico, varia na proporção directa;
– O preço dos factores de produção – que varia na proporção inversa relativamente às ofertas do produto e serviço turístico;
– Desenvolvimento tecnológico – que varia na proporção directa relativamente à oferta do produto.

Função da oferta turística:

$$Ot = f(Pt+PCt+PFPt+DTt)$$

Onde:

Ot = Oferta turística
Pt = Preço dos produtos/serviços turísticos
PCt = Preço dos produtos concorrentes
PFPt = Preço dos factores de produção
DTt = Desenvolvimento tecnológico.

3.2. *Resumo dos impactos económicos positivos*

Os impactos económicos positivos, no lugar de destino, traduzem-se, em geral:

– Num aumento da captação de divisas e, consequentemente, da renda, representando esta a importação de novos recursos na economia do lugar destinatário, deduzido o valor de exportação de recursos necessários para a aquisição de bens e serviços que não possam ser produzidos localmente;

- Num aumento das receitas que têm um grande impacto económico face à sua contribuição na correcção dos défices da balança de pagamentos;
- Num aumento de postos de trabalho, absorvendo de forma directa a mão-de-obra empregue no sector do turismo, nos vários estabelecimentos de alojamento e de restauração e bebidas, dos casinos ou outros afins, nos balcões de informação turística, nos serviços de transporte para fins turísticos, entre outros.
- Num estímulo aos investimentos e redistribuição da renda e consequente aumento da geração de receitas.

Os investimentos aqui referidos não dizem respeito apenas às infra-estruturas turísticas mas também a todas aquelas que são complementares ao turismo, nomeadamente as infra-estruturas básicas (v.g. estradas, sistemas de saneamento, terminais de passageiros, sistemas de electrificação e de abastecimento de água).

3.3. *Impactos económicos directos, indirectos e induzidos*

Do efeito multiplicador do turismo resulta a noção de *"efeito cascata"*, que se produz sobre a economia do lugar de destino, desde o consumo ou a utilização dos principais produtos ou serviços pelo turista como o alojamento no hotel, as refeições no restaurante, o transporte, até aos gastos secundários em aquisições afins, com impacto na economia. Neste sentido, fala-se de efeitos directos, indirectos e induzidos.

O efeito directo do turismo toma como factores os gastos do turista com o consumo de produtos e serviços. Porém, tendo em conta que muitos ou pelo menos alguns desses produtos ou serviços são importados, àqueles gastos são deduzidas as importações, donde que *"O nível directo de impacto é o valor das despesas com turismo menos o valor das importações necessárias para abastecer esses serviços e mercadorias de " linha de frente"*[105]. Daqui resulta que, tratando-se de uma economia dependente de importações, o impacto directo há-de ser, regra geral, menor que o valor dos gastos.

---

[105] COOPER et al, *"Turismo: Princípios e Prática"*, ob. citada, p. 164.

Sucede, no entanto, que os hotéis ou outros estabelecimentos abastecem-se dos produtos ou serviços fornecidos por outras empresas, quer se trate dos da "linha da frente", quer se trate de quaisquer outros secundários. Por sua vez, as empresas que abastecem os hotéis são também dependentes, nas suas actividades, de outras empresas, derivando daí um processo de produção cujo desenvolvimento se revela sucessivo e interdependente. Estas actividades derivadas e sucessivas consubstanciam o efeito indirecto.

Saliente-se, entretanto, que as actividades das quais resulta o efeito indirecto absorvem apenas uma parte do valor dos gastos dos turistas, enquanto a outra é aplicada na importação dos produtos e serviços que não podem ser produzidos localmente.

O efeito induzido refere-se à parte dos gastos dos turistas que é usada em forma de renda ganha: pelos trabalhadores, em forma de salários; pelos empresários em forma de lucro e pelo governo em forma de receita.

A determinação do impacto económico positivo é o resultado da avaliação estimada dos três efeitos: directo, indirecto e induzido.

4. Impacto sócio-cultural no desenvolvimento do turismo

4.1. *Impacto sócio-cultural directo*

É comum ouvir dizer que um *Povo sem cultura é um povo sem identidade*. De facto, cada País tem história e cultura próprias. A cultura desempenha uma função distintiva de extrema importância, pois é através dela que se distingue um povo de outros povos. Nesta medida, a cultura representa um *"bilhete de identidade"* de toda uma colectividade, cujos membros vivem o seu dia a dia em condições sociais, económicas e ecológicas diversificadas, mas tendo como denominador comum o elemento cultural.

A existência de tal elemento pressupõe que os valores culturais se transmitam de geração em geração. E, para que isso aconteça, é importante que o povo tenha orgulho da sua própria identidade, da sua cultura.

A promoção, desenvolvimento e preservação da cultura são alguns dos princípios previstos na Convenção da UNESCO sobre a Protecção do Património Cultural e Natural do Mundo.

Ora, turismo e cultura são duas actividades totalmente distintas mas que se influenciam mutuamente. Nesta medida, pode-se dizer que o turismo está para a cultura assim como a cultura está para o turismo. Com efeito, existe entre cultura e turismo uma relação de causa-efeito, em sentido biunívoca.

As tradições locais, os monumentos, museus e outros locais de interesse, quando devidamente valorizados e conservados, são um factor de atracção turística e, neste sentido, a cultura é causa do turismo. Entretanto, o turismo contribui de forma significativa para a promoção, preservação e protecção desses mesmos locais. Neste caso, é o turismo a causa da cultura.

Deste modo, turismo e cultura são indissociáveis, sendo por isso *"inquestionável a necessidade de aproximação entre o turismo e o património, tanto no domínio da investigação e conhecimento, quanto no domínio das práticas empresariais"*[106]. Assim sendo, a cultura configura um segmento vital no desenvolvimento do turismo, pelo que a sua preservação é tão necessária quanto a conservação e protecção dos recursos naturais susceptíveis de atrair turistas e investidores.

O turismo desempenha, igualmente, papel crucial no desenvolvimento da cultura das comunidades do local visitado. Estas comunidades, em contacto com os turistas, adquirem novas experiências, conhecimentos e valores que permitem desenvolver a sua cultura. Do mesmo modo, os turistas adquirem o conhecimento da cultura nativa a qual se pode manifestar de várias formas: através de danças folclóricas, pinturas e peças artesanais que comercializadas promovem o local visitado, proporcionam rendimento aos seus produtores e estimulam a invenção ou desenvolvem as habilidades técnicas. Por isso, apoiar estas e outras iniciativas pode, efectivamente, promover o desenvolvimento do turismo e a preservação do património cultural. Disto parece não haver dúvidas.

As influências recíprocas até aqui referidas traduzem os *impactos directos* que resultam da convivência ou do contacto directo entre o turista e as comunidades locais.

---

[106] FIGUEIRA, Luís Mota, *"Reflexão sobre uma possível proposta de intervenção turístico-cultural"*, in Actas do IV Congresso Internacional sobre Turismo Cultural, Lusofonia e Desenvolvimento, Maputo, Edições ISPU, 2004, p. 168.

Segundo De Kadt (1979)[107], os impactos directos podem ser agrupados em três grandes categorias:

- A primeira configura o contacto que se estabelece quando os turistas adquirem bens ou serviços dos anfitriões;
- A segunda tem a ver com a partilha na utilização dos bens e refere-se ao contacto que se estabelece quando os turistas e os anfitriões se servem de um determinado recurso de natureza pública, seja ele natural ou artificial, como o parque natural, o autocarro, o jardim, etc.
- A terceira traduz o contacto decorrente da realização de um evento, promovido com o objectivo de estabelecer um intercâmbio cultural entre turistas e anfitriões.

Dos contactos que se estabelecem em qualquer das três categorias, gera-se um efeito positivo, através da troca de experiências, de ideias e de informação.

Além disso, o turismo promove o conhecimento e o interesse pela conservação de lugares históricos, nomeadamente, monumentos, museus e edifícios antigos e estimula o gosto pela arte e pelo artesanato. Mas o turismo pode também estimular o orgulho nacional, designadamente a partir de uma apreciação positiva que os turistas possam fazer relativamente à cultura local, levando os anfitriões a aprender valorizar e respeitar a sua própria cultura.

Refira-se, entretanto, que a preservação dos valores culturais e do orgulho nacional implica um sentido de responsabilidade muito grande. Implica a capacidade de defender em bloco aquilo que une os cidadãos de um país, independentemente das cores políticas, religião e outras práticas comuns.

O turismo cultural tem, assim, essencialmente, uma dimensão social e científica.

Na sua dimensão social, o turismo cultural aproxima os povos, reforça a unidade social e a ideia da chamada *aldeia* global baseada no incremento dos contactos entre os homens e cria oportunidades para a reafirmação do próprio Homem, cada vez mais solidário com os outros, independentemente das fronteiras geográficas, cria oportunidades de emprego e melhora a qualidade de vida das populações.

---

[107] KADT, apud, Cooper, *"Turismo: Princípios e Prática"*, ob. citada, p. 207.

Na sua dimensão científica, o turismo cultural estimula a aprendizagem das línguas de outros povos com os quais se estabelecem relações de cooperação e de troca e, além disso, gera o desejo da descoberta, da investigação do passado, para compreender o presente e com ideias inovadoras e outros instrumentos adequados à realidade da comunidade alvo, desenvolver esquemas que, no futuro, possam ajudar a ultrapassar as suas dificuldades; cria a necessidade de compreender a cultura de um determinado povo, através do conhecimento do meio que envolve esse povo, dos seus hábitos, sua forma de viver e de se comunicar e relacionar com os outros, bem como o da sua história.

4.1.1. *O papel da tecnologia*

A *tecnologia* constitui um dos elementos impulsionadores do turismo. A tecnologia electrónica, por exemplo, desempenha um papel fundamental na organização das viagens e na disponibilização da informação aos consumidores, através de sistemas *"on-line"*, pelo que a sua utilização, no domínio económico, sociocultural ou jurídico, pode ajudar a alcançar os objectivos de desenvolvimento turístico.

Pode, entretanto, suscitar-se a questão de saber qual deve ser a contextualização da tecnologia num determinado ramo (economia, direito, comunicações ou outro) e, consequentemente, a necessidade de clarificar o seu conceito face ao problema de saber se "... há lugar para a distinção – *tecnologia* e *técnica*...". [108] Desta questão, que se coloca sobretudo no domínio da economia, parece haver um entendimento comum quanto aos elementos constitutivos do conceito de tecnologia, quais sejam: os *conhecimentos*, as *ideias* e a *informação* (tecnológica). Assim, a técnica corresponderia à aplicação prática desses conhecimentos, ideias ou informações. Por isso, existe entre tecnologia e técnica uma relação de complementaridade.

No caso específico duma PP do Turismo, parece estar em causa a tecnologia das comunicações, como meio fundamental de informação. Seja qual for o alcance, o investimento em tecnologia é, para qualquer

---

[108] Santos, António Marques dos *"Transferência Internacional de Tecnologia, Economia e Direito"*, Centro de Estudos Fiscais, Lisboa, 1984, p. 24.

actividade económica ou social, tão fundamental quanto o investimento em infra-estruturas e pesquisa. E, nos dias que correm é praticamente impensável o desenvolvimento sem inovação tecnológica.

As trocas comerciais, sejam elas de produtos ou de serviços e a concorrência internacional a que os países estão expostos, exigem dos Estados o emprego de tecnologia susceptível de assegurar vantagens comparativas. Pois, como refere Guillochon, *"a competição não passa somente pela exploração de vantagens naturais (clima, riqueza do solo e do subsolo) nem pela utilização de factores abundantes. Ela provém também do lançamento de novos produtos cuja afinação requer investimentos de investigação cada vez mais consideráveis..."*; e, mais adiante, acrescenta *"na medida em que a concorrência se apoia em grande parte na inovação, o êxito da exportação está ligado ao esforço da inovação, medido por um indicador de intensidade de investigação-desenvolvimento."*[109]

Em muitas actividades económicas, os resultados da introdução de tecnologias modernas demonstra uma contribuição positiva no crescimento económico. Por exemplo, o relatório sobre o desenvolvimento mundial de 1990, refere que estudos realizados em 58 países, entre 1969 e 1978, revelaram *"que um aumento de 1% na cobertura da irrigação estava associado ao aumento da produção global de safras de 1,6%..."*[110]

No caso particular do turismo, a tecnologia na vertente de informação é de extrema importância, pois, como nota António Almeida Santos, referindo-se aos avanços alcançados no âmbito das relações entre os povos, *"a rádio, a televisão, a Internet, a electrónica e a cibernética enfim, fazem com que tudo em termos de comunicação à distância, seja hoje 'agora'."* E observa ainda que *"a explosão do turismo reflectiu a explosão das comunicações à distância e deslocações também à distância. O mundo abriu-se a cada vez mais fáceis deslocações turísticas, a partir dos mais variados pretextos: recreio, cultura, fé religiosa, negócios, desporto, tratamentos termais, megaeventos, etc."* [111]

---

[109] Guillochon, Bernard, *"Economia Internacional"*, Planeta Editora, Lda., 2ª Edição actualizada, ISBN 972-731-036-2, pag. 140.

[110] Cfr. Banco Mundial, "Relatório sobre o Desenvolvimento Mundial de 1990", Fundação Getúlio Vargas, ISBN 0-8213-1510-2, 1990, p. 61.

[111] Santos, António Almeida, in *"Actas do IV Congresso Internacionl Sobre Turismo Cultural, Lusofonia e Desenvolvimento"*, pp. 12 e 15.

Além disso, sendo esta a era da globalização, o turismo é simultaneamente causa e efeito deste fenómeno. O turismo transporta consigo a moda, os hábitos, a cultura, enfim promove o contacto entre os homens e gera novas ambições: conhecer novos lugares, investir num determinado país, tudo isso é muitas vezes produto da informação que a televisão ou a Internet colocam ao dispor dos seus utilizadores.

Assim sendo, o uso de tecnologia produz vários efeitos positivos, a saber: provoca a interpenetração das culturas, gera a procura de novos produtos ou serviços turísticos e, em última instância, contribui positivamente para o desenvolvimento e crescimento do turismo.

A aplicação das outras duas componentes que integram a tecnologia pode concorrer para melhorar o processo de desenvolvimento turístico. Ou seja, a aplicação dos *conhecimentos* permite fazer a pesquisa do mercado e a investigação de novos produtos ou serviços turísticos e com novas *ideias* pode introduzir-se inovações que resultem na modernização ou aperfeiçoamento dos produtos ou serviços turísticos já existentes.

Neste contexto, a informação, o conhecimento e as ideias são três elementos fundamentais que podem cativar os turistas e consumidores de produtos ou serviços turísticos.

5. Impacto do turismo na promoção da saúde

5.1. *Aspectos Gerais*

Certamente que os benefícios económicos são a principal razão para a promoção do turismo no mundo, principalmente através da captação de divisas e geração dos postos de trabalho. Contudo, a par destes, existem outros, como a saúde.

Na perspectiva interna, relativamente aos destinos turísticos, o turismo pode, através das receitas que gera, melhorar a qualidade de saúde das comunidades locais. Archer (1986, p. 57) escreve que *"tourism generates a considerable secondary economic activity in a destination"* e Bauer acrescenta *"with income percolatinng to the public sector, business and private households. Consequently, locals' possession of foreign or local currency earned in the tourism industry enables them to purchase more or better health status (although more money may also mean more*

junk food. It also allows them accesses to better health facilities ..."[112]
Hundt (1996) cita o caso da Jamaica como exemplo de um país que me-
lhorou a saúde das populações a partir do desenvolvimento do turismo.[113]
Outro exemplo, ao nível da região austral d'África, relaciona-se com a
Iniciativa de Desenvolvimento dos Libombos (IDEL), um projecto
concebido para o desenvolvimento integrado do turismo, envolvendo três
países: África do Sul, Swazilândia e Moçambique, em que uma das componentes é o combate à malária, uma das doenças endémicas, sobretudo
neste último. Como consequência de um programa conjunto, incluindo,
entre outras acções, a pulverização das áreas mais afectadas, o índice de
morbidade reduziu em cerca de 90%.[114]

Na perspectiva externa, a saúde constitui, em muitos casos, uma das
principais razões que leva os turistas a viajar, com o propósito de conse-
guir a cura. O conhecimento de que num determinado lugar existem
condições especiais como as águas termais, conhecidas pelas suas propriedades medicinais, a fama do profissionalismo de certos médicos, por
exemplo, funciona como agente indutor da escolha de um dado destino
turístico.

Indirectamente, a cura, a investigação ou a prevenção de doenças vão
potenciar outros serviços como o transporte, a alimentação, entre outros.

Além de promover a qualidade de saúde nos países de destino, o
turismo provoca a investigação científica sobre determinadas doenças,
plantas ou formas de tratamento.

A maioria dos PMAs, em face da sua localização geográfica, tem
algum potencial no tratamento das doenças tropicais que, no âmbito do
turismo, pode ser aproveitado para estudos específicos, em prol do desenvolvimento da qualidade de saúde.

A preocupação que o país visitado tem na criação de condições
sanitárias condignas para os turistas que se deslocam a esse país, constitui um factor de desenvolvimento e melhoria dos serviços de saúde.
Logo, o turismo e a saúde andam de mãos dadas, regra geral, influen-
ciando-se mútua e positivamente.

---

[112] BAUER, ob. citada, p. 5.
[113] HARRISON, ob. citada pp. 48 e 49.
[114] Esta cifra é considerada bastante satisfatória se se considerar que, de acordo com
as indicações do Ministério da Saúde e não obstante a prevalência de outras doenças, a
malária constitui actualmente a causa número um de mortalidade em Moçambique.

5.2. *A experiência cubana no desenvolvimento do turismo*

Em termos gerais, Cuba pode ser considerado um País de extremos. Dum lado, a sua firme fidelidade à ideologia marxista-leninista, mesmo depois do desmoronamento da União Soviética e não obstante o lendário embargo económico imposto pelos EUA e a sua consequente marginalização. Do outro lado, o sucesso da sua indústria turística, que faz de Cuba um dos destinos mundialmente bem conhecidos.

Historicamente, Cuba foi a última colónia espanhola na região do Caribe, cuja ocupação terminou em 1898, sucedendo-lhe a invasão americana com uma duração de 4 anos, após o que a Ilha conquistou a sua Independência.

Desde sempre, a Ilha revelou-se estrategicamente importante, de tal modo que a então potência espanhola, mesmo depois da sua derrota nas batalhas com os ingleses, as quais tiveram lugar nas fortalezas de Castilílio de la Fuerza e San Carlos de la Cabana, negociou a manutenção da posse da Ilha, o que conseguiu em troca da Flórida.

Em termos geográficos, Cuba, cujo mapa tem a forma de um jacaré, integra, juntamente com outros países, nomeadamente, a Jamaica, o Haiti, a República Dominicana, o Trindade e o Tobago que constituem um único país – Saint Martin, a região do Caribe, sendo a maior das suas ilhas. Possui 11 milhões de habitantes dos quais 2.3 milhões ocupam a cidade capital de Havana. Tem 5.700 km de extensão e uma vasta costa. O seu único idioma é o espanhol. Apesar de ser um país comunista (com um único partido – o Partido Comunista Cubano, PCC), a sua população é predominantemente católica (39,5%). Porém, existem alguns protestantes (2.4%).

Do ponto de vista económico, com a baixa de preços no mercado internacional, dos seus principais produtos de exportação nomeadamente, o açúcar, o tabaco e o níquel e a consequente queda dos níveis de crescimento económico, por volta de 1980, agravada pela dependência, relativamente aos produtos estratégicos como a energia e o petróleo, a estrutura económica cubana ficou seriamente afectada. Era preciso reagir a essas contrariedades, encontrando uma saída. Foi então que, em 1987, o governo, geralmente fechado aos países não socialistas, por razões ideológicas, viu-se forçado a apostar no turismo como sector de actividade alternativa e prioritária para o desenvolvimento do país e uma alternativa e fonte de rendimento. Por isso, em 1990, Fidel Castro fez a seguinte declaração:

"*.... We still have an awful lot to learn about tourism... (it) will be the leading industry, and since we haven't found those big oil deposits, it is marvellous to have at our disposal these extraordinary deposits of natural resources for tourism*".

E um concidadão seu, Eusebio Leal, afirmou que:

"*... tourism is not only part of the spinal colum of our economy but also it is an opening through which we may view the world – hear new voices, break down insularity and the blockade.*"[115]

Hoje, Cuba é um desses destinos turísticos que dispensam qualquer apresentação. Desde que em Outubro de 1492 Cristóvão Colombo, na sua primeira viagem, descobriu a Ilha, tornando-se no primeiro turista internacional, Cuba viria a ser mundialmente bem conhecida. Aliás, já nesse longínquo ano, Colombo mostrou-se positivamente impressionado com a Ilha tendo declarado que se tratava da mais linda terra (CNT, March 1989).

5.2.1. *O impacto da Saúde no desenvolvimento do turismo cubano*

Os cubanos são particularmente conhecidos pelos seus dotes na área de saúde. Consequentemente, a despeito de o turismo constituir a principal actividade económica em Cuba, muitos dos turistas que para lá se deslocam, fazem-no com o objectivo de obter o tratamento de certas doenças de que os cubanos são potenciais especialistas.

Neste contexto e dado o grau de desenvolvimento de saúde, Cuba, além de garantir acesso directo aos serviços de saúde aos seus 11 milhões de habitantes, é considerado um importante destino turístico, especialmente na forma de turismo de saúde, com maior incidência nas especialidades de estomatologia e cirurgia na área de cardiologia e transplantes. Ao nível de toda a região caribenha, Cuba é citada como tendo a única unidade sanatória do seu tipo, instalado nas montanhas, a uma altitude de

---

[115] HARRISON, David, "*Tourism & Less Developed Countries*", ob. Citada, p. 102.

800m, com uma capacidade superior a 200 quartos.[116] Este facto, acrescido da circunstância do baixo custo da medicina cubana como, aliás, da generalidade de bens e serviços oferecidos neste país, leva a que muitos turistas que poderiam recorrer aos EUA, por exemplo, se sintam atraídos a visitar Cuba.

6. O Turismo como instrumento de paz e de segurança

O turismo, geralmente, não conhece fronteiras. As pessoas viajam de um ponto para outro desde que o país de destino ofereça as condições que constituem o motivo de opção dos turistas. No entanto, o turista é, por natureza, muito sensível a tudo o que possa constituir ameaça à sua segurança. Num país onde há guerra ou sob ameaça de terrorismo, por muitos atractivos que se ofereçam, ninguém quererá estar. Por isso, os esforços desse país serão no sentido de criar condições de paz e segurança a fim de não desviar turistas para outros pontos do mundo ou até permanecer isolado.

Através do turismo, os povos criam uma relação de fraternidade, desenvolvem-se relações amistosas e trocam-se vantagens que obrigam a reforçar medidas de segurança para os países envolvidos.

Neste contexto, o turismo é também um instrumento de paz e segurança.

SECÇÃO III – Os impactos negativos do turismo

1. Impactos económicos negativos

1.1. *O turismo como factor de estímulo inflaccionário*

Na secção anterior foram mencionados os benefícios que o turismo pode trazer para as comunidades anfitriãs. No entanto, a par desses benefícios, o turismo pode provocar impactos negativos, a vários domínios.

---

[116] HARRISON, David, *"Tourism & Less Developed Countries"*, ob. Citada, p. 113.

No domínio económico, por exemplo, o turismo pode provocar a inflação que decorre do carácter sazonal desta indústria, por virtude do qual, ao longo do ano, existem períodos de pico, em que os agentes económicos do ramo conseguem arrecadar um alto volume de receitas e outro em que as receitas do turismo são muito baixas.

Ora, nos períodos de pico, normalmente os preços dos produtos ou serviços turísticos sobem. E, por influência, sobem também os preços dos outros produtos usados na indústria turística. A subida de preços, ainda por cima em períodos geralmente curtos, provoca a inflação. Esta é, sem dúvida, um efeito negativo do turismo.

Outrossim, nos países onde a terra pode ser livremente vendida e, dado que esta constitui o principal recurso turístico, a sua procura, não só por investidores na área de turismo, como por outros agentes económicos, especialmente nas zonas costeiras, que constituem um dos maiores atractivos, gera a alta de preços que, obviamente, representam um ganho para os proprietários, agências imobiliárias e empresas de construção civil. Porém, representa um pesado fardo para as comunidades locais que não estejam envolvidas no turismo.

1.2. *Mudanças estruturais*

Um outro efeito negativo que o turismo pode provocar são as eventuais e não raras mudanças estruturais. Em virtude da susceptibilidade que tem de induzir um crescimento rápido, a exploração da actividade turística numa determinada zona ou região tradicionalmente agrícola pode influenciar o abandono da agricultura a favor do turismo. Isto explica-se pelo facto de que o turismo, em muitos casos, gera rendimentos altos relativamente à agricultura. Aliás, o próprio ciclo produtivo é mais longo na agricultura, além de que, no caso dos PMAs, em particular, a falta de sistemas tecnológicos próprios, por exemplo, para a irrigação, faz com que a produção dependa da queda das chuvas.

Uma vez presente o turismo, a comunidade vai-se apercebendo dos seus benefícios e, a pouco e pouco, vai trocar a agricultura pelo turismo. Nelson Lourenço e N Jorge indicam que *"The arrival of the tourist phenomenon causes a break-up of the structure of localities. This activity replaces agricultural, fishing, and workmanship activities.... The tourist avalanch implies a radical change in terms of people´s economy which till then had been based on cultivation of the land...*" [117] Esta mudança terá, obviamente um impacto económico muito grande. Deixando de produzir bens agrícolas, a comunidade passará a depender de importações. Com a queda da agricultura e a consequente necessidade de recorrer a bens importados, a própria actividade turística fica afectada, já que ela própria dependia da produção agrícola que, no caso do chamado turismo agro--rural, é a sua maior atracção, pelo que, deixando de existir, desaparece o seu pressuposto básico e, consequentemente, gera-se o seu declínio.

Nestas circunstâncias, o turismo pode tornar a região ou o país economicamente dependente de outras regiões ou do exterior, na importação de produtos que, de outro modo, poderiam ser localmente produzidos. A acontecer isto, as comunidades tradicionalmente agrícolas e que, entretanto, abandonaram as suas machambas, passam a depender de bens adquiridos, com graves implicações para a sua subsistência.

1.3. *Dependência económica*

Outro factor de dependência económica relaciona-se com o facto de grande parte das estâncias turísticas dedicarem-se exclusivamente à actividade turística que, como já se disse, depende muito de épocas sazonais, sem qualquer outra actividade produtiva. Assim, por exemplo, para as estâncias turísticas situadas nas zonas costeiras, o seu rendimento será muito mais alto no verão e praticamente nulo no inverno. Nesta época do ano, os hotéis, restaurantes e outros estabelecimentos turísticos são forçados a fechar as suas portas ou a baixar drasticamente os seus preços, numa desesperada tentativa de atrair a clientela. No entanto, fora a este factor, os turistas têm as suas épocas preferenciais para as deslocações, sobretudo em família, nomeadamente em função das férias escolares nos seus países de origem ou férias colectivas para a maioria das empresas ou instituições governamentais, em muitos países. [118] A celebração das

---

[117] NELSON Lourenço e N. Jorge, "*Coastal tourism environment, and sustainable local development*", India, TERI, ISBN 81-7993-017-3, 2003, p. 55.

[118] OPPERMAN na sua já citada obra, p. 112, cita o exemplo da Tunísia em que a maioria dos seus turistas internacionais são provenientes da Alemanha, França e outros países europeus, os quais normalmente visitam aquele país nos meses de Julho a Setembro, enquanto outras épocas do ano apenas conseguem atrair um número bastante reduzido de

quadras festivas e ou religiosas como o Natal e a passagem do fim do ano e a Páscoa, entre outros, constituem uma oportunidade para as famílias viajarem e, neste âmbito, uma garantia de facturação para as estâncias turísticas.

Factores climáticos e o calendário das principais actividades são, regra geral, o critério para a decisão dos turistas se deslocarem a outros pontos. Sucede, deste modo, que nos momentos de baixa, os trabalhadores da indústria turística ficam sem actividade, não podendo as respectivas entidades empregadoras suportar os custos decorrentes da mão-de--obra que não pode gerar rendimentos, promovem despedimentos ou, na melhor das hipóteses, deixam de pagar os salários correspondentes, o que resulta em situações de tensão social e não raras vezes em greves.

Assim, o carácter sazonal e, por isso, a dependência económica da actividade turística constitui a principal causa do *braço de ferro* entre os agentes económicos e as organizações sindicais do ramo com os primeiros a defenderem um regime jurídico específico e mais flexível, enquanto os segundos reclamam por maior protecção, alegando tratar-se de um sector de actividade onde a insegurança laboral é maior.

2. Impactos sócio-culturais negativos do Turismo

2.1. *O efeito demonstração: efeito directo*

Das três categorias de impactos socioculturais directos, duas delas (aquele que resulta do contacto que se estabelece quando os turistas compram mercadorias aos anfitriões, por exemplo, artigos de artesanato e o que se verifica quando os turistas partilham o usufruto de um bem

---

turistas, o que obriga as estâncias turísticas a fechar as suas portas durante várias semanas. Já na Turquia, um grande número (70%) de turistas internacionais visitam o país durante os meses de Abril a Outubro. Contrariamente, durante o mesmo período, a Gâmbia apresenta-se com pelo menos um terço dos seus hotéis completamente fechados.

Em Moçambique, um grande número de turistas provém da R.S.A. Ora, estes, embora geralmente visitem o País ao longo de todo o ano, os meses de Setembro a Janeiro são os preferidos, seguidos de Abril e Maio. Os restantes são praticamente de inactividade.

público) são susceptíveis de produzir efeitos negativos, essencialmente porque implicam um turismo de massa ou *charter*, propenso a deixar marcas indesejáveis junto das comunidades locais.

Paralelamente às duas categorias aqui referidas como sendo de impacto sociocultural directo negativo, apontadas por De Kadt, há a considerar um outro aspecto que se integra no conjunto e que se manifesta através do chamado *"efeito demonstração"*, que se relaciona com a transmissão, pelos turistas, de hábitos e comportamentos que atentem contra a cultura local.

Este efeito traduz a ideia geral de que, diferentemente de outras indústrias, o turismo é uma actividade que implica a produção e o consumo simultâneos do respectivo produto ou serviço. Por isso, à semelhança do que sucede com o turismo de massas ou *charter*, o efeito demonstração pressupõe a presença física dos turistas no espaço de produção e consumo. É esta presença do turista que geralmente produz ou induz os comportamentos e estimula a assimilação pelos anfitriões de novas atitudes, eventualmente negativas ou que entram em conflito com os valores morais locais, provocando, em última análise, efeitos negativos. Os comportamentos indesejáveis dos turistas tais como moda e linguagem inadequadas passa imediatamente para os anfitriões.

2.1.1. *Efeitos sócio-culturais indirectos e induzidos*

Deve-se ressalvar, entretanto, que o efeito demonstração não ocorre apenas por contacto directo entre os turistas e os anfitriões. A mudança de comportamentos pode ser transmitida por via indirecta.

A partir de um pequeno grupo de anfitriões que entra em contacto com os turistas, pode rapidamente alastrar-se a experiência, a moda, entre outros, para outros cidadãos e daí em diante, provocando mudanças na vida das famílias. Trata-se, neste caso de *impactos indirectos*.

A mudança de comportamentos, a aquisição de valores estranhos à cultura local será tanto mais acentuada se, em face do desenvolvimento do turismo, como aliás de qualquer outra actividade económica, a renda das famílias aumentar e, na sequência disso passarem a lidar com novas formas de comunicação como a televisão, a informática e a Internet.

Os impactos socioculturais induzidos implicam, por conseguinte, que as famílias passem a gerir as influências da globalização cultural imposta pelos meios de comunicação de alta tecnologia como a televisão e a Internet que com a sua rápida expansão atravessam continentes e violam a privacidade dos povos e que, secundada pelos princípios de democracia e do paradigma de governação participativa, torna o mundo numa *aldeia global*. Mesmo assim, a cultura de cada país deve prevalecer e o grande desafio é consciencializar, informar e educar o cidadão nesse sentido.

Outro aspecto sociocultural negativo relaciona-se com a discriminação aberta, velada ou mesmo presumida. A discriminação aberta seria a que se verifica em certos lugares, por exemplo, junto às praias, onde muitas vezes com recurso a vedações e placas específicas, é vedado o acesso às comunidades locais; a discriminação velada, nos estabelecimentos turísticos como hotéis ou restaurantes, seria a que se pratica recorrendo a formas subtis como a prática de preços exorbitantes ou a reserva de admissão para certa categoria de utentes; a discriminação presumida seria o caso de desenvolvimento regional do turismo, em função dos recursos e outras oportunidades ou factores específicos que favorecem o desenvolvimento do turismo numa determinada região. Assim, por exemplo, os investidores terão uma preferência especial pelas zonas costeiras ou áreas de conservação, como parques e reservas nacionais, devido ao seu elevado potencial natural, com susceptibilidade de atrair um grande número de turistas. Esta situação cria desequilíbrios no desenvolvimento das diferentes regiões, sucedendo que umas se desenvolvem mais do que as outras.

Qualquer destas formas de discriminação gera conflitos entre as comunidades locais e os investidores e pode alimentar, por parte daquelas, uma certa aversão pelo turismo.

2.2. *Impactos socioculturais negativos mais comuns*

Entre os diversos impactos socioculturais negativos relacionados com o turismo, alguns são mais frequentes e comuns. Questões ligadas à saúde, à segurança e à moral são frequentemente associadas aos efeitos nocivos ao desenvolvimento e bem-estar social, fazendo jus à opinião daqueles que consideram o turismo uma actividade nefasta.

2.2.1. *Impactos negativos no âmbito da Saúde*

Não obstante as vantagens apontadas no âmbito da saúde, o turismo pode igualmente produzir impactos negativos. Fundamentalmente, aponta-se como impacto negativo directo a existência de doenças crónicas, acidentes de viação, provocando mortes ou incapacidade, contraídas pelos turistas ou provocadas por estes; os acidentes de trabalho que ocorrem no âmbito da indústria turística e ainda a propagação de muitas epidemias entre os povos, resultante dos contactos que se estabelecem entre os turistas e as comunidades da região visitada ou por virtude de outras formas de migrações populacionais.

Ao longo da história e em consequência do fenómeno turístico e das migrações populacionais, tão antigas quanto a própria existência humana, foram registados vários casos de propagação de doenças em conexão com as viagens turísticas: Por exemplo, na história romana, cita-se o caso da febre bubónica que, depois de atingir o Império Romano, alastrou-se ao longo das rotas de então, provocando uma situação dramática da chamada *"Black Death"*. Proveniente do Deserto de Gobi em 1320, a febre bubónica é referida como tendo escalado a Europa *"where it is estimated to have killed one-third to half of the population in some Europpean countries (Wilson, 1995)."*[119] Esta situação contribuiu para a adopção em 1377, do primeiro regulamento sobre a chegada de navios, prevendo, de acordo com Bruce Chwatt (1973), como medida preventiva o isolamento, por um período de 40 dias (*quaranta giorni*), da respectiva tripulação, dos passageiros e da carga, medida essa que viria a instituir-se como *quarentena*.

Actualmente, a propagação do HIV-SIDA ou outras doenças contagiosas é, em muitos casos, estimulada pelo contacto entre os turistas e os anfitriões. A este propósito, Irmgard Bauer (1999) refere que *"tourism has the dual effect of promoting the provision of improved health care in Third World destinations but, in addition, acts as a vehicle to spread some forms of disease (p. 70)"*.

---

[119] BAUER, Irmargard, *"The Impact of tourism in developing Countries on the health of The Local Host Communities: The need for more research"*, The Jornal of Tourism Studies, Vol. 10. N.º 1, ISBN 1035.462, 1999, p. 3.

Sucede que muitas vezes as comunidades anfitriãs não têm nem o mesmo grau de imunidade, nem a mesma capacidade técnico-financeira para prevenir ou combater as doenças que os turistas, responsáveis pela disseminação da doença. Consequentemente, os anfitriões muito provavelmente passam a contar com mais um problema no seu processo de desenvolvimento, sem que para tal estejam preparados. O efeito disso, será inverso ao de desenvolvimento.

No caso do SIDA, o relacionamento ocasional entre pessoas, sem as devidas precauções, é apontado como um dos principais veículos de transmissão do HIV-SIDA. Contudo, as consequências negativas deste mal não têm o mesmo impacto para PDs e PVDs, ou PMAs. Os primeiros não só possuem meios financeiros, técnicos e humanos para lidar com o problema, como normalmente possuem medidas de prevenção. Porém, os PMAs, têm muito mais dificuldades para enfrentar o fenómeno.

A propagação do HIV-SIDA ou de outras doenças sexualmente transmissíveis como um fenómeno particularmente estimulado pelo turismo, remete-nos a um outro aspecto de impacto sócio-cultural negativo – o turismo sexual.

2.3. *Turismo sexual e prostituição*

Entre os turistas que se deslocam de um lugar para outro, existem aqueles que o fazem movidos pela ideia de, fora do lugar da sua residência habitual e, por conseguinte, sem o risco de receberem as críticas que de outro modo lhes seriam dirigidas, praticar o chamado turismo sexual.

Vezes sem conta, os canais televisivos reportam acontecimentos relacionados com esta prática, chegando a falar-se de tráfego de mulheres e ou crianças para o negócio do sexo.

Os PMAs são geralmente as principais vítimas desta situação. Devido às condições de pobreza e à falta de emprego, muitas mulheres e crianças enveredam pelo caminho da prostituição ou simplesmente são aliciadas pelos turistas com a promessa de emprego ou de estudos e transportados ilegalmente para o estrangeiro onde são vendidas aos promotores daquela que é considerada a mais antiga das profissões – a prostituição. Contudo, embora se faça referência a crianças e mulheres, homens e rapazes podem igualmente ser vítimas dos traficantes.

No caso específico da prostituição infantil e abuso de menores, alguns relatos dos participantes no Seminário subordinado ao tema *"Exploração e abuso de menores, no âmbito do Turismo"*, realizado em Dakar, em Outubro de 2003, indicam que as vítimas são tanto as raparigas como os rapazes com idades compreendidas entre os 3 e os 16 anos.

A partir de 1995, a OMT começou a desencadear acções visando o combate e a prevenção do *turismo sexual infantil,* como o fenómeno é geralmente conhecido. Na sequência disso, em 1997, após o primeiro Congresso Mundial contra a Exploração e o Comércio Sexual de Menores, realizado em Estocolmo, em 1996, perante o recrudescimento do fenómeno e sua rápida evolução envolvendo a pornografia, prostituição e tráfico de crianças, usando como veículo o turismo e, reconhecendo-se que tal prática constitui uma grave violação dos Direitos da Criança, consagrados na Declaração das NU relativa aos direitos da Criança e reafirmados na Convenção Europeia sobre o exercício dos direitos da Criança, de 1996, envolveu-se mais afincadamente, alertando as principais organizações como a INTERPOL e a UNICEF e ainda os Estados membros, instando-os a adoptar medidas adequadas à prevenção e combate a este mal.[120]

O Código Mundial de Ética do Turismo, adoptado em 1999, entretanto homologado pela Assembleia Geral das NU, em 2001, insta, nos termos do artigo 2, os governos dos Estados membros a combater esta prática quer por meio de cooperação, quer através de meios legais internos.

Hoje em dia, os vários Estados membros procuram incorporar ou reforçar medidas punitivas contra o turismo sexual, sobretudo, na sua componente infantil.[121]

---

[120] De acordo com o Relatório da UNICEF de 1997/1998, 400.000 crianças vivem em situação de pobreza absoluta. Deste número, 25% são afectadas por diversas formas de exploração, não apenas sexual, mas esta é a de maior incidência.

[121] O Senegal, por exemplo, considerado como um dos países africanos que já deu sinais de cometimento no combate ao fenómeno de turismo sexual infantil, adoptou em 1999 um novo Código Penal, em substituição do anterior, de 1995, no qual introduziu novas formas de incriminação, passando a incluir a pedofilia, a corrupção de menores, o proxenetismo, entre outros; a Gâmbia adoptou em 2002 a "Lei dos crimes contra o turismo"; e em Moçambique, a matéria de turismo sexual infantil onde se fala de pornografia, proxenetismo, é tratada no âmbito da Lei do Turismo, adoptada em 2004, embora a sua punição seja remetida para o regime estabelecido no Código Penal.

2.4. Turismo e crime

Os turistas são, em regra, vítimas da sua própria condição. Nos locais de chegada onde normalmente são vistos como portadores de valores monetários ou outros bens de valor, necessários para custear as despesas da sua estadia, os turistas constituem o principal alvo dos assaltantes.

Nesses locais, os turistas, sobretudo internacionais, são facilmente reconhecidos por todos e principalmente pelos criminosos quer por causa da língua ou sotaque com que comunicam com os nativos, quer por causa da curiosidade com que contemplam o que encontram à sua volta, incluindo coisas que para as comunidades locais são insignificantes ou que não despertam qualquer interesse.

Outros turistas, porém, são eles próprios que cometem crimes no lugar de destino.

Para evitar a sua fácil localização nos seus países de origem, alguns criminosos escolhem para as suas acções um outro lugar que lhes parece mais pacífico ou onde dificilmente podem ser associados ao crime. Entram como turistas pacatos e aproveitam-se da hospitalidade que geralmente é dispensada aos visitantes para, sem qualquer suspeita, levarem a cabo a sua acção criminosa. O tráfico de armas e de drogas é commumente referido como resultado da presença ou da acção de organizações criminosas cujos membros se deslocam de um lado para outro na condição de turistas.

O terrorismo que nos últimos tempos abala o mundo, o tráfico de menores e hoje em dia até se fala de tráfico de órgãos humanos, são alguns dos sinais de que o turismo pode ser usado como um instrumento dos mais hediondos crimes.

2.5. *Impactos negativos do turismo sobre o ambiente*

O chamado turismo de massas é uma das formas que provoca sérios danos contra o ambiente, por implicar uma utilização excessiva dos recursos existentes. Estes danos são particularmente graves com relação às zonas costeiras e às áreas de conservação (como por exemplo os Parques e Reservas Nacionais) onde a pressão tanto dos investidores como dos turistas é maior.

Ao nível das zonas costeiras, onde existe uma grande concentração de recursos, geralmente ocorre uma grande pressão sobre esses mesmos recursos, que se manifesta através da sua exploração descontrolada e abusiva, destruição de corais, dos recifes ou das dunas que protegem a costa, provocando graves problemas de erosão.

Ao nível dos parques e reservas onde se pratica o Ecoturismo e as actividades de safari, muitas vezes não é respeitada a capacidade de carga existente e registam-se problemas que derivam da exploração desenfreada dos recursos florestais e faunísticos, colocando em perigo a sobrevivência dos ecossistemas e destruindo os *habitates*.

SECÇÃO IV – O imperativo de um turismo sustentável

1. A consciência e os desafios sobre o carácter limitado dos recursos

No caso específico do turismo, a consciência mundial sobre a necessidade de adoptar práticas de desenvolvimento sustentável funda-se, evidentemente, na percepção dos impactos negativos que as actividades envolvidas podem produzir sobre o ambiente.

A ideia de que os recursos naturais, pelo menos alguns deles, são inesgotáveis, simplesmente porque são naturais, parece merecer algum reparo (em muitas partes do mundo já se fala da carência de água potável e a atmosfera está ameaçada). Parece, pois, crescer a percepção de que o carácter inesgotável dos recursos naturais, nomeadamente os ecossistemas, depende muito do seu uso racional e da forma como os mesmos forem geridos de modo a que os benefícios deles resultantes sirvam não só as gerações presentes mas também as gerações futuras. No entanto, a mesma percepção é extensiva ao património cultural, histórico e arqueológico onde a conservação e preservação são aspectos de extrema relevância para o desenvolvimento do turismo cultural, um segmento importante no desenvolvimento sócio-económico de qualquer país e da Humanidade, em geral.

O grande desafio que se coloca parte da sensibilização das populações sobre a importância do turismo sustentável. Porém, o mesmo conceito terá naturalmente impactos diferentes, consoante o grau de desenvolvimento num determinado país.

Nos países ricos, provavelmente será fácil desenvolver e até pôr em prática fórmulas de desenvolvimento sustentável. Porém, nos PMAs, onde a grande emergência é, antes do mais, a sobrevivência dos milhares de pessoas em situação de miséria extrema, a exigência de práticas sustentáveis terá de ser combinada com alternativas de sobrevivência. Não basta dizer às populações que devem abster-se de fazer queimadas, de praticar a caça ilegal, de fazer o abate de árvores, etc. É preciso, em primeiro lugar, dizer às populações como é que elas devem conservar e preservar os recursos sem ter que adiar a satisfação das suas necessidades primárias, pois como refere Luís Mota Figueira:

"Podemos observar a dificuldade de fazer passar a mensagem no meio de uma comunidade que não tem resolvidas as suas necessidades básicas. De acordo com a teoria clássica sobre a satisfação das necessidades do ser humano, é necessário incutir um esforço acrescido para que este desiderato de protecção e utilização vantajosa dos recursos patrimoniais locais não fique apenas pelas boas intenções. Por isso mesmo, as estratégias a gizar em campo passam, inevitavelmente, pela satisfação das necessidades básicas, antes de qualquer programação específica".[122]

O que se pretende é que o conceito de desenvolvimento sustentável não seja um mero *slogan* que, por estar em voga, todos repetem, sem que, no campo das realizações, sejam tidos em conta os seus pressupostos e a realidade em que os seus destinatários vivem e ainda as prioridades de cada Estado e das respectivas estratégias de desenvolvimento; daí decorre que o conceito de sustentabilidade deve ser aplicado não só com relação aos recursos em si mas também à própria existência humana. Pois é justo que a Humanidade se preocupe com a floresta, com a fauna e outros recursos, mas sem pôr em causa a própria existência do Homem.

---

[122] FIGUEIRA, Luís Mota, *"Reflexão sobre uma possível proposta de intervenção turístico-cultural"*, in Actas do IV Congresso Internacional sobre Turismo Cultural, Lusofonia e Desenvolvimento, Maputo, Edições ISPU, pp. 184 e 185.

2. Turismo costeiro e sustentabilidade

Uma das formas de turismo onde o conceito de sustentabilidade se impõe de modo especial e inequívoco é o turismo costeiro geralmente designado turismo de praia ou de lazer, como se referiu na apresentação das várias formas de turismo.

O turismo costeiro ou de praia destaca-se no conjunto das várias formas pela frequência com que é desenvolvida, nomeadamente por causa da susceptibilidade que tem de proporcionar aos turistas maior prazer, daí derivando o turismo de massas.

Desta forma de turismo resulta uma grande pressão sobre as zonas onde a mesma se desenvolve. Entretanto, muitas vezes a actividade turística nas zonas costeiras concorre com outras actividades, nomeadamente aquacultura, pesca e agricultura. Paradoxalmente, as zonas costeiras são altamente sensíveis.

No entanto, pela sua localização e natureza, as praias normalmente levam a que a generalidade das pessoas tenha a ideia de que a costa marítima pertence a todos; deste pressuposto resulta, muitas vezes, uma utilização desregrada tanto da terra como dos recursos que aí se localizam.

Além da pressão exercida sobre esses espaços tanto por turistas como pelos agentes económicos que desenvolvem junto à costa diferentes actividades ou que apercebendo-se da procura massiva e da preferência dos turistas pelas praias, para aí direccionam os seus negócios, até de forma desenfreada, frequentemente ocorrem construções ilegais tanto de casas de habitação como de estâncias turísticas, sem respeitar sequer a distância mínima da orla marítima geralmente imposta, ou erguendo tais construções em locais impróprios, nomeadamente por cima das dunas, pondo em perigo os ecossistemas.

As dunas que desempenham uma função protectora contra a erosão são muitas vezes sacrificadas pela procura do lucro ou pela exploração insustentável.

3. O caso do turismo costeiro na Índia: impactos sobre a vegetação

O caso aqui reportado, refere-se à situação da região indiana de Goa situada no litoral, referida como tendo sido, até há três décadas atrás, uma das mais lindas zonas costeiras, com praias de águas cristalinas e com uma cobertura vegetal bastante densa.

Essas características naturais tornaram o local um grande pólo de atracção turística mas também de outras actividades incluindo habitação e agricultura.

A utilização intensiva das praias e zonas verdes adjacentes rapidamente resultou na degradação do ambiente.

3.1. *O impacto sobre a vegetação*

A vegetação que junto ao litoral cobre as dunas tem uma função protectora. Com efeito, as areias que formam as dunas são particularmente sensíveis por causa da influência do sal e das temperaturas que, de um modo geral, caracterizam essas zonas.

Deste modo, as dunas que se situam ao longo do litoral são altamente sensíveis e por isso requerem mecanismos de gestão rigorosas.

Em compensação, a vegetação que cobre essas áreas é dotada de propriedades específicas e nutrientes que asseguram a estabilização das areias que, de outro modo, não poderiam formar a estrutura dunar que se desenvolve junto à costa e constitui uma barreira contra os ventos que geralmente sopram a partir do oceano.

No entanto, além da protecção, a vegetação dunar serve de abrigo para a reprodução de algumas espécies e possui um valor estético que contribui para a configuração paisagística.

Um estudo realizado na zona costeira de Goa revela que grande parte da vegetação natural que nos primeiros momentos constituiu o grande atractivo, foi-se degradando em virtude das múltiplas actividades desenvolvidas de forma intensiva.

A construção de hotéis, de casas de habitação e outras infra-estruturas e a prática de agricultura sem obedecer as regras ambientais, provocaram uma destruição completa da vegetação e dos ecossistemas.

Consequentemente e para remediar os efeitos de tal destruição, foi feita a reposição através de vegetação artificial, nomeadamente casuarinas e algumas espécies de acácias. Porém, se esta reposição é eficiente para as margens costeiras, o mesmo não se pode dizer das zonas que outrora formavam dunas, pois, como notam T. G. Jagtap et al, *"These plants are neither adapted to the coastal stress nor help in conserving dunes. The isolated plants... are indicators to prove that this area was under vegetational cover and that the ecosystem is now totally destroyed. The hind dune region in most places is totally razed with constructions due to tourism and allied activities.*"[123]

Algumas áreas como a de Marra, são intensivamente exploradas em actividades agrícolas mas também para habitação e turismo moderado.

Outras zonas costeiras em Goa como a de Nerul são exploradas através de actividades piscatórias mais ou menos com a mesma intensidade, em virtude da necessidade que os seus promotores têm de exportar produtos como ostras, lagostas entre outras.

Algumas dessas espécies reproduzem-se justamente nos mangais entretanto destruídos em virtude das diferentes actividades, o que obrigou as autoridades a lançar um vasto programa de conservação dos mangais, envolvendo diferentes sensibilidades.

Perante o cenário vivido na zona costeira de Goa, o estudo recomenda várias acções que incluem a arborização, restrições à realização de práticas desportivas, limpeza e, muito mais que isso, a adopção de um regulamento que estabeleça regras de gestão da zona costeira.[124]

4. O caso da Praia da Ponta D'ouro

A Praia da Ponta D'ouro situa-se na Província de Maputo, a menos de 200 km da capital do país.

Além das suas águas cristalinas, a praia da Ponta D'ouro distingue-se pela beleza da sua paisagem, podendo o turista ao longo do percurso entre Maputo e a Praia contemplar lindas formações montanhosas alternadas com planícies onde se localizam várias lagoas.

Em algumas dessas lagoas pode-se ver grandes hipopótamos. Aliás, o turista tem a opção de visitar a caminho da praia, a Reserva Especial de Maputo onde abundam elefantes e algumas plantas endémicas.

A inexistência de uma estrada convencional que ligue Maputo a Ponta D'ouro dificulta ou melhor impossibilita o acesso de quem não

---

[123] JAGTAP, T G et al, "*Coastal tourism environment, and sustainable local development*", Nova Deli, Edições TERI, ISBN 81-7993-017-3, p. 147.
[124] Idem, p. 149.

tenha uma viatura com tracção às quatro rodas, o que torna a praia um sonho, incluindo para muitos moçambicanos, pois, mesmo com uma viatura do tipo 4x4, a viagem é uma autêntica aventura.

Em compensação, o difícil acesso para muitos que gostariam de lá chegar parece agradar à maioria dos turistas sul-africanos que, entrando através da fronteira de Ressano Garcia e, atravessando Maputo ou directamente da fronteira da Ponta D'ouro, para aqui se deslocam com bastante frequência.

4.1. *A difícil gestão costeira na Ponta D'ouro*

Com as características acima descritas, a Praia da Ponta D'ouro tornou-se para muitos turistas, maioritariamente sul-africanos, um verdadeiro paraíso. O facto de poderem usar as suas próprias viaturas para chegar a Ponta D'ouro com a vantagem de transportar o que quiserem aumenta a avalanche para aquele local.

Esta situação contribui para que os investidores tenham apetência pelo negócio, daí resultando a corrida para ocupação ilegal de espaços e a edificação de estâncias turísticas sem as devidas licenças e contra todas as regras ambientais.

A acrescer a isso, observa-se na Ponta D'ouro a preferência dos turistas em realizar actividades de mergulho, corridas de motos, igualmente sem a devida autorização.

Como consequência desta situação, a Praia da Ponta D'ouro debate--se com problemas de construções ilegais, destruição das dunas e dos recifes.

O problema é agravado pela ausência de medidas de ordenamento territorial e de urbanismo que possam definir os parâmetros arquitectónicos das edificações a erguer no local.

A falta de ordenamento territorial e de urbanismo concorre para a ineficácia dos princípios objectivamente definidos na política do turismo e do plano estratégico para o desenvolvimento do turismo que definem a zona da ponta D'ouro como uma das 18 importantes Áreas Prioritárias para o Investimento em Turismo (APIT's) e também nos Planos Directores para as zonas costeiras. Daí que, não raras vezes, erguem-se casas para fins habitacionais quando, por definição, a zona se destina ao desenvolvimento de projectos turísticos.

A problemática de gestão costeira nos casos da Índia, concretamente da zona costeira de Goa e da Ponta D'ouro, acima apresentados, são apenas alguns, entre vários exemplos, pelo mundo fora, de como o turismo costeiro e, consequentemente, todas as outras actividades conexas, podem provocar graves problemas ecológicos e perturbar completamente o meio ambiente, o que justifica, hoje, a ideia do Turismo Alternativo (TA).

Foto: Pormenor de uma estância turística edificada por cima de uma duna, na Praia da Ponta D'ouro

É precisamente sobre o TA que o capítulo seguinte se debruça, com o intuito de analisar não só os aspectos gerais deste segmento de turismo mas, em particular, as medidas cautelares que concorrem para o seu sucesso.

Trata-se, pois, do chamado *Ecoturismo* que, como melhor adiante se fundamenta, tem como traço a combinação de aspectos ecológicos e de turismo.

CAPÍTULO IV
ECOTURISMO E AMBIENTE

SECÇÃO I – Conceito e Pressupostos

1. Aspectos gerais

Analisando o termo Ecoturismo, fica-se imediatamente com a ideia clara de se estar perante um conceito simbiótico que caracteriza uma actividade híbrida, conjugando aspectos ecológicos e de turismo. À partida, não parece haver dúvidas de que esses aspectos se interpenetram e se complementam, o que justifica tal simbiose. Também não parece haver dúvidas de que, com essa combinação, pretende-se atingir determinados objectivos que satisfaçam as duas componentes: a actividade ecológica e a actividade turística.

No capítulo anterior, foram analisados os vários efeitos que resultam da actividade turística: uns positivos, porém, outros negativos. Entre estes últimos, os impactos ambientais ocupam um lugar de destaque.

O turismo, visto como um factor de desenvolvimento, tem a capacidade de transformar a natureza, alterando significativamente o ambiente original. Assim considerado, o turismo tanto pode impulsionar o desenvolvimento como pode provocar a degradação do ambiente e resultar numa autêntica catástrofe. Isto acontece porque o desenvolvimento do turismo implica a implantação de várias infra-estruturas desde estradas, sistemas de canalização e de esgotos, electrificação da região, construção de empreendimentos turísticos e de outros serviços complementares, etc. Toda esta amálgama de serviços implica a devastação de grandes extensões de recursos naturais e uma perturbação aos ecossistemas.

A presença massiva de pessoas que se deslocam para certos destinos turísticos representa, por vezes, uma sobrecarga para a área visitada, infelizmente nem sempre compensada pelos gastos dos turistas, pois, muitas vezes viajam com os seus próprios produtos e pouco do que é produzido localmente é consumido por eles. Neste contexto, o turismo de massa é frequentemente visto como nocivo para as comunidades que pouco tem a ganhar com a sua prática.

Vários estudos realizados, sobretudo na década de oitenta, revelaram a necessidade de encontrar formas de turismo alternativo que fosse ecologicamente benéfico. Logo, as próprias políticas de desenvolvimento deveriam acentuar os benefícios sociais e ambientais. Por isso, pode-se dizer que as implicações práticas dos impactos sociais e ambientais, sobretudo, figuram na lista dos pressupostos básicos que justificam o desenvolvimento de um Turismo Alternativo (TA), i.e. um turismo capaz de proporcionar um desenvolvimento sócio e ambientalmente mais benéfico e de corrigir muitas das insuficiências do turismo tradicional ou convencional. O Ecoturismo tem essas qualidades, logo é uma das formas do TA.

David Fennell observa o seguinte:

"Como uma extensão ou apêndice do Turismo Alternativo (TA), o Ecoturismo cresceu como uma consequência da insatisfação com as formas convencionais de turismo que, num sentido geral, ignoraram os elementos sociais e ecológicos de regiões em países estrangeiros, em favor de um enfoque mais antropocêntrico e concentrado estritamente no lucro dos produtos de turismo oferecidos."[125]

Em muitos países, o crescimento do turismo está hoje associado à vida selvagem. A vida agitada das grandes cidades leva a que muitos optem por mudar de rotina, quando decidem viajar, escolhendo os lugares mais exóticos onde a natureza ainda não sofreu muitas transformações do Homem. Portanto, muitos turistas internacionais viajam não apenas para estar num bom hotel e provar bons pratos, ao lado duma bela praia, mas para experimentar a beleza das paisagens virgens que a natureza oferece. Viajam para fazer o turismo na natureza.

---

[125] FENNELL, David A., *"ECOTURISMO: Uma Introdução"*, Brazil, Contexto editorial, ISBN 85-7244-496-4, 2002, 41.

2. As várias definições de Ecoturismo

Como geralmente sucede nos vários estudos científicos, ao nível da doutrina não existe uma definição commumente aceita sobre o Ecoturismo. No entanto, as várias tentativas de definição põem em destaque a protecção do ambiente, seja ele natural ou artificial, e o seu uso sustentável.

No âmbito do Dicionário Enciclopédico de Ecologia & Turismo, os diferentes autores tentam definir o Ecoturismo dizendo o seguinte:[126]

"Ecoturismo. Oferta de atrativos diferenciais da natureza – bosque, mata, rio, cachoeira, praia excepcional e preferencialmente não frequentada por grandes levas de veranistas, montanha, área com paisagem excepcional etc. – passível de integrar atividade organizada de visitantes."

"Ecoturismo é o turismo que consiste em viajar para áreas naturais não degradadas ou não poluídas, com o objectivo específico de estudar, administrar e fruir a paisagem e suas plantas e animais, tanto quanto manifestações culturais (do passado e do presente) encontradas nessas áreas. Nesses termos, o turismo orientado para a natureza implica uma colocação científica, estética ou filosófica para cientistas, artistas ou filósofos profissionais. O ponto principal é que a pessoa que pratica Ecoturismo tem a oportunidade de mergulhar na natureza de uma maneira normalmente não possível no meio ambiente urbano". (Ceballos-Lascurain, Hector. Estudio de prefactibilidad socioeconómica del turismo ecológico y anteproyecto arquitectónico y urbanístico del Centro de Turismo ecológico de Sian Ka'an. Mexico, Quintana Roo, 1987).

"Ecoturismo é a viagem responsável a áreas naturais, visando preservar o meio ambiente e promover o bem-estar da população local". (The ecotourism society.)

"Ecoturismo é um segmento da atividade turística que utiliza, de forma sustentável, o património natural e cultural, incentiva sua conservação e busca a formação de uma consciência ambientalista através da

---

[126] FILHO, Américo Pellegrini, *"Dicionário Enciclopédico de Ecologia & Turismo"*, Brasil, Editora Manole, Lda., 1ª edição brasileira, ISBN 85-204-1085-5, 2000, p. 46.

interpretação do ambiente, promovendo o bem-estar das populações envol-vidas." (MICT/MMA. Directrizes para uma política nacional de ecotu-rismo". In: ecoturismo – um guia para planejamento e gestão. S. Paulo, Senac, 1995, p. 17.)

"[Ecoturismo] turismo dedicado ao desfrute da natureza de forma ativa, com o objetivo de conhecer e interpretar os valores naturais e culturais existentes em estreita interação com as comunidades e com o mínimo impacto sobre os recursos, baseado no apoio a esforços dedica-dos à preservação e manejo das áreas naturais onde se desenvolve, ou daquelas prioritárias para a manutenção da biodiversidade." (Congresso Nacional de Ecoturismo, 1992).

"[Ecoturismo] turismo desenvolvido em localidades com potencial ecológico, de forma conservacionista, procurando conciliar a exploração turística com o meio ambiente, harmonizando as ações com a natureza e oferecendo aos turistas um contato íntimo com os recursos naturais e culturais da região, buscando a formação de uma consciência ecológica nacional". (Embratur/Ibama, em Bodstein, Luíz Carlos de Andrade." Conservação Ambiental e desenvolvimento turístico no Brasil". Turismo em análise, (3)1, São Paulo, ECA/USP,1992, p. 108.)

"Se fundamenta in la oferta de la naturaleza poco transformada por el hombre, sus relaciones e interrelaciones espaciales y los vestigios culturales a través de las áreas de conservacíon (parques nacionales, reser-vas privadas y otras áreas de conservación).
Las características que definem al ecoturismo están enmarcadas en una política de planificación y manejo de los recursos naturales, educa-tión ambiental, y conocimiento y aprendizaje de la naturaleza con con-cientización, e integración de las comunidades marginales al turismo (democratización del dólar turístico), entre otros factores que encaminam al desarollo sostenible." (Troncoso, bolivar. "Ecoturismo". Estudios y perspectivas en turismo. Buenos Aires, CIET, (2)2, 1993, p. 165-6.

Das várias definições avançadas por diferentes autores, conforme acima se indica, podem retirar-se alguns elementos comuns e definidores que permitem dizer que:
  – O ecoturismo é uma forma de turismo, implicando uma viagem
    (do turista);

- Os lugares escolhidos pelo turista são predominantemente as regiões naturais nas quais a intervenção humana é muito reduzida (Ex: parques e reservas ou outras áreas de conservação) ou as áreas de interesse cultural;
- O produto turístico que constitui a atracção dessas regiões consiste na beleza natural das suas paisagens, plantas e animais e a cultura nelas existente, passada e presente;
- A base da escolha do turista tem a ver com o seu interesse em fugir da rotina e vida agitada dos grandes centros urbanos e a necessidade de encontrar um lugar mais tranquilo e natural;
- Através do ecoturismo estabelece-se uma relação de perfeita interacção entre os diferentes tipos de recursos (florestais, faunísticos, entre outros), existentes nas regiões onde se desenvolve;
- As comunidades anfitriãs são uma parte interessada e, por isso, devem participar na conservação dos recursos e também na partilha dos seus benefícios;
- O ecoturismo implica a exploração responsável e sustentável dos recursos disponíveis.

3. Origem histórica do termo ecoturismo

Não se sabe ao certo quando nem com quem o termo *ecoturismo* surgiu. Os vários autores divergem nas datas e mesmo na atribuição da sua autoria. Para uns, o termo é novo, enquanto para outros é um pouco mais antigo.

Não obstante a divergência quanto à origem e autoria do termo, os autores convergem, regra geral, na forma como a respectiva actividade deve ser desenvolvida.

Segundo Orams (1995) e Hvenegaard (1994), o termo surgiu em 1980. Thompson (1995) também defende que o termo surgiu em 1980, atribuindo a sua autoria a Ceballos-Lascuráin que definiu o termo como "viajar para áreas naturais relativamente não perturbadas nem contaminadas com o objectivo específico de estudar e admirar o cenário e seus animais e plantas selvagens, assim como quaisquer manifestações culturais (passadas e presentes) encontradas nessas áreas; Para Higgins (1996), o termo data de 1970, na sequência de um trabalho sobre ecodesenvolvimento, escrito por Miller. Entretanto, outros entendem que o termo surgiu

há já bastante tempo e que a prova disso é que o mesmo é empregue por Hetzer num trabalho por ele desenvolvido em 1965 *"que o usou para explicar o intrincado relacionamento entre os turistas e os meio ambientes e culturas nos quais eles interagem"* (Fannell, p. 42) e como tendo defendido quatro aspectos básicos, fundamentais, para o desenvolvimento de um turismo responsável, designadamente:
- Impacto ambiental mínimo;
- Respeito pelas culturas das comunidades anfitriãs;
- Máximo de benefícios económicos para as comunidades do país receptor;
- Satisfação para os turistas que visitam o local.

Para Hetzer (1997), o ecoturismo é produto de uma insatisfação sobre o desenvolvimento ecológico.

Nelson (1994), que comunga igualmente a ideia de que o termo é anterior a 1980 e nos remete para o período compreendido entre finais de 1960 e início de 1970, argumenta que, nessa altura, alguns pesquisadores, perante aquilo a que designou de *desenvolvimento e utilização de recursos naturais inadequados*, introduziram o conceito de **ecodesenvolvimento,** tendo em vista promover formas de utilização racional e desse modo reduzir o referido desenvolvimento inadequado.

Para Fannell (1998), o termo ecoturismo deriva dos *ecoturs*[127] que, a partir de 1976, quando se realizou o primeiro, eram desenvolvidos no Canadá, especialmente em zonas ecológicas, com o objectivo de proporcionar aos locais e turistas momentos de contacto com o meio ambiente natural.

Embora na altura não fossem observados os conceitos gerais e comuns de *impacto reduzido, sustentabilidade* e *desenvolvimento da comunidade* que, ligados ao novo paradigma de *desenvolvimento sustentável,* se advogam a partir de 1990, considera-se positiva a experiência canadiana de então no desenvolvimento de uma interacção entre o Homem e a natureza, que os guias ecoturísticos procuravam introduzir, chamando a atenção dos turistas para as características das paisagens, o tipo e a localização de certas áreas particularmente interessantes e as respectivas distâncias.

---

[127] A expressão *ecotur,* de acordo com o dicionário enciclopédico, configura "*o Neologismo que designa viagem programada para a observação, in loco, da natureza e, principalmente, deste ou daquele problema de preservação ambiental; requer acompanhamento de especialistas no assunto*".

Outros relatos indicam que, já na década de cinquenta, o departamento de viagens do Museu Americano de História Natural organizou (em 1953), excursões de história natural.

Outros ainda referem que o desenvolvimento do ecoturismo nos meados do século XIX e início do século XX, deveu-se muito em particular à pratica do turismo baseado ou relacionado com a vida selvagem em África (Wilson, 1992).

Independentemente de quem quer que seja o autor original do termo ecoturismo, o certo é que o seu conceito se desenvolveu e hoje constitui a base para a promoção do turismo sustentável e responsável e para a conservação e preservação dos recursos naturais e da cultura.

SECÇÃO II – A consciência mundial sobre o valor da conservação

1. Aspectos gerais

A importância da conservação dos recursos naturais, sobretudo, é hoje reconhecida em praticamente todo o mundo e, por isso, são criadas diversas instituições e aprovados instrumentos sobre o uso dos recursos, tendo em conta a sua diversidade e necessidade da sua protecção.

O argumento é o de que não se pode usar de forma indiscriminada e irracional os recursos existentes, nem descurar os aspectos ambientais, sob pena de se criar desequilíbrios na natureza e provocar efeitos climáticos negativos. Por isso, o mundo se interessa cada vez mais em recuperar a interacção entre os recursos naturais e o ambiente. Como nota Héctor Ricardo Reis *"Com a ajuda de grandes avanços tecnológicos, a civilização moderna foi gradualmente distanciando os seres humanos do domínio real de seus meios de subsistência mais básicos, fazendo-os acreditar paradoxalmente que cada vez dependiam menos do ambiente natural."*[128] Isto significa que, em algum momento, o Homem perdeu a noção da sua condição animal enquanto uma das espécies que integram a natureza e, por isso, negligenciou a sua interacção com essa mesma

---

[128] LEIS (ORG), Héctor R., et al *"ECOLOGIA E POLÍTICA MUNDIAL"*, Rio de Janeiro, Editora Vozes Lda, 1991, p. 7.

natureza ao perder igualmente a noção de que a natureza, é um ecossistema em que as suas componentes interagem entre si numa base auto-regulada, conforme as suas próprias leis, cuja violação implica a perturbação geral das regras de convivência entre os seres vivos e outros não vivos.

Esta violação pode consistir no uso intensivo, sem a devida reposição, dos recursos naturais, na poluição do ambiente através de resíduos tóxicos, na destruição dos locais de reprodução de espécies, etc.

O resultado disso é o actual descontrole em que o mundo vem navegando nos últimos anos, com violentos sinais de perigosidade da acção humana sobre a natureza, causando a desertificação, as secas e cheias cíclicas que não têm poupado mesmo os Estados mais esclarecidos e prevenidos. Infelizmente, alguns desses Estados, sob pretexto de protecção do emprego, são relutantes em não reduzir as práticas de produção nociva ao meio ambiente.

A postura dos E.U.A e da Austrália, aquando da recente assinatura do Acordo de Quioto, é a mais evidente prova dessa relutância.

Esta relutância leva a pensar que o mundo, mesmo quando a razão deve falar mais alto, insiste sempre em subdividir-se em dois: ricos e pobres; Norte – Sul... e agora, ambientalistas e não ambientalistas e explica as diferenças prevalecentes quanto às estratégias ambientais.

Não obstante tais diferenças, a assinatura do Acordo de Quioto consubstancia o facto de que, nos últimos tempos, cresceu a consciência sobre os efeitos nefastos da acção descontrolada do Homem sobre a natureza e a necessidade de se criar uma maior aproximação entre os dois, por isso representa mais um passo na direcção certa.

Além de constituir a aldeia onde o Homem vive, a natureza oferece a este recursos imprescindíveis para a sua subsistência. Então, o Homem, visto na perspectiva de uma sociedade, não tem como dissociar-se dessa natureza e seus recursos. Por sua vez, os recursos carecem da intervenção humana para lhes criar condições de protecção. Por isso, a conservação cria uma aliança indissolúvel entre o Homem e a natureza.

Ciente da necessidade de estabelecer e preservar essa aliança, a Humanidade, através de múltiplos encontros, tem vindo a debater e a adoptar instrumentos de compromisso mútuo entre os Estados sobre como mudar o actual estádio de coisas em que, devido à sua intervenção irracional, a natureza parece estar a manifestar a sua revolta contra o Homem, através de desastres naturais que cada vez mais fogem do seu controlo.

Cresce, assim, a consciência mundial sobre a importância da conservação e, por isso, mesmo os PMAs são hoje, na sua maioria, membros dos principais tratados internacionais sobre a conservação da biodiversidade e, individualmente, os respectivos Estados adoptam legislações sobre a matéria.

2. Conceito de biodiversidade

Numa linguagem simplista, faz-se, várias vezes, alusão à conservação *de recursos naturais*. Porém, por detrás desta terminologia simplista está o conceito de *Biodiversidade* que marcou de forma significativa a década de 90 e ganhou eco com a assinatura do Tratado Internacional do Rio de Janeiro, em 5 de Junho de 1992, durante a célebre Conferência das Nações Unidas para o Meio Ambiente e Desenvolvimento.

O n.º 3 do artigo 1 da Lei n.º 10/99, de 7 de Julho, Lei de Florestas e Fauna Bravia, em Moçambique, define a biodiversidade como *"variedade de organismos vivos, incluindo genótipos, espécies e seus agrupamentos, ecossistemas terrestres e aquáticos e processos ecológicos existentes numa determinada região"*. Trata-se de uma definição técnica cujo entendimento requer algum exercício, destinado a esclarecer o valor deste termo sempre presente nos grandes fóruns internacionais sobre ambiente e desenvolvimento sustentável.

Ao nível da doutrina, vários autores debruçam-se sobre a biodiversidade e avançam diferentes definições baseadas nas principais concepções defendidas nos fóruns internacionais. No entanto, em todas essas concepções há aspectos comuns. O facto de a biodiversidade incorporar elementos naturais existentes há vários milénios, a dependência humana relativamente aos seus componentes e a interdependência entre os vários componentes e a necessidade da sua protecção, são alguns desses elementos.

Neste âmbito, a biodiversidade, enquanto conjunto representativo de espécies, sejam elas plantas, animais, microrganismos ou ecossistemas onde essas espécies habitam e ainda dos processos da sua transformação, não pode ser entendido como matéria nova. Com efeito, a própria vida humana depende deste conjunto que se chama biodiversidade, a partir do qual o Homem obtém alimentos de base vegetal ou animal, medicamentos e outros produtos fabricados a partir de matérias primas de origem vegetal ou animal para seu uso multiforme.

No entanto, a exploração intensiva desses recursos quer devido à descoberta e desenvolvimento de novas linhas de produção ou de produtos, quer por causa do aumento dos níveis populacionais no mundo, originou a redução progressiva ou mesmo a extinção de algumas espécies, em virtude da destruição dos respectivos habitates incluindo, em alguns casos, a escassez da água.

Estudos de cientistas ambientalistas revelaram a necessidade de uma mudança urgente, de se adoptar uma nova atitude perante o quadro dramático que envolve a diversidade biológica.

Os Estados precisam de adoptar medidas que contribuam para promover o uso sustentável dos recursos, despertando a consciência mundial sobre a importância da biodiversidade na vida dos Homens e, consequentemente, a necessidade da sua protecção como um bem comum.

Nesta corrida contra o relógio, maior advertência é feita aos países tropicais, onde se localizam as florestas tropicais, que como refere Wilson, *"de todos os principais habitates, elas são as mais ricas em espécies e são as que estão correndo maior perigo"*; e, mais adiante, aponta duas razões específicas que justificam a preocupação dos ambientalistas com relação às florestas tropicais: *"Primeiro, embora esses habitates cubram apenas 7% da superfície terrestre, eles contêm mais de metade das espécies da biota mundial. Segundo, as florestas tropicais estão sendo destruídas tão rapidamente que elas provavelmente desaparecerão dentro do próximo século, levando com elas centenas de milhares de espécies à extinção. Outros biomas ricos em espécies também estão em perigo, mais notadamente os recifes tropicais de corais, lagos geologicamente antigos e terras úmidas costeiras, cada qual merecendo atenção especial. No momento, porém as florestas tropicais servem como paradigma ideal da crise maior, de nível global"*.[129] Por isso, todos os países e em particular os países tropicais são instados a adoptar, entre as suas PP, estratégias de conservação. Entre estes países há aqueles cuja referência se revela imprescindível, pelo papel que têm vindo a jogar, não só no contexto nacional como também na arena internacional.

---

[129] WILSON, E.O. e PETER, Frances M., *"Biodiversidade"*, Rio de Janeiro, Editora Nova Fronteira, 1997, pp. 3 e 10.

3. Impactos ambientais sobre o ecoturismo

Na medida em que o ecoturismo depende da Natureza e seus recursos, qualquer acção humana com efeitos negativos sobre o ambiente, constitui uma ameaça ao desenvolvimento do ecoturismo.

A exploração intensiva ou abusiva dos recursos naturais é a principal causa de extinção de algumas espécies florestais ou faunísticas. A maioria dos parques e reservas tropicais nacionais, por exemplo, já não apresenta o grande potencial que outrora constituiu a maior atracção turística, conforme ilustra a situação que abaixo se descreve sobre a experiência brasileira.

3.1. *O caso dos parques e reservas no Brasil: Panorama geral*

No Brasil, situa-se a floresta tropical da Amazónia brasileira (existe também a floresta tropical da Amazónia peruana) sobre a qual o país tem sofrido várias pressões para que use os seus recursos naturais em prol dos seus cidadãos e também da Humanidade.

Para o Ministério da Indústria, do Comércio e do Turismo, que tutela a indústria turística no Brasil, essas pressões, "poderosas e legítimas" e provindas tanto de instituições multilaterais de crédito e de cooperação como de governantes dos PDs ou ainda dos seus próprios cidadãos, são devidas "*a dimensão continental e situação geográfica*" decorrente do facto de Brasil ser "*o maior país tropical do mundo, proprietário e gestor do maior banco de diversidade do planeta*".[130] Mas não é apenas por causa da floresta da Amazónia que o Brasil é pressionado no sentido de prestar maior atenção a questões de conservação. O estado em que outras áreas, igualmente importantes, se encontram no Brasil, não passa despercebido, atraindo a atenção de alguns estudiosos sobre a matéria.

Marc J. Dourojeanni e Maria Tereza Jorge Pádua apoiam a sua obra intitulada "Biodiversidade: a Hora Decisiva", num estudo realizado em

---

[130] MINISTÉRIO DA INDÚSTRIA, DO COMÉRCIO E DO TURISMO e MINISTÉRIO DO MEIO AMBIENTE E DA AMAZÔNIA LEGAL, "*Directrizes para uma Política Nacional de Ecoturismo*", http://www.geocities.com/Yosemite/Rapids/direteco..htm

2001, sobre 9 áreas protegidas, todavia, em estado de abandono ou que deixaram de servir os ideais para as quais foram decretadas como tal, devido a problemas ambientais relacionados com a acção humana.

– O Parque Nacional de Brasília, com 30.000 hectares, proclamado em 1961, é responsável pelo abastecimento de 40% de água potável de Brasília. Entretanto, encontra-se encerrado ao público, não obstante os seus diversos recursos, como piscinas com água natural (em Moçambique chamam-se águas termais), flora, entres outros, apresenta-se com o seu lençol freático contaminado, sua fauna reduzida e exposta a caçadores furtivos e outros predadores, entre outros males;

– O Parque Estadual do Cantão, proclamado em 2000, pelo governo do Estado de Tocantins, mesmo dispondo de infra-estruturas incluindo casas bem equipadas, água, sistema de telecomunicações e estação meteorológica, até 2001 não tinha plano de maneio. E, além de desabitado não tem quem tome conta dele.

– Outro parque contíguo a este é o Parque Nacional do Araguaia, criado em 1959. Era então o maior, com 2 milhões de hectares, entretanto reduzidos em 1971 para 500.000 hectares a Norte e 1.500.000 hectares a Sul. Porém, foi invadido em 2000 pelos Carajás, uma tribo que acabaria ganhando cerca de 1910 milhões de hectares, ficando o parque reduzido a apenas 90.000;

– O Parque Estadual de Pirenópolis, em Góias, estabelecido em 1998, como resultado de uma luta dos seus defensores. No entanto, as suas terras são submetidas a queimadas periódicas que ameaçam acabar com os seus preciosos recursos. Como se isso não bastasse, ocorre no interior do Parque a extracção de pedra cujos resíduos são lançados para o riacho, filmagens que deixaram vestígios e ainda a presença de agricultores artesanais, tudo contrariando as regras de conservação.

– O Parque Nacional da Serra de Capivara, nascida do esforço de duas arqueólogas que travaram uma luta enorme para a elevação da pequena cidade de São Raimundo Nonato, em Piauí, e cuja implantação muito cedo suplantou os outros parques nacionais e, por isso, alimentou nas duas arqueólogas, o sonho de um dia conseguirem a sua fusão com a Serra da Confusão, situada nas proximidades. Só que para a sua maior frustração, as autoridades decidiram reassentar um grupo dos chamados "sem-terra", entre as duas serras e, como a área ocupada por este grupo se revelou imprópria para qualquer tipo de actividade de subsistência, como a agricultura e a pecuária, os seus membros tornaram-se caçadores furtivos, comprometendo todo o sucesso então alcançado pelas duas arqueólogas.

– O Parque Nacional Pacaás Novos, a Reserva Biológica do Guaporé e duas estações ecológicas, constituem o projecto Polonoroeste, criado através de co-financiamento de três instituições: Banco Mundial, Instituto Brasileiro de Desenvolvimento Florestal (IBDF) e a Secretaria Especial do Meio Ambiente, que aceitaram colocar 5 milhões de dólares americanos, mas cuja gestão manifestamente ineficiente não logrou, ao fim de 10 anos, qualquer resultado positivo, resultando, pelo contrário, em prejuízo em face da dívida contraída com o Banco Mundial. E isto porque, volvidos dez anos, o Parque foi invadido por agricultores, caçadores furtivos, madeireiros e garimpeiros;

– O Monte Pascoal, situado na Costa dos Descobrimentos, na Bahia e criado em 1961, com 22.500 hectares, já foi considerado a maior área protegida do nordeste, até à década de 70, altura em que 8.000 hectares foram concessionados aos índios, os quais mais tarde invadiram a parte restante e expulsaram os funcionários, ocupando ilegalmente o espaço e cobrando a seu favor as entradas no local;

– O Parque Nacional do Descobrimento, criado em substituição do Monte Pascoal, com 11.000 hectares, não foi além, principalmente por insuficiência da fiscalização, dos madeireiros que sempre exploraram ilegalmente o local e por ter sido deflagrado por incêndio; Entre Ilhéus e Itacaré, na Bahia, o Banco Interamericano de Desenvolvimento (BID) aceitou financiar um projecto turístico, para implantação de infra-estruturas, que conjugando as oportunidades oferecidas pelo Parque Estadual na Serra do Condurú e as lindas praias da pequena cidade de Itacaré, que dá acesso à Península de Maraú, prometia ser um grande projecto, até que um grupo dos "sem-terra" foi instalado no interior do parque, enquanto de outro lado ocorria o corte insustentável de madeira protagonizada por investidores que pretendem instalar seus projectos e por particulares que pretendem utilizar madeira nas suas construções, destruindo a vegetação. Nas zonas mais distantes das praias, ocorre a prática de agricultura e as queimadas descontroladas.

A situação é agravada pela escassez de água e falta de um plano de estrutura urbano, pelos espectáculos que atraindo numerosos espectadores prejudica a tranquilidade dos turistas;

– O Parque Estadual de Itacalomi, em Ouro Preto, Minas Gerais, que estando dotado de excelentes infra-estruturas, incluindo para a realização de conferências, não possui vias de acesso que permitam aos seus visitantes, passear pelo seu interior e tirar algumas imagens. Por causa disso, e para a sua maior frustração, os visitantes limitam-se a contemplar os edifícios alí existentes, quando poderiam acampar e fazer piqueniques se os responsáveis pela conservação no parque fossem imaginativos e conhecessem a vontade real dos seus visitantes; e

– Finalmente, o Parque Nacional de Iguaçu, em Paraná, criado em 1939, com uma área de 180.000 hectares de Mata Atlântica, o qual notabilizou-se pelas suas infra-estruturas, gestão e pessoal. Tornou-se então o mais famoso, com maior número de visitantes e consequentemente com um elevado volume de receitas, tendo sido declarado pela UNESCO Património da Humanidade. No entanto, o parque veio a ser invadido por um grupo de agricultores que entendeu restabelecer uma velha estrada, dividindo o parque ao meio e cobrando taxas de utilização da ponte para a travessia do rio.

Além disso, decidiram os agricultores invasores destruir árvores gigantescas e sem se importar com as decisões dos órgãos judiciais no sentido de fecharem a estrada que ilegalmente reabriram e bem assim abandonar o local. A prevalência de tal situação levou a que a UNESCO ameaçasse excluir o mais famoso parque do Património da Humanidade.[131]

Portanto, o panorama geral em que se encontra a maioria das áreas protegidas no Brasil a acrescer a já descrita situação da floresta da Amazónia, justifica que ambientalistas e não só lancem o grito de alerta mundial para que todos os Estados em geral e particularmente os que detêm áreas protegidas de dimensão internacional, adoptem nas suas PP medidas para uma protecção mais efectiva, com vista a remediar o chamado *"efeito de estufa"* que ameaça a existência da Humanidade.

O quadro ambiental brasileiro, tal como acabado de descrever, pode muito bem servir de lição para Moçambique ainda no limiar da implantação ou reabilitação das suas áreas protegidas.

Há aspectos comuns relativos à biodiversidade. Por isso, as experiências brasileiras positivas ou negativas podem ser aproveitadas para o

---

[131] DOUROJEANNI, Marc J., PÁDUA, Maria Tereza Jorge, *"Biodiversidade: A Hora Decisiva"*, Brasil, Editora da UFPR, 2001, ISBN 85-7335, Refª 291, pp 13 a 23.

sucesso da política do turismo na componente de conservação. Por exemplo, no que concerne ao modelo de gestão dos parques, será particularmente útil determinar se o melhor cenário é o que preconiza a presença humana no interior dos parques ou a sua retirada para fora destes e isto porque, para alguns, "os parques nacionais são vistos por muitos, no movimento ambiental, como entidades caducas e no seu lugar se pretende conservar a natureza como unidades de conservação (UCs) que combinam, no mesmo espaço, a presença humana, a exploração dos recursos e a preservação ambiental"[132].

Com efeito, o País tem recebido mais ou menos as mesmas pressões que o Brasil, não por ser o maior país detentor de maior quantidade de recursos naturais mas, provavelmente pela importância e diversidade relativa dos seus recursos, sobretudo a nível regional, todavia, várias vezes explorados de forma irracional, como resulta das imagens abaixo que reportam o cenário do desflorestamento e de caça furtiva nas áreas protegidas.

Fotos: Pormenor do abate florestal ilegal e da caça furtiva na Reserva Especial de Maputo, vendo-se um dos fiscais (lado direito) envolvido nas operações de fiscalização na zona.

---

[132] DOUROJEANNI, Marc J., PÁDUA, Maria Tereza Jorge, ob. citada, p. 37.

SECÇÃO III – A Protecção da Biodiversidade

1. Principais instrumentos jurídicos: A Convenção Sobre a Diversidade Biológica (CBD)

Com o despertar da consciência sobre a importância da conservação, emergiu, a partir do século XIX, o movimento sobre a protecção das espécies faunísticas e florestais ou da Natureza,[133] marcado por compromissos políticos dos Estados membros da Comunidade Internacional, através de Declarações e Tratados internacionais contendo princípios fundamentais sobre a defesa do ambiente, em geral. São exemplos disso a Convenção Africana sobre a Conservação da Natureza e dos Recursos Naturais adoptada pela OUA, em 1968; a Declaração de Estocolmo Sobre Princípios e Plano de Acção sobre o Ambiente, adoptado pelas NU, em 1972, contendo princípios sobre a exploração de recursos não renováveis, poluição atmosférica, poluição marinha, planeamento físico e transferência de recursos financeiros e tecnológicos dos PDs para os PVDs, destinados a financiar programas de combate à exploração insustentável dos recursos naturais; a Convenção Internacional sobre o Comércio Internacional das Espécies e Vegetais em Perigo (CITES), de 1973, destinada a impedir o comércio e exportação excessivos de certas espécies em perigo de extinção; a Convenção das Nações Unidas Sobre o Direito do Mar, de 1982, etc.

Todos estes instrumentos jogam no domínio da protecção da biodiversidade papel importante, ao fixar princípios específicos sobre a defesa de determinadas espécies. Entretanto, a Convenção do Rio sobre a Diversidade Biológica, de 1992 (CBD), destaca-se pelo seu âmbito abrangente e pelos princípios que estabelece na defesa da biodiversidade como um todo.

A CBD surge como resposta às negociações em torno do conflito de interesses entre os países industrializados, geralmente, maiores consumidores dos recursos da biodiversidade preocupados com a conservação e os países pobres detentores desses recursos, preocupados com a sua exploração para obter benefícios susceptíveis de reduzir a pobreza absoluta.

---

[133] (JR), Carlos Serra e CUNHA, Fernando, *"Manual de Direito de Ambiente"*, Maputo, SARL, 2003, p. 20.

A sua importância reside particularmente no facto de ter conseguido conciliar esses interesses instituindo, entre outros, dois princípios fundamentais, conforme artigos 19, 20 e 21, da CBD, podendo resumir-se assim:

- O *princípio de rateio dos benefícios* decorrentes da comercialização de produtos biotecnológicos entre os países produtores, porque detentores da tecnologia, e os países pobres detentores e, por isso, fornecedores da biodiversidade; e
- O princípio *de rateio dos custos de conservação da biodiversidade*, de acordo com o qual os países ricos se comprometem a suportar uma parte significativa dos custos de conservação, sobretudo nos países pobres.

Além disso, a CBD contempla vários aspectos relacionados com a protecção da biodiversidade e o desenvolvimento sustentável, sendo vista como o mais abrangente instrumento jurídico internacional que trata matérias complexas sobre a biodiversidade, abarcando questões relativas às múltiplas variabilidades (genéticas, de espécies, ecossistemas e categorias de microorganismos vivos), formas de maneio e gestão da biodiversidade e sobre os principais instrumentos de planeamento relativo ao uso e gestão da biodiversidade.

As suas principais disposições giram em torno da protecção da biodiversidade e sustentabilidade.

– O artigo 1 fixa como objectivos principais os seguintes: a conservação da diversidade biológica, a utilização sustentável de seus componentes e a repartição justa e equitativa dos benefícios derivados da utilização dos recursos genéticos.

– O artigo 6 estabelece que cada Governo deve integrar a conservação e utilização sustentável da diversidade biológica em planos, programas e políticas sectoriais e intersectoriais pertinentes;

– O artigo 14 estabelece princípios em matérias de avaliação de impacto ambiental e minimização de impactos negativos e, neste âmbito, insta as partes contratantes a adoptar mecanismos internos com vista a assegurar esse efeito.

Uma das mais importantes disposições é, seguramente, o artigo 16, sob a epígrafe "acesso à tecnologia e transferência de tecnologia". Naturalmente que o estabelecimento deste dispositivo coloca em evidência a necessidade que os países pobres têm de aceder às tecnologias dos países ricos, as quais devem ser usadas no contexto da conservação e maneio da biodiversidade.

Muitos dos PMAs aderiram à CBD no período de 3 a 14 de Junho de 1992. Só na região Austral de África pode-se mencionar os casos de Angola, Botswana, Lesotho, Moçambique, Swazilândia Zâmbia, Zimbabwe, etc. No total, 157 países de todo o mundo aderiram à CBD dentro do período acima mencionado.

No entanto, para poder pôr em prática as acções de conservação, os PMAs carecem de apoio técnico e tecnológico e o reconhecimento desta necessidade entre as partes signatárias constitui uma prova dos esforços que a Comunidade Internacional vem desenvolvendo no contexto da *"nova ordem ambiental"*.

2. A protecção da biodiversidade no contexto nacional

No plano nacional, a protecção da biodiversidade pressupõe não só a ratificação dos instrumentos internacionais, através de mecanismos internos mas também a adopção de instrumentos legislativos que, a este nível, possam conduzir à efectiva concretização da vontade e dos compromissos políticos assumidos pelos Estados, através do acto de adesão.

2.1. *No ordenamento jurídico moçambicano*

O Estado moçambicano assumiu, desde a primeira hora, o compromisso, através da sua particular adesão à CBD, à semelhança de outros países da região austral como a Zâmbia e o Zimbabwe.

Ao nível da CRM, várias disposições justificam o esforço do Estado em direcção à materialização do compromisso assumido.

Uma primeira indicação resulta da consagração, nos termos do artigo 90 da CRM, cujo n.º 1 dispõe que " Todo o cidadão tem o direito de viver num ambiente equilibrado e o dever de o defender." E o n.º 2 do mesmo artigo estabelece que " O estado e as autarquias locais, com a colaboração das associações de defesa do ambiente, adoptam políticas de defesa do ambiente e velam pela utilização racional de todos os recursos naturais".

Para tanto, o legislador constituinte reserva para o Estado a propriedade dos recursos naturais e incluindo no domínio público, as zonas de protecção da natureza.[134]

Outras disposições, ao nível da CRM, relativas à matéria da biodiversidade, constam do artigo 102, referente ao papel do Estado na promoção do conhecimento, inventariação e valorização dos recursos naturais e à determinação das condições do seu uso sustentável; importante é particularmente o artigo 117, que estabelece garantias sobre "o equilíbrio ecológico e a conservação e preservação do ambiente visando a melhoria de qualidade de vida dos cidadãos" e indicando, logo a seguir, as várias acções destinadas a garantir "o direito ao ambiente no quadro de um desenvolvimento sustentável", através de políticas que visem a prevenção dos impactos negativos sobre o ambiente, o uso racional dos recursos naturais e a promoção do ordenamento territorial.

Ao nível da legislação ordinária e avulsa, releva a Resolução n.º 8/97, de 1 de Abril, que aprova a Política e Estratégia de Desenvolvimento de Florestas e Fauna Bravia, destacando-se o parágrafo 3.º, que estabelece o princípio de desenvolvimento sustentável e a conservação da biodiversidade e fundamentalmente os parágrafos 4 e 5 que, de forma expressa, se referem à prossecução dos objectivos definidos na Agenda 21 e em outras convenções, incluindo a CBD, cuja ratificação compete, nos termos da al. g) do n.º 1 do artigo 204, ao Conselho de Ministros.

A Lei n.º 10/99, de 07 de Julho – Lei de Florestas e Fauna Bravia – estabelece nos termos do artigo 3, vários princípios sobre o ambiente e a protecção da biodiversidade nomeadamente: Princípio do equilíbrio, da prevenção e da prudência, da responsabilidade objectiva, da participação, do estudo e da investigação e da cooperação internacional, os quais consubstanciam uma concretização das normas programáticas estabelecidas na CRM, em matéria do ambiente.

---

[134] Cfr. al. c), do n.º 2, do artigo 98 da CRM.

SECÇÃO IV – A contribuição das principais organizações internacionais na promoção do turismo sustentável e do ecoturismo

1. A Contribuição da ONU: de Montreal a Johannesburg

1.1. *A Conferência de Montreal*

Embora a Conferência de Montreal não estivesse directamente relacionada com a temática do desenvolvimento sustentável, a mesma serviu como referência relativamente aos acordos posteriores.

Numa altura em que o mundo vivia intensamente a diversidade de interesses, a subscrição do Protocolo de Montreal, por 20 países, que se comprometeram a reduzir a produção de gases considerados nefastos ao ambiente e causadores da deterioração da camada de ozono, funcionou como uma injecção à consciência humana. Com efeito, a partir deste protocolo e com a adopção da Convenção de Viena em 1983, sobre acções de preservação da camada de ozono na atmosfera, foi gradualmente divulgado o perigo que a vida do planeta corre em virtude de uma tal deterioração.

Actualmente, são mais de 180 os Estados partes do Protocolo de Montreal.

Uma avaliação feita em 2002, por especialistas na matéria, indicava que as metas então definidas no protocolo estavam a ser cumpridas e que, a manter-se a mesma tendência, seria possível recuperar a camada de ozono.

Ciente das dificuldades que caracterizam os países pobres, as quais poderiam comprometer a aplicação, nestes países, das medidas preconizadas, as NU estabeleceram, no âmbito do Protocolo de Montreal, um fundo destinado a apoiar os PVDs na substituição dos produtos tipicamente nocivos ao ambiente.

1.2. *A Conferência de Doha e o desenvolvimento sustentável*

Com a conferência de Doha, foi adoptada a Declaração Ministerial da OMC, de 14 de Novembro de 2001, na qual foram estabelecidos princípios orientados para o desenvolvimento sustentável, alívio à pobreza e protecção do ambiente.[135]

Com relação à Declaração Ministerial aqui referida, os Estados membros adoptaram um programa de trabalho que, além da agricultura, dedica atenção especial ao sector de serviços que, obviamente, inclui o turismo.

Em termos específicos, o referido programa de trabalho da Conferência de Doha previa a negociação de acordos que tivessem em conta as regras da OMC e as obrigações específicas sobre o comércio, decorrentes dos acordos multilaterais sobre o ambiente.

O objectivo de tais negociações era o de clarificar a relação entre as medidas sobre o comércio levado a cabo ao abrigo dos acordos sobre o ambiente e sobre as regras do comércio. É o caso, por exemplo, do Protocolo de Montreal para a Protecção da Camada de Ozono, que contém regras que restringem a produção, o consumo e a exportação de certos produtos derivados do *chlorofluorocarbons (CFCs)* e a Convenção sobre o Comércio Internacional de Espécies Endémicas que contém igualmente regras sobre o comércio mas com impacto sobre o ambiente.

A Conferência de Doha contribuiu, assim, de forma significativa, ao defender o desenvolvimento sustentável no âmbito do comércio internacional, para estabelecer uma aliança entre as regras do comércio e do ambiente.

1.3. *A Conferência do Rio – 1992*

A histórica " Cimeira da Terra" ou Conferência do Rio, realizada em 1992, serviu para incutir no seio dos Estados membros uma nova visão sobre os desafios que se colocam no âmbito do turismo, mesmo considerando o facto de o "Plano de Acção de Longo Prazo", a chamada Agenda 21, adoptado nesta conferência, não ter dedicado muita atenção aos efeitos da indústria turística. É, no entanto, geralmente citado como ponto de referência na discussão de PP, com enfoque ao ambiente e é referido como sendo o documento mais abrangente, no que respeita a matérias ambientais.

Perante a insistência dos participantes na referida cimeira, ganhou--se consciência sobre a necessidade de se debaterem temas relacionados

---

[135] Cfr. artigos 1 e 6.

com o turismo. Assim, com os olhos postos na Cimeira de Johannesburg, os participantes apresentaram propostas sobre temas concretos que incluíam "*o turismo e o desenvolvimento sustentável, o impacto social do turismo, o turismo e a biodiversidade, o turismo e a ética.*"[136] As preocupações dos países ganharam eco, especialmente ao nível da OMT e do Conselho de Terra, os quais decidiram elaborar e divulgar um Plano de Acção específico para o sector do turismo denominado "*Agenda 21 Para a Indústria de Viagens e Turismo*", através do qual foram fixadas as principais acções a serem realizadas pelos diversos actores, principalmente governos, sector privado e ONG's.

Como as preocupações em torno do turismo são, geralmente, mais acentuadas com relação à biodiversidade, os debates sobre os impactos do turismo ganharam maior relevância no âmbito da declaração da ONU sobre o Ano Internacional do Ecoturismo em Quebeque.

1.4. *A Cimeira de Johannesburg (Rio + 10) – 2002*

A Cimeira de Johannesburg veio a dedicar maior atenção ao turismo, em virtude deste ter sido um dos grandes temas de debate. A promoção do desenvolvimento sustentável dirigido a aliviar a pobreza e a minimizar os impactos sobre o ambiente foi, sem dúvida, o tema de grande destaque, a par de outros temas como o acesso à agua potável, a melhoria das condições de saneamento básico, o acesso à energia e aos serviços públicos básicos como a educação e a saúde.

Tema de maior interesse, particularmente relacionado com o turismo, foi o da protecção e gestão da biodiversidade mundial e dos ecossistemas, cuja meta é de reduzir as perdas até 2010.

Nesta Cimeira, os Estados membros adoptaram o Plano de Implementação, no qual se identificam acções, objectivos e prazos de execução. A importância do referido plano pode ser avaliada em função da declaração de Joanne Disano, Director das Nações Unidas da Divisão para o Desenvolvimento Sustentável, que afirmou "*There's just no excuse for not getting on with it now... the summit gave us a clear mandate for what*

---

[136] MASTNY, Lisa, "*Do Rio à Johannesburgo: Novos caminhos para o turismo*", www.wwiuma.org.br. 1.

we have to do, and there is not one part of the UN that will not be affected by Johannesburg". [137]

Trata-se, sem dúvida, de uma declaração de encorajamento aos estados para que se sintam legitimados a desenvolver todas as acções pertinentes, com vista ao desenvolvimento sustentável.

2. A Contribuição da OMT

2.1. *O Código Mundial de Ética do Turismo (CMET)*

A OMT, organismo máximo que tutela o turismo internacional, não está alheia ao desenvolvimento do sector. Tomando como base as práticas da indústria turística, a previsão dos seus níveis de crescimento acelerado e considerando a necessidade de "ajudar a minimizar os efeitos negativos do turismo no meio ambiente e no património cultural, aumentando, simultaneamente, os benefícios para os residentes nos destinos turísticos", promoveu a adopção do CMET, citado, na respectiva fundamentação, como um instrumento que *"cria um marco de referência para o desenvolvimento responsável e sustentável do Turismo Mundial no início do novo milénio."* [138]

O CMET é, assim, um importante instrumento jurídico internacional que, contrariamente aos demais instrumentos cuja negociação é geralmente marcada por divergências, tem o mérito de ter sido adoptado por unanimidade, não só pelos Estados como também por "... empresas, instituições e organismos, reunidos em Assembleia Geral, em Santiago do Chile, em 01 de Outubro de 1999". Por conseguinte, tem um âmbito de aplicação bastante amplo e envolvente, sendo as suas *"regras de* jogo" aplicáveis a diferentes sujeitos, designadamente *"para os destinos, governos, operadores turísticos, promotores, agentes de viagens, empregados e para os próprios turistas"*.[139]

---

[137] JOANNE Disano, "With a sense of Urgency, Johannesburg Summit Sets an Action Agenda ", http://www.johannesburgsummit.org/

[138] Cfr. Francesco Frangalli, Secretário Geral da Organização Mundial do Tturismo, *"Código Mundial de Ética do Turismo"*, file://A:\Código Mundial de Ética do Turismo.htm.

[139] Idem.

Este facto tem a sua relevância, na medida em que os princípios contidos neste código são a expressão de um desejo comum entre o sector público, o sector privado e as ONG´s de todo o mundo, de desenvolver um turismo sustentável que tenha em conta a redução dos impactos negativos.

Parece, pois, haver uma clara consciência de todos os actores da indústria turística de que, a par de algumas vantagens, colocam-se também os riscos próprios da actividade turística. Por isso, os princípios estabelecidos no CMET reflectem as duas faces do turismo: o lado bom, constituído pelas oportunidades que o sector oferece no desenvolvimento económico e social dos países e na promoção das relações internacionais; e o lado mau que representa os impactos negativos relacionados com o ambiente.

Neste contexto, os princípios estabelecidos no CMET são de âmbito multidisciplinar, abrangendo aspectos relacionados com a expansão económica do turismo, a promoção da cultura, paz e amizade entre os povos, segurança e conservação do ambiente.

Os princípios estabelecidos no CMET inspiram-se na principal legislação básica adoptada pelas diferentes organizações internacionais a que o preâmbulo faz referência expressa, desde os instrumentos relacionados com a protecção dos Direitos Humanos, Direitos Económicos, Sociais e Culturais; Direitos Civis e Públicos, Património Cultural e Natural Mundial, Ambiente e Diversidade Biológica, passando pela prevenção do turismo sexual organizado, exploração sexual de crianças com fins comerciais até à protecção dos trabalhadores.

3. Princípios gerais do CMET

Os princípios gerais do CMET relacionados com o turismo sustentável e ambiente são:

3.1. *Promoção de programas educativos*

Partindo do pressuposto de que o turismo exige formas de desenvolvimento sustentável, de modo a manter o equilíbrio entre os aspectos sociais, económicos e ambientais e que, neste contexto, o turismo constitui um instrumento de incentivo à formulação e execução de programas educativos sobre os benefícios e os riscos que decorrem da prossecução de actividades com ele relacionadas, a OMT estabelece o dever dos Estados membros desenvolverem programas educativos a esse respeito.

Pretende-se, com tais programas, educar as populações no que respeita aos benefícios mas também no que tange aos perigos que podem resultar do turismo.

3.2. *Preservação do ambiente e de recursos*

Os programas educativos sobre o valor e os riscos próprios da actividade turística devem concorrer para que a mesma seja, de facto, desenvolvida de forma ambientalmente sã e para que a exploração dos recursos beneficie não só as gerações presentes mas também as futuras gerações. Para isso, a protecção do ambiente e a exploração racional dos recursos são os fundamentos de um desenvolvimento sustentável do turismo.

A constatação de que a Natureza é um legado tanto dos que podem beneficiar hoje dos recursos existentes como dos próximos que, por isso mesmo, só podem beneficiar dos mesmos no futuro e, consequentemente, a consciência de que os recursos naturais detidos por um determinado país devem ser vistos como um património pertencente não à geração presente mas também às gerações vindouras, tem sido matéria de discussão e já levou a que, ao nível internacional, fossem assinadas várias convenções e acordos em defesa do ambiente, tendo em atenção a necessidade de promover o equilíbrio entre os diferentes interesses.

A OMT, levando em conta que o turismo é, de *per si*, uma actividade propensa a criar desequilíbrios ambientais, estabelece cláusulas sobre a sua prevenção e também sobre a gestão racional de recursos naturais, a serem observadas pelos seus Estados. Por isso, é hoje praticamente impensável que os Estados, de uma ou de outra maneira, não estabeleçam nas suas legislações, especialmente no âmbito do turismo, medidas sobre o desenvolvimento sustentável.

3.2.1. *Austeridade na utilização de recursos*

Relacionado com o desenvolvimento do turismo sustentável, a OMT chama a especial atenção para a necessidade de os Estados adoptarem as melhores práticas sobre a austeridade relacionada com os recursos preciosos e escassos: a água e a energia são citados de forma especial como devendo ser usados com alguma austeridade e de modo a evitar a poluição, devendo os Estados promover e encorajar, no âmbito do desenvolvimento do turismo, os melhores procedimentos e o uso de técnicas que permitam evitar a produção de dejectos.

3.2.2. *Redução da pressão e partilha dos benefícios turísticos*

A preocupação da OMT em matéria de preservação do ambiente, no contexto do turismo, vai ao ponto de promover o princípio da distribuição no tempo e no espaço dos fluxos de turistas internacionais. Com efeito, para a OMT, uma frequência descontrolada do fluxo de turistas pode, a longo prazo, produzir um efeito contrário ao desejado.

A pressão exercida sobre o ambiente e sobre os recursos por causa de uma presença constante de turistas pode provocar distúrbios no ambiente. Por isso, no âmbito do CMET, decorre o dever dos Estados estudarem formas de evitar tal pressão, de modo a que os benefícios económicos resultantes da actividade turística sejam duradouros.

3.2.3. *Implantação de infra-estruturas e de projectos turísticos*

O CMET impõe igualmente o dever de os Estados partes promoverem a implantação de infra-estruturas e projectos turísticos ecologicamente sustentáveis, susceptíveis de promover a conservação e protecção dos ecossistemas e da biodiversidade, preservando as espécies faunísticas e florestais, sobretudo as endémicas ou as que se acham em perigo de extinção.

Neste contexto, a OMT apela à cooperação dos agentes e profissionais do turismo para a efectiva aplicação de medidas que possam contribuir para restringir ou impedir a implantação de infra-estruturas ou projectos turísticos nas zonas particularmente sensíveis como as zonas costeiras, as florestas tropicais, regiões desérticas, zonas húmidas, reservas e parques e, em geral, quaisquer outras onde exista sempre o risco de destruição do património natural.

3.2.4. *Valorização do turismo de natureza e do ecoturismo*

A OMT reconhece o valor intrínseco do turismo baseado na natureza e no ecoturismo. Contudo, apela aos membros para que o seu desenvolvimento respeite tanto o património natural como as comunidades locais e tenha em conta a real capacidade de carga que um determinado espaço pode suportar.

A observância deste princípio como, aliás, de todos os outros que no âmbito do CMET preconizam o desenvolvimento sustentável do turismo, pressupõe a definição prévia de factores estratégicos que, uma vez combinados, devem assegurar a correcta utilização dos recursos disponíveis, incluindo o próprio espaço físico onde se desenvolve o turismo.

Em termos genéricos, pode-se falar de um trabalho prévio de planeamento territorial que, em concreto, vai permitir avaliar os solos e a respectiva capacidade de carga, formas de sua afectação, os recursos neles existentes e os cuidados ou medidas de gestão que se impõem. Por sua vez, o planeamento territorial vai implicar a adopção de instrumentos adequados ou o recurso a factores estratégicos para o desenvolvimento sustentável.

É, pois, neste contexto, que a seguir se analisam em detalhe os aspectos de ordenamento, urbanismo e ambiente entendidos como pressupostos desse desenvolvimento.

PARTE II

O PLANEAMENTO TERRITORIAL
E O AMBIENTE COMO FACTORES
ESTRATÉGICOS DO TURISMO SUSTENTÁVEL

CAPÍTULO I

ORDENAMENTO TERRITORIAL, URBANISMO E AMBIENTE

SECÇÃO I – Enquadramento Geral

1. Justificando a abordagem

A prossecução de qualquer actividade pressupõe a definição de uma política de desenvolvimento que, em face do conhecimento real da situação prevalecente, à data da sua elaboração, defina as opções, os objectivos, os princípios, as metas, os instrumentos de operacionalização, enfim, toda uma gama de elementos susceptíveis de indicar a direcção a tomar para o plano de desenvolvimento em vista. Afinal, essa é a função de qualquer modelo de decisão.

Mais do que isso, ao debruçar-se sobre a matéria de PP, Celso Furtado considera que *"os modelos de decisão são instrumentos úteis no próprio processo de definição de objectivos de uma política económica, porquanto podem indicar de forma previsora as consequências prováveis de decisões alternativas. Em outras palavras, eles introduzem um certo grau de racionalidade formal no arbítrio político"*.[140]

Ao assim pronunciar-se, Celso Furtado confere às PP, essencialmente, duas funções: A de definir os objectivos, em geral, e a de prever as consequências que podem resultar das decisões tomadas, traduzindo, como o próprio autor refere, um grau de racionalidade formal na decisão dos poderes políticos. E isto é compreensível se se tiver em conta que não

---

[140] FURTADO, Celso, 2000, 280 apud Guilherme Silva, p. 93.

há decisões infalíveis, havendo sempre o risco de as opções feitas virem a produzir efeitos contrários aos desejados.

Para Celso Furtado, a questão nem sequer se coloca em termos de saber se, da decisão política, podem ou não resultar determinadas consequências. Assumindo, como parece ter assumido, a ocorrência de determinadas consequências em resultado das políticas adoptadas, ele defende a sua previsão. Quer dizer, sugere um modelo de decisão que incorpore além do diagnóstico, um prognóstico.

Relativamente ao turismo, Hall e Jankins indicam que *"public (government) tourism policy is whatever governments choose to do or not do with respect to tourism"* e para Mill e Morrison *"... a tourism policy provides a set of guidelines to determine which specific objectives and actions should be pursued to meet the needs of the particular destination areas under consideration. Tourism policies specify a set of objectives that destination will pursue, and the programs or strategies that will be used to achieve these objectives."*[141]

Assim, sob o título, *"Ordenamento Territorial, Urbanismo e Ambiente"*, pretende-se analisar toda a problemática relacionada com o diagnóstico e o prognóstico sobre a utilização do principal recurso natural de que o turismo se serve – o solo – tendo em conta as três dimensões. Ou seja, pretende-se uma análise sobre o espaço físico onde se vai desenvolver a actividade turística, avaliando o que existe, projectando o que deve existir e avaliando, *ab initio*, as consequências advenientes.

Geralmente, quando se fala de consequências, pensa-se, quase sempre, nos efeitos indesejáveis. Mas não há dúvidas de que mesmo os bons resultados devem ser previsíveis, pois têm implicações a vários níveis.

Assim, por exemplo, a política empresarial de produção de um determinado bem deve permitir a avaliação prévia do espaço de implantação, as suas exigências, os efeitos prováveis, o mercado em vista e as possibilidades de acesso a esse mercado, evitando prejuízos económicos que podem resultar de uma produção excessiva.

Ora, a necessidade de uma pré-avaliação dos projectos de desenvolvimento turístico, remete-nos para a problemática das PP, enquanto instrumentos de planeamento.

---

[141] PEARCE, Philip L., MORRISON, Alaistair M. e RUTLEDGE, Joy L., ob. Citada, pp. 311 e 312.

2. O papel das Políticas Públicas no planeamento: conceito e função

O conceito de PP é bastante genérico e, por isso, várias vezes usado para identificar diferentes realidades. Contudo, a doutrina é unânime em considerar que as PP devem, além do interesse económico, prosseguir o interesse comum, o bem-estar social.

Nesta perspectiva, Guilherme Silva cita vários autores que, nas suas concepções, destacam o interesse social no âmbito das PP. Entre eles, Paulo Henrique Rocha Scott, que diz: *"a atuação estatal, principalmente a partir do final da década de cinquenta, passa a ocorrer no sentido de transformação das estruturas sócio-económicas e, também, da promoção de uma economia de bem-estar social, reformulando a visão clássica, baseada no princípio de ordenação natural das relações de mercado* (ROCHA SCOTT, Paulo Henrique, 2000, p. 56) e Manoel Gonçalves Ferreira Filho que, no mesmo sentido, observa que *"...por um lado, esse objectivo traduz a preocupação de elevar o padrão de vida da população nacional, imperativo que é da própria finalidade do estado assegurar a todos os que vivem em seu território uma vida humana e digna* (FERREIRA FILHO, Manoel Gonçalves, *A democracia possível,* 2ª ed., São Paulo: Saraiva, 1974 p. 39.)"

O mesmo destaque relativamente ao fim social do bem-estar é defendido pelo próprio Guilherme Silva[142] que, buscando a origem da expressão *política pública,* sustenta que o termo "política" deriva do grego *polis* ressalvando, porém, que o mesmo admite várias acepções, sendo, por isso, equívoco.

No entanto, entre as várias acepções, segundo o próprio Guilherme da Silva, releva a que se relaciona com o seu fim social, " *de ser exercida sob uma determinada forma de poder a fim de atingir determinado interesse, definido por um grupo social juridicamente organizado".* E, mais adiante observa que: [143]

– "*... qualquer política tende a ser pública, voltada para uma realização social, já que diz respeito à organização da vida em sociedade. A política ou "polícia" pública, como se usava dizer na antiga linguagem*

---

[142] SILVA, Guilherme Amorim Campos da, *"Direito ao Desenvolvimento",* São Paulo, Editora: Método, 2004, ISBN 85-86456-67, p. 98.

[143] Idem, p. 108.

jurídica portuguesa, é um programa de ação governamental. Ela não consiste, portanto, em normas ou atos isolados, mas sim numa atividade, ou seja, numa série ordenada de normas e atos, do mais variado tipo, conjugados para a realização de um objectivo determinado".

– *"Toda política pública como programa de ação, implica, portanto, em uma meta a ser alcançada e em um conjunto ordenado de meios ou instrumentos – pessoais, institucionais e financeiros – aptos à consecução desse resultado. São leis, decretos regulamentares ou normativos, decretos ou portarias de execução. São também atos ou contratos administrativos da mais variada espécie". O que organiza e dá sentido a esse complexo de normas e atos jurídicos é a finalidade, a qual pode ser eleita pelos poderes públicos, ou a eles impostos pela Constituição ou as leis".*

Destas ideias pode-se retirar um conceito lato da expressão *política pública*, resultando que na concepção de Guilherme Silva tanto designa os actos de mera administração como seja, um programa de acção ou contratos administrativos, como os actos jurídicos, incluindo os de certa complexidade, nomeadamente os decretos regulamentares.

Seja qual for o alcance que a expressão em análise tiver, o importante é que a sua concepção não deve gizar apenas o *quantum* do que ela pode proporcionar em termos de resultados mas, como defende Celso Furtado, referindo-se em especial aos países subdesenvolvidos, a complexidade do desenvolvimento é de tal ordem que não depende apenas de uma política orientada para a utilização da capacidade produtiva existente mas, muitas vezes resulta de elementos exteriores, de factores exógenos que dão impulso à procura externa, porventura em expansão ou através de uma intervenção premeditada ou não por parte do Estado, podendo, neste último caso, derivar de problemas conjunturais que provoquem a substituição de importações, razão porque, na opinião deste autor, para ser eficaz, a política de desenvolvimento deve ser do tipo qualitativo.[144]

A defesa de uma política do tipo qualitativo implica que a sua adopção não deve ter por escopo apenas os fins económicos, mas também a realização do interesse social de bem-estar de toda a comunidade que compete ao Estado.

---

[144] Furtado, Celso, 2000, p. 283-84.

Deste entendimento e com vista a exercer uma tal competência decorre, para o Estado, um dever-função de proceder ao planeamento, tomando como base os potenciais recursos de que dispõe, dos quais a terra ou o espaço territorial é, sem dúvida, o mais importante. Afinal, é sobre este espaço que vão ser desenvolvidas as diversas actividades económicas.

Assim sendo, a tarefa do Estado de proceder ao planeamento, com vista a proporcionar à comunidade o bem-estar social, até em obediência ao princípio geral da prossecução do interesse público, deve, tanto quanto possível, partir do planeamento territorial, com recurso ao emprego de PP, as quais, na prática, se desdobram em múltiplos e diferentes instrumentos de ordenamento do território e urbanismo que, interagindo uns com os outros, formam o sistema de gestão territorial.

Ao abordar a temática das PP no contexto do planeamento, pretende-se destacar a sua função no âmbito do ordenamento territorial e urbanismo, quer definindo, em termos gerais, as grandes opções de desenvolvimento do Estado sobre a terra disponível, quer determinando, em termos concretos e, porventura, mais detalhados as regras de afectação desse espaço aos múltiplos usos do Homem.

O planeamento apresenta-se, deste modo, como um processo imprescindível para a organização territorial que se impõe a vários níveis.

3. Fundamentos do planeamento em relação ao turismo

Na I Parte, capítulo III, da presente dissertação, foram identificados os impactos positivos e negativos do turismo. No caso particular destes últimos e atenta a sua natureza, fica claro que o turismo como sector de actividade económica, encerra um conjunto de actividades susceptíveis de alterar a estrutura geométrica do espaço físico onde se vai desenvolver e de despoletar fenómenos capazes de interferir no ambiente e alterar de forma extraordinária os ecossistemas e os habitates, com repercussões imprevisíveis para o turismo, em particular, e para o desenvolvimento em geral.

Desta possibilidade nasce a necessidade de incorporar no sistema de planeamento espacial do território instrumentos orientadores em termos de ocupação física, dos espaços potencialmente turísticos, por exemplo, definindo as acessibilidades, infra-estruturas, a localização e disposição das edificações, no âmbito dessa ocupação.

Sendo o turismo uma actividade económica paradoxal, quer dizer, ora revelando-se como um forte instrumento com capacidade de atrair, de forma extraordinária, fluxos de investimentos que em pouco tempo podem gerar emprego e crescimento económico; ora apresentando-se, particularmente nos casos em que esse mesmo crescimento se registe de forma desmedida, como uma indústria perigosa para a natureza, susceptível de, a longo prazo, provocar problemas de difícil reparação ou cuja correcção se mostre muito mais onerosa do que os ganhos obtidos com o crescimento anterior, o ordenamento do território, o urbanismo e o ambiente são factores estratégicos de alto valor preventivo dos potenciais problemas relacionados com o recurso terra.

Com o paradigma de desenvolvimento sustentável e sua disseminação, muitos ganharam a consciência da necessidade de adoptar medidas estratégicas que possam conciliar a necessidade de desenvolver o turismo, sobretudo nos países em que este constitui a única opção, como acontece com a maioria dos países insulares, ou nos quais, não sendo a única, é, todavia, a melhor opção, face a determinadas contingências como as que foram arroladas relativamente aos PMAs, e a de conservar o ambiente.

Neste contexto, o ordenamento territorial, o urbanismo e a correcta gestão ambiental constituem factores estratégicos indispensáveis para promover essa conciliação, sendo ainda determinantes para o controle dos fenómenos catastróficos e para a prevenção dos impactos negativos causados pela actividade turística, propiciando o seu desenvolvimento harmonioso. Entretanto, a apresentação exterior, incluindo os aspectos arquitectónicos e de configuração dos empreendimentos turísticos, sem dúvida que completa o quadro das grandes estratégias de desenvolvimento do turismo.

Do ordenamento turístico, do urbanismo e da correcta gestão ambiental depende muito a qualidade do turismo a desenvolver numa dada região, como desta depende, em grande medida, a qualidade dos clientes que essa região irá receber.

Através dos processos de ordenamento territorial e do urbanismo, define-se todo um conjunto de opções e decisões de tudo aquilo que se pretende que seja o turismo numa dada região e estabelecem-se, à partida, medidas de gestão ambiental capazes de mitigar os efeitos indesejáveis contra o ambiente, determina-se a qualidade e capacidade dos solos e projectam-se as opções da sua afectação na instalação das infra-estruturas básicas e outros equipamentos e das estruturas dos empreendimentos turísticos, etc.

Neste âmbito, o ordenamento territorial, o urbanismo e a gestão ambiental são os três pilares que sustentam a política de desenvolvimento sustentável, tão fundamental quanto necessária para a actividade turística.

O presente capítulo, ao abordar as questões de ordenamento territorial, de urbanismo e de gestão ambiental, pretende, exactamente, trazer à superfície as premissas básicas para prevenir os problemas e mitigar os efeitos nocivos que são hoje a razão dos receios e do cepticismo daqueles que viveram ou testemunharam alguma experiência monstruosa do turismo e para quem, face a tal experiência, esta actividade não devia sequer ser tolerada.

Tratando-se de institutos autónomos, embora interactivos, a abordagem que se segue será feita de forma separada, sem prejuízo das conjugações que se revelem pertinentes.

Outrossim, será privilegiada alguma referência histórica destinada, onde tal for possível, a proporcionar uma melhor compreensão das motivações que na prática deram origem a estas estratégias.

O ordenamento territorial e o urbanismo são matérias relativamente novas, pelo que a sua sistematização é também recente. Esta premissa justifica o recurso ao direito comparado quer para colher experiências de um sistema de planeamento territorial já desenvolvido, como é o caso do sistema português, quer para demonstrar, através de uma experiência negativa, os riscos da sua ausência, como sucedeu com as Ilhas Fidji.

SECÇÃO II – Ordenamento do território e Urbanismo no Direito Português

1. Origem e Conceito de Ordenamento territorial

O ordenamento territorial surge da necessidade de disciplinar o desenvolvimento económico através de um processo de distribuição do território às suas múltiplas funções, as quais condicionam a própria existência do Homem.

Os desequilíbrios na distribuição territorial da população e, por via disso, as diferenças de vida dessas populações por virtude da expansão, em muitos países, do desenvolvimento económico ligado ao processo de industrialização, não passaram despercebidos.

Preocupado com a situação particular da França, Claudius Petit, então Ministro da Reconstrução e do Urbanismo, de acordo com Fernando Alves Correia, citando J.C. Nemery, foi quem introduziu o conceito de "ordenamento territorial" para definir " *a procura no quadro geográfico da França, de uma melhor repartição dos homens em função dos recursos naturais e das actividades económicas*"[145]

O ordenamento territorial surge, assim, como um aspecto de planeamento, integrado no sistema de gestão territorial, a par do urbanismo e da gestão ambiental. Porém, apesar da sua importância, nem todos os países, por enquanto, adoptam esta técnica.

De acordo com Fernando Alves Correia, ao nível da Europa, diversos países assim como a própria União Europeia já usam esta técnica, descrita, segundo o próprio autor, na Carta Europeia do Ordenamento do Território, de 20 de Maio, de 1983, como sendo "... *simultaneamente uma disciplina científica, uma técnica administrativa global, que visam desenvolver de modo equilibrado as regiões e organizar fisicamente o espaço, segundo uma concepção orientadora*". [146]

Entre as várias características do ordenamento territorial identificadas na carta da UE, merece uma alusão especial a indicação de que o mesmo deve ser susceptível de antecipar o futuro, indicação que se liga à ideia de o processo de planeamento territorial dever não só privilegiar as opções de desenvolvimento mas também a previsão das suas consequências.

Outra importante indicação na carta em alusão diz respeito aos seguintes objectivos fundamentais:

– "*Desenvolvimento sócio-económico equilibrado das regiões;*
– *Melhoria da qualidade de vida;*
– *Gestão responsável dos recursos naturais;*
– *Protecção do ambiente; e a*
– *Utilização racional do território*".

Analisando os objectivos acima, tem-se que o ordenamento territorial não se preocupa apenas e nem se limita exclusivamente aos aspectos físicos ou económicos. O seu âmbito é multidisciplinar. Por isso,

---

[145] CORREIA, Fernando Alves, "*Manual de Direito do Urbanismo*", Vol.1, Coimbra, Almedina, 2001, p. 52.
[146] Idem, p. 53.

constitui uma técnica de planeamento susceptível de combinar simultaneamente interesses económicos, sociais e ambientais. Com esta capacidade, pode-se considerar o ordenamento territorial como um instrumento ao serviço do desenvolvimento sustentável.

De acordo com Y. Madiot, citado por Fernando Alves Correia, a materialização dos objectivos acima indicados requer que o ordenamento territorial reuna algumas características essenciais, quais sejam:

– Carácter voluntarioso de que deriva a natureza intervencionista, visto que implica sempre a definição e execução de políticas sobre determinada matéria;

– Carácter incentivador, no sentido de que deve tomar como base os incentivos, incluindo os de natureza fiscal, que motivem as empresas a assumir as decisões geográficas e carácter descentralizado, i.e., que permite o envolvimento das várias entidades, especialmente as autarquias locais;

– Carácter duplo, face ao qual tem uma dupla dimensão: dimensão nacional, aplicável a cada Estado membro, e outra supranacional que é a dimensão europeia. Ou seja, o ordenamento territorial nos termos previstos na já referida Carta Europeia, deve ter uma dimensão nacional e outra internacional (continental). Esta característica, adaptada ao ordenamento territorial de um Estado, corresponde aos âmbitos local e nacional, respectivamente;

– Deve ser selectivo, ou seja, deve incidir apenas sobre alguns domínios, de modo a que seja mais operacional;

– Deve ser flexível, em virtude de não ter uma base regulamentar rígida, baseando-se nos princípios e regras do direito privado e concretizando-se, normalmente, através de contratos nomeadamente: de localização, de descentralização e de plano. E, finalmente, deve ter um carácter de investigação aberta, sujeita a correcção ou actualização, decorrente do facto de corresponder a um processo de investigação de longo prazo, por um período de 10 ou mais anos, sobre o projecto de desenvolvimento da sociedade, tendo em vista *"discernir as tendências de evolução, a precisar os objectivos a atingir, a assinalar os obstáculos e os freios ao crescimento dos territórios e a 'esclarecer' as decisões que devem ser tomadas pelos responsáveis políticos"*.[147]

---

[147] CORREIA, Fernando Alves, ob. citada pp. 52 e 53.

Mais ainda, atento o carácter multidisciplinar da investigação, a sua abertura deve também traduzir-se no envolvimento de diferentes especialistas como sejam, entre outros, juristas, economistas, sociólogos, geógrafos e demógrafos.

2. Conceito e técnicas de urbanismo

Ao nível da doutrina parece não existir um conceito definitivamente assente sobre urbanismo. Aliás, como mais adiante se refere, nem sequer há clareza sobre se existirá alguma distinção entre ordenamento territorial e urbanismo.

Esta dificuldade, supõe-se, está na origem do polissemismo denunciado por Fernando Alves Correia, face ao qual identifica vários sentidos da expressão urbanismo. Entretanto, antes de examinar cada um desses sentidos, interessa registar uma outra análise mencionada pelo mesmo autor[148], citando M. Costa Lobo e D. Freitas do Amaral, confrontando a mesma expressão com os termos: *urbanização, urbanologia e urbanística*, por derivarem todos do mesmo vocábulo latino – *urbs, urbis* – correspondente a cidade.

Assim, *"urbanização"* seria "o acto de adaptação do espaço natural ao homem e à sua medida, arrumando as suas instalações, o qual implica uma consciência colectiva de preparação do espaço comum de uma comunidade, através da realização de obras, tais como a modelação do terreno, a sua pavimentação e suporte (estabilidade), a infra-estruturação e o seu equipamento social".

Urbanologia é "a ciência que trata da análise e compreensão do espaço urbano, quando visa o seu estudo fundamentalmente retrospectivo e de análise".

Urbanística integra "o corpo do saber respeitante às políticas e estratégias do domínio do planeamento urbano e regional (cfr. *Noções fundamentais: Conceitos Técnicos, Habitação e seus Espaços de Vivência*, in "Direito do Urbanismo", coord. D. Freitas do Amaral, Lisboa, INA, 1989, p. 18, 20 e 21).

---

[148] Idem, p. 16.

Voltando ao conceito de urbanismo importa expor, ainda que de forma sintética, as diferentes acepções, designadamente:

2.1. Urbanismo, no sentido de facto social, relacionado com a velha história de expansão das cidades em virtude do êxodo rural das populações que, atraídas pela vida urbana, abandonam o campo, à procura de melhores condições de vida.

2.2. Urbanismo, em sentido técnico – representa a 'arte' de criar, desenvolver e reestruturar (reformar) as cidades. Neste sentido, urbanismo tem o mesmo significado que técnica urbanística e, implica a utilização de diferentes técnicas tais como:

– *O alinhamento*, designação que decorre do método de delimitação das zonas edificáveis e das não edificáveis, através de uma linha que marca os limites das zonas;

– A *expansão* (que implica aumento) *e a renovação* (que implica restauração) urbanas, ambas integrando o conceito de reestruturação das cidades;

– O *zonamento*, consistindo numa das mais modernas técnicas actualmente usadas, particularmente ao nível dos Municípios, para a demarcação do solo e sua afectação a determinadas actividades económicas, sociais e outros e também para a habitação, levando em conta os aspectos ambientais;

– A *cidade-jardim*, uma técnica concebida pelo inglês Ebenezer Howard no seu esforço de conciliar o ambiente urbanístico da cidade e o rústico, do campo, retratado através duma vivenda, com jardins à sua volta, numa representação, por um lado, da vida abastada das cidades mas simultaneamente pouco saudável e, por outro, da vida pesada do campo, caracterizada pela pobreza e falta de emprego e consequentemente reflectindo as dificuldades em cuidar dos recursos naturais;

– A *cidade-linear*, da autoria do espanhol Sorya y Mata, caracterizada por uma ligação rápida às formas de comunicação, observando algumas condições técnicas e permitindo uma constante ligação entre a cidade e o campo;

– O *regionalismo urbanístico*, concebido por Patrick Geddes, escocês e pelo americano Lewis Mumford, que partem de duas premissas para defender o alargamento do conceito do urbanismo de um âmbito municipal para o regional e até para o nacional, alegando dois factores: primeiro, que não se pode controlar eficazmente o crescimento das cidades e nem o seu impacto sem atender o espaço territorial para além da cidade; o segundo é o de que a vida citadina estende-se para além dos seus limites e ela é influenciada por uma multiplicidade de factores económicos, culturais, históricos e geográficos. A técnica do regionalismo urbanístico foi usada pela primeira vez na concepção do Plano de Nova Iorque, de 1929, porém, só viria a ser legalmente consagrada em 1932, no *Town and Country Planning Act.*;

– *Plano urbanístico e o funcionalismo nacionalista* – é considerada a mais importante técnica do urbanismo, distinguindo-se por reunir num único instrumento (o plano) todas as técnicas anteriormente mencionadas, havendo referências de ter sido aprovado, já em 1758, pelo Marquês de Pombal em virtude do terramoto ocorrido em 1755, abalando a parte baixa de Lisboa; finalmente,

– As *novas cidades*, uma técnica que se enquadra no regionalismo urbanístico. Inicialmente foram concebidas como edifícios unidimensionais para servir certos interesses, mas, actualmente, representam unidades pluridimensionais, obedecendo a um plano integrado e que tem subjacente a ideia de descongestionamento das zonas urbanas, através de descentralização das actividades económicas urbanas para as novas cidades.

2.3. Urbanismo em sentido científico, representando a ciência surgida entre os finais do Sec. XIX e a 1ª Guerra Mundial e unanimemente considerada interdisciplinar pela doutrina, tendo em conta que os problemas das cidades dizem respeito a vários domínios, pelo que não podem ser unicamente estudados por uma única área do saber.

Actualmente, define-se urbanismo *"como objecto de investigação e o ordenamento dos aglomerados urbanos"*[149]

2.4. Urbanismo em sentido político *"é o conjunto articulado de objectivos e de meios de natureza pública, com vista à ocupação, uso e transformação racional do solo"* (Alves, p. 43), geralmente estabelecido

---

[149] SICA, Paolo, *"História del Urbanismo, el Siglo XX, cit., p. 11"*, apud CORREIA, Fernando Alves, "Manual de Direito do Urbanismo", Vol.1, Coimbra, Almedina, 2001, p. 39.

pelo órgão legislativo, através duma lei, podendo ser através de um decreto-lei. Em Portugal, o instrumento legal usado é a Lei de bases n.º 48/98, de 11 de Agosto, contendo, como a própria designação refere, as bases de ordenamento e de urbanismo.

SECÇÃO III – Ordenamento do território *versus* Urbanismo

1. O problema

Uma questão com que o leitor atento se depara na leitura dos diferentes manuais e mesmo na consulta aos instrumentos legais sobre a matéria é a que se prende com o problema de saber se haverá diferença ou não entre ordenamento territorial e urbanismo. Com efeito, algumas vezes o urbanismo é definido com recurso à expressão "ordenamento", dando a ideia de que o primeiro corresponderia a um conceito amplo, quiçá, consubstanciando uma categoria que integraria o ordenamento.

Atente-se, primeiro, a alguns argumentos apresentados por Fernando Alves Correia, a propósito do conceito de urbanismo como ciência e urbanismo como política, a partir dos quais sustenta que os mesmos não se podem confinar ao âmbito restrito duma cidade, já que, na prática, a vida citadina recebe influências externas, sendo impensável atribuir-lhe uma existência autónoma, antes extravasando-o, e tendo passado do simples urbanismo das cidades para o urbanismo regional, depois para o nacional e, ultimamente, para o urbanismo continental (europeu), resultando que na sua actual concepção, o conceito de urbanismo abrange todos os níveis.

Ora, quando o urbanismo amplia o seu raio de actuação, deixa de ter unicamente por objecto a cidade e passa a incidir também sobre o ordenamento do espaço, em geral, tendo como função adequá-lo às necessidades sociais prementes, podendo, então, falar-se de *orbenismo*, em resultado da ampliação do campo de actuação da *urbe* para a *orbe* (conjunto territorial).[150]

---

[150] SPANTIGATI, F., *"Manual de Derecho Urbanístico"*, trad. esp., Madrid, Montecorvo, 1973, p. 28, apud Fernando Alves Correia, ob. citada, p. 42.

Em segundo lugar e face aos argumentos acima, Fernando Alves Correia conclui apresentando a seguinte definição de IRELLI (1985) e RICFFTER (1984):

"Urbanismo é a ciência que estuda o modo de tornar compatíveis entre si os vários usos possíveis do território, de evitar entre eles as interferências recíprocas negativas, numa palavra, de optimizar o gozo daquele bem essencial e irreprodutível de toda a sociedade que é o próprio território globalmente entendido e como finalidade específica assegurar a coordenação de todos os interesses que interferem normalmente com o território".[151]

No entanto, como ele próprio reconhece, esta definição tem sido alvo de críticas de contestatários portugueses, como Diogo Freitas Amaral, que censuram o facto de ser demasiado amplo.

A divergência em termos da delimitação conceptual estende-se depois ao próprio conceito de Direito de Urbanismo onde, uma vez mais, e sob os mesmos argumentos, Fernando Alves Correia apresenta um conceito amplo, através do qual considera que " *direito de urbanismo é o conjunto de normas e de institutos respeitantes à ocupação, uso e transformação do solo, isto é, ao complexo de intervenções e das formas de utilização deste bem (para fins de urbanização e de construção, agrícolas e florestais, de valorização e protecção da natureza, de recuperação de centros históricos, etc)*[152].

A razão da divergência prende-se com o facto de a definição aqui citada, fazer referência a normas e institutos aplicáveis a todas situações de ocupação, uso e transformação do solo, independentemente do limite espacial (ou territorial) e do limite material, visto abranger todo o tipo de actividades localizadas dentro ou mesmo fora da cidade (atente-se, por exemplo, aos fins agrícolas e florestais referidos na definição).

Os que argumentam contra, entre eles Diogo Freitas Amaral, evidentemente, entendem que o direito do urbanismo deve integrar apenas normas e institutos jurídicos sobre o planeamento da cidade e de tudo o que se relacione com a implantação quer da rede de infra-estruturas básicas (por

---

[151] IRELLI, V. Cerruli, *"Planificazione Urbanistica e Interessi Differenziati"*, in RTDP, 35 (1985), p. 386 e 387, e RICHETER, Profili Funzionali dell' Urbanistica, Milano, Giorfrè, 1984, p. 36, apud Fernando Alves Correia, ob. citats. p. 42.

[152] CORREIA, Fernando Alves, ob. citada p. 45.

exemplo, sistemas de esgotos e de salubridade, canalização de água potável, etc) e equipamentos, quer das construções e estética dos edifícios e demais serviços relacionados com a vida da cidade nela localizados.

Entre os que argumentam a favor da definição ampla e os que argumentam contra, situa-se um grupo intermédio, que prefere uma posição ecléctica, acautelando princípios duma e de outra posição. A título de exemplo, Fernando Alves Correia cita António Cordeiro a definir direito do urbanismo como o que *"se ocupa das regras sobre edificação dos solos e sobre a sua transformação, condicionadas a montante, seguramente, por um variado e heterogéneo conjunto de regimes que devem obter uma expressão unitária, e operativa, no chamado direito de ordenamento do território...".*[153]

Perante as três posições, não há dúvidas de que, ao nível da doutrina, não há unanimidade quanto às fronteiras entre o ordenamento territorial e o urbanismo e, consequentemente, entre direito do ordenamento territorial e direito do urbanismo.

Importante é registar um último argumento dos que defendem um conceito amplo de direito de urbanismo, mediante o qual este teria afinal um papel, diga-se, de coordenação, entre as várias matérias que convergem em torno do bem essencial comum e escasso que é o solo, harmonizando os interesses, várias vezes conflituosos.

Trata-se de um argumento sem dúvida interessante, face àquilo que é o espírito subjacente, todavia, parece demasiado complicado ou até ambicioso e isto porque os interesses sobre o solo muitas vezes extravasam o âmbito próprio de um Estado, passando a envolver interesses de entidades de Estados diversos e, seguramente, não se pode esperar que tais interesses sejam harmonizados ao nível do direito de urbanismo. Aliás, mesmo no interior de um mesmo Estado, não parece tarefa fácil pretender um direito tipo polivalente com capacidade para regular matérias que, tendo como recurso básico o solo, todavia, sejam específicas.[154]

---

[153] CORDEIRO, António, *"A Protecção de Terceiros em Face de Decisões Urbanísticas"*, Coimbra, Almedina, 1995, p. 22 e 23.

[154] Insistindo, embora, com a sua posição doutrinária, Fernando Alves Correia não deixa de reconhecer expressamente perante o conceito amplo de direito do urbanismo por ele avançado, em sede da análise que faz às figuras afins ao direito de urbanismo, entre as quais destaca o direito de ordenamento territorial, a dificuldade de demarcar a fronteira entre os dois ramos de direito.

Seja qual for a posição doutrinária defendida, o certo é que o problema em apreço gira em torno do planeamento territorial que se revela como um sistema de gestão territorial. Por isso, entende-se que uma análise ao regime jurídico respectivo pode ajudar a esclarecer o problema.

2. Breve referência ao regime jurídico aplicável

Ao nível do Direito Português, a matéria relativa ao direito de ordenamento do território e do urbanismo é tratada conjuntamente com a matéria relativa ao ambiente, pelo menos ao nível da principal legislação como é o caso da Constituição da República (versão de 1997), na qual existem várias normas programáticas.

O regime programático constante da Constituição da República é depois concretizado através da Lei de Bases da Política de Ordenamento do Território e de Urbanismo (Lei n.º 48/98, de 11 de Agosto), decretos-lei que, de modo especial, estabelecem as normas legais sobre utilização do solo, em diferentes áreas (V.g. sobre a Reserva Agrícola Nacional; Reserva Ecológica Nacional; Rede Nacional de Áreas Protegidas, etc.) até ao Decreto-lei que estabelece o Regime Jurídico dos Instrumentos de Gestão Territorial (Decreto-lei n.º 380/99, de 22 de Setembro), entre outros, várias normas e princípios compõem o regime jurídico daquilo que é afinal, o sistema de gestão territorial.

2.1. *A Constituição da República Portuguesa (CRP)*

O ordenamento do território e o urbanismo são matérias que mereceram, por parte do legislador constituinte, dignidade constitucional. No total, são 8 os dispositivos constitucionais que expressamente dispõem sobre ordenamento do território, urbanismo e ambiente. Destes importa destacar:

– O **artigo 9.º** que fixa as tarefas fundamentais do Estado designadamente, a protecção e valorização do património cultural, a defesa da natureza e do ambiente, a preservação dos recursos naturais bem como *assegurar o correcto ordenamento do território* e ainda a promoção do *desenvolvimento harmonioso de todo o território*.

– O **artigo 52.º** fixa os meios de defesa conferidos aos cidadãos, os quais podem ser exercidos individual ou colectivamente, por virtude de lesão dos seus direitos ou interesses, incluindo a reparação de eventuais danos.

– O **artigo 62.º** consagra o direito de propriedade privada, incluindo a sua transmissão inter-vivos ou mortis-causa, como regra. Porém, este direito sofre limites, nomeadamente, ocorrendo os casos de requisição ou expropriação, por virtude do interesse público, mas sempre como uma excepção (cfr. n.º 2, artigo 62.º) e no caso dos recursos naturais e de meios de produção de propriedade do Estado, quando haja interesse público (cfr. al c), do n.º 2, do artigo 66, conjugado com a al. d), do artigo 80, todos da CRP).

Este princípio da propriedade privada, que também vigora no direito moçambicano, tem um impacto especial em matéria de ordenamento do território e de urbanismo. É que no direito moçambicano, onde a terra é propriedade do Estado, o princípio de propriedade privada não é aplicável.

– O **artigo 65.º** fixa o direito a uma habitação condigna, com condições de higiene, conforto e comodidade, incluindo intimidade e privacidade adequadas.

Em matéria de ordenamento do território e no âmbito do aludido artigo 65.º, merecem especial referência as seguintes disposições:

– A *al. a), do n.º 2*, deste artigo, impondo ao Estado, o dever de *"Programar e executar uma política de habitação inserida em plano de ordenamento geral do território e apoiada em planos de urbanização que garantam a existência de uma rede adequada de transportes e de equipamento social"*, tarefa esta igualmente incumbida ao Estado nos termos da *al. b), do n.º 2, do **artigo 65.º***, referente à matéria sobre o ambiente;

Ora, salvo melhor opinião, este dispositivo, ao se referir a uma política de habitação, *inserida em plano de ordenamento geral do território...*, parece dar uma clara indicação de que ordenamento do território e urbanismo são duas realidades diferentes. E mais, que o ordenamento do território se situa acima do urbanismo devendo este conformar-se com o Plano de ordenamento geral do território.

Por isso, retomando a discussão em torno dos conceitos de ordenamento territorial e de urbanismo, parece dever-se conferir razão, por força deste dispositivo, àqueles que rejeitam a amplitude conceptual do urbanismo, circunscrevendo-o a um âmbito mais restrito.

É verdade que a Constituição fala apenas de habitação, sem especificar se se trata da habitação dentro da cidade. Então, pode-se argumentar que, a restringir-se o conceito de urbanismo à cidade, eventualmente ficaria de fora a habitação rural. *Quid juris*?

Se se tiver em conta que dentro do território existem várias cidades e que, além disso, existe uma multiplicidade de instrumentos de gestão territorial e a vários níveis, certamente que o problema não se coloca.

– Na *al. b) do n.º 2 do artigo 65.º* da CRP, onde se fala da *colaboração* entre o Estado e as Autarquias Locais, está subjacente o princípio da descentralização, em matéria de gestão territorial, princípio reforçado nos termos da al. e) do n.º 2 do artigo 66.º, sobre a promoção da *"qualidade ambiental das povoações e da vida urbana, designadamente no plano arquitectónico e da protecção das zonas históricas"*;

– O *n.º 4* do mesmo dispositivo constitucional fixa expressamente os princípios de descentralização e também de participação colectiva, reforçadas pelo n.º 5 do mesmo artigo quanto ao envolvimento da sociedade civil.

– O **artigo 66.º da CRP** fixa o direito ao ambiente ecologicamente sadio mas também o dever de sua defesa, competindo ao Estado a sua promoção no âmbito do princípio de desenvolvimento sustentável.

– Outras disposições relevantes dizem respeito à garantia da iniciativa empresarial (cfr. **artigo 80.º**, al, c), à propriedade; e

– O **artigo 228.º** que fixa igualmente a descentralização em matéria de gestão territorial e ambiental, desta feita, para as regiões autónomas.

2.2. *A Lei de Bases da Política de Ordenamento do Território e de Urbanismo (Lei n.º 48/98, de 11 de Agosto)*

A Lei de Bases da Política de Ordenamento do Território e de Urbanismo (LBPOTU) constitui a pedra angular em matéria de leis ordinárias sobre a gestão territorial.

À semelhança da CRP, a LBPOTU refere-se simultaneamente ao ordenamento territorial e ao urbanismo.

Quanto aos objectivos, ao estabelecer entre eles, nos termos do artigo 2.º, a definição do quadro da política de ordenamento e de urbanismo e dos instrumentos de gestão territorial e ainda a regulação das relações entre as diferentes entidades da Administração Pública e os particulares e representantes dos diferentes interesses económicos e sociais, a LBPOTU, está precisamente a materializar a Lei fundamental no que diz respeito à tarefa incumbida ao Estado, de "programar e executar uma política de habitação inserida em plano de ordenamento geral do território..." (Cfr. artigo 65, da CRP).

Quanto aos fins, de certo modo subjacentes nos vários dispositivos constitucionais, nomeadamente no que diz respeito ao aproveitamento racional dos recursos e preservação do ambiente, além de estabelecer a sua materialização, é de salientar a previsão sobre racionalização, reabilitação e modernização dos centros urbanos, nos termos da al. f) do artigo 3.º.

O n.º 1 do artigo 4.º impõe ao Estado, às Regiões Autónomas e às Autarquias Locais o dever de promover, através de um regime de articulação, as políticas de ordenamento e de urbanismo.

O artigo 5.º estabelece os princípios básicos que devem presidir o processo de ordenamento do território e de urbanismo, designadamente os de sustentabilidade e solidariedade intergeracional; economia; coordenação; subsidiariedade; equidade; participação; responsabilidade; contratualização e segurança jurídica.

O artigo 6.º fixa, entre os vários objectivos, a reabilitação e a revitalização dos centros e dos elementos de património cultural classificados, a recuperação ou reconversão de áreas degradadas e a reconversão de áreas urbanas de génese ilegal. (cfr. als. h), i) e j), do n.º 1, do artigo 6.º, da LBPOTU, respectivamente).

Estas disposições são, na prática, importantes, na medida em que permitem aos órgãos competentes intervir na melhoria, modernização e substituição das edificações anteriores.

Sobre o processo de gestão territorial e respectivos instrumentos, são igualmente importantes os artigos 7.º a 13.º, que fixam o sistema e os instrumentos de gestão territorial e as relações que se estabelecem entre os diversos órgãos intervenientes e a ligação entre os diversos instrumentos.

O artigo 15.º fixa a classificação e qualificação dos solos. O n.º 2 deste artigo refere-se à classificação do solo e determina o seu destino, distinguindo entre solo urbano e solo rural.

Por sua vez, as als. a) e b) deste mesmo dispositivo, indicam as actividades predominantes cobertas por uma e outra classificação. É assim que, nos termos da al. a), o solo rural é tido como sendo *"aquele para o qual é reconhecida vocação para as actividades agrícolas, pecuárias, florestais ou minerais, assim como o que integra os espaços naturais de protecção ou de lazer...".*

Ao assim dispor, parece que o legislador quis delimitar claramente o território sobre o qual se podem exercer as actividades aqui referidas – o solo rural. Aliás, relativamente ao solo urbano estabelece a al. b) do mesmo número que é " aquele para o qual é reconhecida vocação para o processo de urbanização e de edificação, nele se compreendendo os terrenos urbanizados ou cuja urbanização seja programada, constituindo o seu todo o perímetro urbano".

Parece, pois, poder admitir-se que, na óptica do legislador, a urbanização não ocorre em qualquer parte do território mas apenas sobre o solo urbano. Consequentemente, parece lógico que se fale de urbanismo apenas com relação ao solo urbano, excluindo-se o restante espaço destinado às actividades referidas na al. a) supracitada.

Quer ainda parecer que o facto de se associar o termo território apenas ao ordenamento (ordenamento do território), o mesmo não acontecendo em relação ao urbanismo, não é irrelevante, sendo que se é verdade que o termo território pode ser usado mesmo em relação a uma parcela menor (v.g. quando se pretende dizer o mesmo que jurisdição), no caso em apreço o termo é usado no sentido do espaço global (de uma nação, região ou município), pelo que assume-se que só em relação ao ordenamento (territorial) é que se pode falar de espaço global mas já não com relação ao urbanismo.

Merecem, entretanto, destaque especial os artigos 19.º e ss., que integram o Capítulo IV, dedicado ao Regime Jurídico dos Instrumentos de Gestão Territorial (RJIGT) fixando regras sobre o processo da sua elaboração e aprovação, as condições de eficácia e as regras atinentes às causas de alteração, revisão e suspensão dos planos.

2.3. *Instrumentos de Gestão Territorial*

A LBPOTU estabelece vários tipos de instrumentos de gestão territorial, os quais se podem classificar de diferentes formas, atendendo a vários critérios, nomeadamente: o âmbito territorial, o âmbito subjectivo, objectivo e orgânico, a condição de eficácia e as entidades vinculadas.

A multiplicidade dos critérios mostra, em parte, a diversidade e complexidade dos instrumentos de gestão territorial, todavia interdependentes, aspecto que o legislador procurou acautelar, estabelecendo regras sobre as relações entre os instrumentos de um certo nível com os demais, o que garante o conceito de sistema de gestão territorial, tão necessário quanto a imprescindível coerência das decisões tomadas a vários níveis.

Fundamentalmente e, à luz da LBPOTU, João Miranda identifica, caracteriza e hierarquiza, quatro tipos de instrumentos de gestão territorial[155], a saber:

– Em primeiro plano e no topo do sistema de gestão territorial situam-se os instrumentos de desenvolvimento territorial que abrangem: O Programa Nacional da Política de Ordenamento do Território (PNPOT), os Planos Regionais de Ordenamento do Território (PROT´s) e os Planos Intermunicipais de Ordenamento do Território (PIOT´s) – cfr. al. a) do artigo 8.º da LBPOTU;

– Em segundo plano, situam-se os instrumentos de planeamento territorial que se materializam através de três tipos de planos, porém, todos de âmbito municipal, designadamente: O Plano Director Municipal (PDM), O Plano de Urbanização (PU) e o Plano de Pormenor (PP) – cfr. al. b) do artigo 8.º da LBPOTU;

– Em terceiro lugar, situam-se os instrumentos de política sectorial denominados Planos Sectoriais (PS's) – cfr. al. c) do artigo 8.º da LBPOTU; e

– Os de natureza especial, denominados Planos Especiais de Ordenamento do Território (PEOT´s), que se desdobram em quatro categorias, a saber: os Planos de Ordenamento de Áreas Protegidas (POAP´s), Os Planos de Ordenamento de Albufeiras de Águas Públicas (POAAP's), os Planos de Ordenamento da Orla Costeira (POOC´s) e os Planos de Ordenamento de Parques Arqueológicos (POPA's) – cfr. al. d) do artigo 8.º da LBPOTU.

Apesar da sua relativa autonomia, os diversos planos têm entre si uma relação de interdependência, daí que no seu conjunto constituam um *sistema* de gestão territorial (Cfr. artigos 10.º e 7.º da LBPOTU).

---

[155] Miranda, João, "*A Dinâmica Jurídica do Planeamento Territorial (A alteração, a revisão e a suspensão dos planos*), Coimbra, Editora, 2002, ISBN 972–32–1124–6, pp. 16-17.

2.4. *Âmbito e Competências*

No contexto do regime relativo ao âmbito e competência para a elaboração dos diversos instrumentos, do capítulo IV da LBPOTU, especialmente dedicado ao Regime Jurídico dos Instrumentos de Gestão Territorial (RJIGT), resulta uma reafirmação do princípio de descentralização, materializando assim as normas programáticas contidas nos artigos 62, 66 e 228, todos da CRP.

Desta materialização ao referido princípio constitucional, resulta que o PNPOT tem um âmbito nacional, competindo a sua elaboração ao Governo e a sua aprovação ao Parlamento (Cfr. artigos 7.º, n.º 2, al. a) e 20, n.º 1, da LBPOTU).

Trata-se do mais importante instrumento de ordenamento territorial, já que fixa as principais opções de organização e desenvolvimento espacial do Estado, e representa também um instrumento de cooperação com outros Estados membros da UE em matéria de organização territorial.

O PNOPT não é em si mesmo um instrumento executivo, mas apenas uma política sobre as macro-opções do Estado, pelo que a sua operacionalização depende de outros instrumentos subalternos, da competência do Governo.

Seguindo sempre o mesmo regime, os Planos Regionais de Ordenamento Territorial (PROT's), têm um âmbito regional e, neste sentido, estabelecem a estratégia regional de desenvolvimento territorial, constituindo também a base para a elaboração dos Planos Municipais.

A elaboração dos PROT´s precedendo a elaboração dos planos de urbanização municipais, obedece às previsões opcionais estabelecidas no PNOPT e fixa as estratégias de desenvolvimento local. São, por assim dizer, instrumentos intermédios e, por isso, têm uma função conciliadora, no sentido de que, com base nos interesses nacionais do Estado, devem estabelecer uma estratégia de desenvolvimento que represente os interesses locais, incluindo matérias relativas aos PMOT´s sobre as redes, infra-estruturas, e ainda sobre os equipamentos de âmbito regional.

Quanto à competência para a sua elaboração, os PROT´s são elaborados pelas juntas regionais, ouvidos os respectivos municípios, depois são aprovados pelas assembleias regionais e posteriormente ratificados pelo Governo. [156]

---

[156] Cfr. artigos 7, n.º 2, al. b); 9.º, n.º 1, al. b), 10.º, n.º 2, al. b) e 20, n.º 2, todos da LBPOTU.

Os Planos Intermunicipais de Ordenamento do Território (PIOT´s) são de âmbito municipal e as suas disposições dizem respeito a matérias que têm a ver com áreas territoriais cujas estruturas exijam uma relação de coordenação entre os PROT´s e os PMOT´s.

A elaboração destes planos é nos termos da al. c) do n.º 1 do artigo 9.º da LBPOTU, de carácter facultativo. Porém, de acordo com Ana Alvoeiro Delgado, não obstante esse facto, não deixam de ser úteis, pois, como ela própria refere, com eles *"clarificam-se os objectivos, prevendo- -se que integrem directrizes para o uso integrado do território abrangido e a definição de redes intermunicipais de infra-estruturas, equipamentos, transportes e serviços, bem como de padrões mínimos e objectivos a atingir em matéria de qualidade ambiental..."*[157]. Em virtude de o seu âmbito ser supra-municipal, a competência para a sua elaboração não pertence a um município mas a uma pluralidade de câmaras municipais que se juntam a propósito, ou porventura já filiadas numa associação, segundo o critério da sua integração regional, sendo necessário o parecer da junta regional (cfr. n.º 3 do artigo 20.º da LBPOTU).

Os Planos Municipais de Ordenamento de Território (PMOT's), na sua tripla modalidade (PDM, PU e PP), estabelecem o regime sobre o uso do solo bem como os modelos de evolução previsível da ocupação humana e da organização de redes e sistemas urbanos (cfr. n.º 2 do artigo 9.º da LBPOTU).

O PDM (al. a) do n.º 2 do artigo 9.º da LBPOTU) é, no dizer de João Miranda, um *"instrumento de síntese da estratégia de desenvolvimento e ordenamento local na qual se integram as opções de âmbito nacional com incidência na respectiva área de intervenção"* e, do ponto de vista material, com um conteúdo amplo, *"um instrumento de política pública de ordenamento do território, quer da política de urbanismo"*.[158]

O PDM é, depois, concretizado através dos PU´s (al. b) do n.º 2 do artigo 9.º da LBPOTU), ou PP´s (al. c) do n.º 2 do artigo 9.º da LBPOTU), mediante desenvolvimento e fixação de regras detalhadas. A diferença entre os dois (PU´s e PP´s) tem a ver com o espaço físico de incidência. Assim, o PU incide sobre a área territorial que constitui o perímetro

---

[157] DELGADO, Ana Alvoeiro, *"Regime Jurídico dos Instrumentos de Gestão Territorial, Anotado"*, Coimbra – Editora, 2001, ISBN 972–32–1008–8, p. 17.

[158] MIRANDA, João, ob. citada, p. 21.

urbano municipal, enquanto que o PP incide sobre qualquer área, i.e. mesmo fora do perímetro urbano, para a qual define as regras básicas de implantação de projectos das infra-estruturas, da arquitectura e do aspecto exterior dos edifícios.

Compete às câmaras municipais a elaboração dos PMOT´s e às assembleias municipais a sua aprovação carecendo, todavia, da ratificação do Governo (cfr. artigo 9.º, n.º 4, als. a), b), c) e d) da LBPOTU).

Mesmo sem discutir a questão, João Miranda não deixa de questionar a constitucionalidade do acto de ratificação pelo Governo, dos planos municipais, interpretando esse mesmo acto como de mero controle de legalidade[159]. Com efeito, face ao princípio de descentralização dos poderes, os órgãos municipais gozam de autonomia total, o que sustenta a dúvida levantada.

Quis, entretanto, o legislador português, estabelecer uma regra de salvaguarda, que permite ao Governo manter o controle não só dos planos de sua competência como também dos demais.

Os PS´s destinam-se a estabelecer modelos de desenvolvimento de diferentes sectores (cfr. artigos 8.º, al. c), 9.º, n.º 3, e 10.º, n.º 2, al. c) da LBPOTU). Segundo João Miranda, estes planos podem, em alguns casos, incidir sobre a implantação de projectos sobre grandes empreendimentos públicos, situação que, no seu entender, parece mesmo consubstanciar uma opção do legislador, com o propósito de que através da adopção dos referidos planos, seja possível estabelecer perspectivas, avaliar os interesses e as consequências previsíveis.

Outra situação a ser coberta pelos PS´s é a que se refere à definição de planos de ordenamento sectorial e dos planos territoriais regulados por lei especial (cfr. artigos 9.º, n.º 4, 10.º, n.º 4 e 5.º, al. c) da LBPOTU).

A aprovação dos PS's é da competência do Conselho de Ministros.

Os PP's, na opinião de Ana Delgado, destinam-se a *"clarificar e desenvolver o seu carácter operativo, nomeadamente aditando-se no seu conteúdo material, entre outros elementos, a definição da situação fundiária da área de aplicação, prevendo-se a possibilidade de, por deliberação da câmara municipal, adoptar modalidades simplificadas"*[160].

---

[159] Miranda, João, ob. citada, p. 21.
[160] Delgado, Ana Alvoeiro, ob. citada p. 18.

Finalmente, os PEOT's, nas suas quatro modalidades, são uma criação recente (Lei n.º 107/2001, de 8 de Setembro – sobre as bases da política e do regime de protecção e valorização do património cultural – cfr. n.º 7, artigo 75.º).

Os três primeiros são aprovados pelo Conselho de Ministros e distinguem-se dos PS's na medida em que as suas regras vinculam não só as entidades públicas, como também os particulares.

A sua especificidade material é de que têm uma dupla função: disciplinar a utilização dos solos e assegurar a conservação de recursos.

2.5. *As vicissitudes dos planos: Alteração, revisão e suspensão*

Poderíamos pensar que, uma vez aprovados os diversos instrumentos de ordenamento territorial e de urbanismo, os mesmos se mantêm inalteráveis, já que o seu objecto é um bem físico comum que se traduz no espaço sobre o qual, uma vez implantados os projectos de desenvolvimento, em conformidade com os planos respectivos, nada os poderia afectar. Porém, a situação não é essa.

Os planos são concebidos em ordem a atingir certos objectivos e a prosseguir um fim determinado, através da conjugação de factores presentes e prospectivos. Pode, entretanto, acontecer, que a evolução da situação de desenvolvimento determinada exactamente pela sua aplicação, se revele contrária aos objectivos e fins estabelecidos ou que, a dada altura, se revele desajustada aos interesses que presidiram à sua adopção ou mesmo que se lhe sobreponham outros interesses superiores do Estado.

A verificar-se qualquer dessas situações, tanto a doutrina como a lei, reconhecem a dinâmica dos planos e, por isso, admitem uma nova intervenção dos órgãos competentes, destinada a actualizar, corrigir, ou mesmo suspender a sua vigência.

A situação pode comparar-se à hipótese de alguém que, movido por um certo interesse, traça um plano de viagem, com um certo objectivo, fins, meios e destino predeterminados e que, iniciada a viagem, durante o percurso depara-se com uma situação que o obriga a reequacionar o seu plano e, por isso, sente a necessidade de alterar o seu rumo, mudar do meio de transporte ou mesmo interromper a viagem, para atender a uma situação de maior importância. Com este exemplo, pretende-se defender a ideia de que nem os empreendimentos edificados num determinado espaço são necessariamente inalteráveis ou inamovíveis, nem os planos são estáticos. Até porque, por definição, os planos – de curto, médio ou longo prazos – são sempre periódicos, variando somente o tempo da sua duração.

Por estas e por outras razões, os planos desenvolvidos no âmbito do ordenamento territorial e do urbanismo são instrumentos passíveis de três tipos de vicissitudes: Alteração (artigo 25.º), Revisão ou Suspensão (artigo 26.º da LBPOTU), consoante os casos.

2.5.1. *Alteração*

Rebuscando a história, João Miranda, encontra referências sobre a consagração deste instituto no Decreto-lei n.º 24.802, de 21 de Dezembro de 1934, pese embora a referida consagração fosse em termos limitativos, citando o parágrafo 5.º do artigo 8.º do referido diploma, que apenas estabelecia como princípio geral que *"nos planos aprovados não poderiam ser feitas quaisquer alterações sem prévio consentimento do Governo, ouvido o Conselho Superior de Obras Públicas"*.[161] O mesmo preceito voltaria a ser reproduzido nos termos do parágrafo 5.º do artigo 10.º, do Decreto-lei n.º 33.921, de 5 de Setembro, de 1944. Porém, tal princípio viria, entretanto, a sofrer uma excepção, face a uma disposição contida no parágrafo único do artigo 1.º do Decreto-lei n.º 37. 254, de 28 de Dezembro de 1948, que aprovou o Plano de Urbanização da Costa do Sol, ao abrigo do qual poderiam admitir-se alterações de pormenor conflitantes com o plano inicial, desde que autorizadas pelo ministro das obras públicas.

Actualmente, a admissibilidade da alteração dos planos, no Direito Português, decorre do artigo 25.º da LBPOTU e também do n.º 2 do artigo 93.º do Decreto-lei n.º 380/99, de 22 de Setembro, cujo teor reflecte a vontade do legislador de garantir que os planos sirvam, em cada momento, o interesse público e também o interesse dos particulares quando seja esse o caso. Por conseguinte, em geral, os instrumentos de desenvolvimento territorial e os de política sectorial são susceptíveis de alteração, em razão das exigências de desenvolvimento, nas seguintes condições:

– Relativamente aos instrumentos de desenvolvimento territorial e aos instrumentos de política sectorial, a sua alteração pode ocorrer a todo

---

[161] Miranda, João, ob. citada p. 173.

o momento já que a mesma depende tão somente da evolução da situação económica e social, conforme n.º 1 do artigo 25.º da LBPOTU;

– Quanto aos instrumentos de gestão territorial que vinculem os particulares, o n.º 2 deste artigo impõe a observância de um prazo mínimo de três anos (artigo 96.º do Decreto-lei n.º 380/99, de 22 de Setembro), a contar da data da sua entrada em vigor.[162]

A Lei consagra esta figura relativamente a todos os instrumentos de desenvolvimento territorial, de política sectorial e de gestão territorial que vinculem os particulares.

2.5.2. *Revisão*

O instituto de *revisão* dos planos acha-se consagrado nos termos do artigo 27.º da LBPOTU e regulado nos termos do n.º 3 do artigo 93.º do Decreto-lei n.º 380/99, de 22 de Setembro. Entretanto, contrariamente à *alteração,* a revisão é uma figura típica dos planos municipais e especiais de ordenamento, não se aplicando aos demais instrumentos.

A ideia de reservar esta figura apenas para os instrumentos aqui referidos não é, todavia, pacífica. Desde logo, por causa da harmonia exigível a estes instrumentos na sua relação com os demais, nomeadamente com o programa nacional da política de ordenamento do território e que constitui o fundamento para a necessidade do parecer da junta regional ou da ratificação pelo Governo, nas condições previstas nos n.ºˢ 4 e 5 do artigo 20 da LBPOTU.

Duas situações podem determinar a revisão dos planos:

– A primeira é a que resulte da necessidade do seu reajustamento à nova realidade social, económica ou ambiental, determinada pelos relatórios da sua execução.

Nestes casos e tendo sempre em conta o princípio da estabilidade dos planos e da segurança jurídica, a favor dos particulares, o n.º 2 do artigo 98.º do decreto-lei n.º 380/99, de 22 de Setembro, impõe um prazo mínimo de três anos após a sua entrada em vigor. A doutrina, porém,

---

[162] Exigência que, de acordo com Fernando Alves Correia, tem a ver com a situação de *"eficácia plurisubjectiva, e em homenagem aos valores da estabilidade e da segurança jurídica ",* dos instrumentos em causa. Cfr. ob. citada, p. 347.

entende que se deve considerar o mesmo prazo relativamente à data da ocorrência da anterior revisão ou alteração.[163]

– A outra situação refere-se à revisão do plano por razões de atendimento e prossecução do interesse público. Porém, diferentemente da situação anterior, a lei, neste caso, não prescreve nenhum prazo, o que quer dizer que a mesma pode ocorrer a todo o momento.

À semelhança do que acontece com a alteração, a lei, nos termos do n.º 2 do artigo 98.º, impõe relativamente aos planos municipais de ordenamento do território que a sua revisão só pode ocorrer após um prazo mínimo de três anos contados da sua entrada em vigor. O fundamento desta exigência será obviamente o mesmo referido para a alteração, destinado a conferir uma relativa estabilidade e segurança jurídica ao particular.

Relativamente aos PDM, o n.º 3 do já citado artigo 98.º impõe a sua revisão, decorrido que for o prazo de 10 anos da sua entrada em vigor. No entanto, de acordo com Ana Delgado, o decurso do prazo não determina a caducidade do plano, pois este mantém-se vigente enquanto não entrar em vigor o novo plano.[164]

2.5.3. Suspensão

A suspensão está prevista nos termos do artigo 26.º da LBPOTU e do artigo 99.º do decreto-lei n.º 380/99, de 22 de Setembro, podendo a mesma ser total ou parcial.

De acordo com o referido artigo 26.º, a suspensão só é admissível quando ocorram situações excepcionais ou quando determinada por interesse superior do Estado.

Nos termos dos artigos 99.º e 100.º do Decreto-Lei em alusão, a suspensão abrange tanto os instrumentos de desenvolvimento territorial e de política sectorial como os de planeamento territorial e de natureza especial, podendo, em qualquer dos casos, ter uma abrangência total ou parcial (cfr. artigos 26.º da LBPOTU, 99.º e 100.º, n.º 1, do Decreto-lei n.º 380/99, de 22 de Setembro).

---

[163] Neste sentido, João Miranda, ob. citada p. 262 e Ana Alvoeiro Delgado, ob. cit., p. 163.

[164] DELGADO, Ana Alvoeiro, ob. citada p. 18.

Apesar do seu carácter excepcional, a lei não fixa as situações nas quais, em concreto, pode ocorrer a suspensão, delegando essa missão no Conselho de Ministros que, ouvidas as câmaras municipais das autarquias respectivas, por meio de resolução, deve indicar os fundamentos de tal decisão bem como o prazo e a incidência desta medida.

A suspensão importa apenas a cessação temporária da produção dos efeitos jurídicos do plano, decidida pela entidade competente, geralmente, no âmbito da alteração ou da revisão. Pois, a não ser assim, poderia acontecer que o futuro plano fosse confrontado com determinadas situações que tornassem inúteis as suas disposições.

O carácter temporário é o que distingue a suspensão da alteração e da revisão, figuras cuja verificação afecta, em definitivo, o anterior plano que tenha sido objecto da alteração ou da revisão.

2.5.4. *A tutela jurídica dos interesses dos particulares, em sede da Alteração, Revisão e Suspensão do Plano*

Qualquer destas medidas é passível de produzir efeitos jurídicos susceptíveis de afectar moral e economicamente os particulares, nos casos em que estes se encontrem vinculados pelos planos em causa. Parece, pois, questionável o facto de o legislador não ter decidido tipificar as situações que podem determinar a medida. Ou seja, a suspensão do plano que vincule os particulares consubstanciando uma decisão que limite o exercício de um direito eventualmente adquirido, por exemplo, de desenvolver um certo projecto, constitui uma limitação ao princípio de segurança jurídica plasmado na al. i) do artigo 5.º da LBOPTU.

No entanto, há que aceitar o carácter dinâmico dos planos, determinada por factores exógenos e ter em conta a prerrogativa que, em face do *jus imperri*, assiste ao Estado de decidir de acordo com o seu interesse, mesmo sem o consentimento dos particulares.

Ciente das repercussões que esta e outras medidas podem produzir na esfera dos particulares, o legislador determina a responsabilidade objectiva das entidades públicas, fixando, nos termos do artigo 135.º do decreto-lei n.º 380/99, o direito à perequação, dispondo que *"Os proprietários têm direito à distribuição perequativa dos benefícios e encargos decorrentes dos instrumentos de gestão territorial vinculativos dos parti-*

culares"[165] e, indicando nos termos do artigo 137.º os objectivos a ter em conta, entre os quais figura:

– "Disponibilização de terrenos e edifícios ao município para a implementação, instalação ou renovação de infra-estruturas, equipamentos e espaços urbanos de utilização colectiva, designadamente zonas verdes, bem como para compensação de particulares nas situações em que tal se revele necessário" (cfr. al. c));

– "Estímulo da oferta de terrenos para urbanização e construção, evitando-se a retenção dos solos com fins especulativos" (cfr. al. d)); e

– Eliminação das pressões e influências dos proprietários ou grupos para orientar as soluções do plano na direcção das suas intenções". (cfr. al. e)).

Estas disposições são importantes para aferir dos objectivos que podem orientar algumas decisões que, interrompendo a validade dos planos, afectem os interesses dos particulares, levando o Estado a estabelecer as compensações.

Quanto à essência das compensações, importa reter a visão de Luís Filipe Colaço Antunes, que refere que *"A fixação de critérios de perequação, em sede de formação do Plano Director Municipal, não tem tanto como finalidade a equivalência de valores que remuneram a renda dos solos.... O escopo essencial é o de assegurar situações de paridade de tratamento no que refere às vantagens económicas e ao ónus a suportar pelos proprietários em igualdade de condições e evitar maiores distorções determinadas pela renda ou mais-valias criadas pelo plano..."*[166].

Mais importante é ainda a consagração do dever de indemnização, nos termos do artigo 143.º do decreto-lei n.º 380/99, de 22 de Setembro, pese embora em regime excepcional, já que a última parte do n.º 1 deste dispositivo refere que a indemnização só terá lugar quando a compensação não seja possível. Quer dizer que a indemnização tem carácter residual.

---

[165] Fala-se de *perequação*, relativamente ao *"Acto de tornar igual ou justa a repartição de encargos e/ou benefícios entre os elementos de um conjunto"*. Cfr. Ana Delgado, citando o Vocabulário do Ordenamento do Território, Colecção Informação, 5ª Edição da DGOTDU, 2000, p. 129.

[166] ANTUNES, Luís Filipe Colaço, *"Direito Urbanístico – Um Outro Paradigma: A Planificação Modesto-Situacional"*, Coimbra, Almedina, 2002, p. 170.

Além disso, o n.º 2 do mesmo artigo estabelece quais as situações que são passíveis de indemnização bem como as condições em que tal pode ocorrer, designadamente:

– Que as restrições sejam preexistentes e juridicamente consolidadas;
– Que os efeitos de restrição sejam equivalentes a uma expropriação.

No caso da revisão envolvendo restrições singulares, o n.º 3 estabelece ainda que a indemnização só é possível dentro do prazo de cinco anos após a sua entrada em vigor, *"determinando a caducidade ou a alteração das condições de um licenciamento prévio válido"*.

A consagração de disposições sobre a compensação e indemnização por virtude de ocorrência de danos imputáveis aos entes públicos independemente de culpa, constitui um meio complementar aos meios de defesa do particular e um reforço ao princípio da segurança jurídica e, quiçá, uma protecção também ao direito de desenvolvimento que, no âmbito do turismo, em particular, a não existir poderia provocar uma retracção aos fluxos de investimento, por causa da sua sensibilidade e grande capacidade de reacção negativa a factores exógenos que impliquem a diminuição da estabilidade e segurança, qualquer que seja a sua natureza.

Independentemente do sector de actividade, a estabilidade e segurança jurídica dos actos dos poderes públicos é para o particular um factor determinante, por exemplo, para os investimentos. E no caso dos planos incidindo sobre o recurso mais valioso que é a terra, as exigências dos particulares são acrescidas e legítimas.

Assim se pode compreender que no direito espanhol, já se tenha pretendido, de acordo com João Miranda, que os planos tivessem uma vigência por tempo indeterminado, através de uma disposição que, todavia, viria a não produzir efeitos em face da "declaração de inconstitucionalidade proferida pelo Tribunal Constitucional espanhol no Acórdão n.º 61/1997, de 20 de Março"[167].

A consagração do dever de indemnização pelos poderes públicos, decorrente de actos relacionados com os instrumentos de gestão territorial e correspondente ao direito do cidadão a uma indemnização, constitui um meio de garantia à tutela jurídica dos particulares perante

---

[167] MIRANDA, João, ob. citada p. 173.

actos dos entes públicos lesivos dos seus interesses patrimoniais e consubstancia a validade do princípio da responsabilidade administrativa, em sede do planeamento territorial.

3. Ordenamento do Território e Urbanismo *Versus* Ambiente

Na parte referente à legislação básica sobre Ordenamento do território, Urbanismo e Ambiente, foram destacados alguns princípios que, de forma expressa se referem a estas três realidades, num esforço que visa conciliar os interesses económicos, sociais e ambientais. Aliás, o paradigma contemporâneo de desenvolvimento sustentável preconiza essa mesma conciliação.

A própria LBPOTU consagra como um dos princípios gerais enformadores do ordenamento do território e urbanismo, nos termos da a), do artigo 5.º, *o princípio da sustentabilidade* e solidariedade intergeracional e, por sua vez, o decreto-lei n.º 380/99, de 22 de Setembro, consagra ao longo do texto, várias disposições, determinando a necessidade de incluir, no âmbito dos planos, medidas de protecção do ambiente ou de prevenção dos impactos negativos. Algumas dessas disposições são: no âmbito regional, o artigo 52.º; no âmbito municipal, o artigo 62.º, al. c) que fixa, quanto ao conteúdo material, a necessidade de definir os padrões mínimos e objectivos a atingir em matéria de qualidade ambiental; als. b) e e) do n.º 2 do artigo 63.º, sobre a "identificação dos valores culturais e naturais a proteger" e sobre a "análise previsional da dinâmica demográfica económica, social e ambiental abrangida", respectivamente; artigo 69.º, sobre a necessidade de definir os parâmetros de aproveitamento do solo e de garantia da qualidade ambiental.

Isto quer dizer que o desenvolvimento sustentável vincula de forma expressa o ordenamento do território e o urbanismo, estando por isso presente em todo o processo respectivo.

No plano internacional, o princípio vincula todos os Estados subscritores da Convenção sobre a Biodiversidade e a Declaração do Rio Sobre Meio Ambiente e Desenvolvimento, de 1992, adoptada no contexto da Agenda 21.

Do ponto de vista jurídico, dessa vinculação resulta como consequência directa e necessária a integração, pelos Estados subscritores, do referido princípio no seu direito interno.

Daí que as várias constituições já traduzam a integração no direito interno do princípio internacional de desenvolvimento sustentável.

No direito português, a CRP consagra expressamente o princípio de desenvolvimento sustentável, nos termos dos artigos 65.º e 66.º.

A Constituição Brasileira consagra tal princípio, nos termos do artigo 225.

No Direito moçambicano, o princípio de desenvolvimento sustentável encontra-se plasmado nomeadamente, nos artigos 96.º e 117.º da actual CRM.

Como nota Edésio Fernandes, *"O princípio do desenvolvimento sustentável passou a ser um componente fundamental do desenvolvimento urbano, pelo qual as pessoas humanas são o centro das preocupações e têm o direito a uma vida saudável e produtiva, em harmonia com a natureza, conforme dispõe o princípio 1 da Declaração do Rio (Agenda 21)"*[168].

Com a materialização do princípio de desenvolvimento sustentável, através da legislação ordinária, o princípio passa a orientar todas as PP subsequentes, entre as quais os instrumentos de gestão territorial, assegurando que no âmbito do desenvolvimento económico e, no caso vertente, do ordenamento do território e do urbanismo, se considere a necessidade de proporcionar ao Homem, presente e futuro, uma vida ambientalmente sã e produtiva, quer dizer, um desenvolvimento susceptível de assegurar ao homem uma qualidade de vida suficientemente condigna. Daí que o programa de Acção de Viena sobre os Direitos humanos de 1993, também se debruça sobre o direito que assiste ao Homem de viver num clima ambientalmente são; segundo Édésio Fernandes, "A política de desenvolvimento urbano, que não tiver como prioridade atender as necessidades essenciais da população pobre das cidades, estará em pleno conflito com as normas constitucionais norteadoras da política urbana, com o sistema internacional de protecção dos direitos humanos, em especial com o princípio internacional do desenvolvimento sustentável."[169]

Neste contexto, o princípio de desenvolvimento sustentável assume-se como uma reafirmação do direito humano ao desenvolvimento.

---

[168] FERNANDES, Edésio, *"Direito Urbanístico"*, Brasil, Del Rey Editora, 1ª edição, 1998, ISBN 85-7308-196-1, p. 48.

[169] FERNANDES, Edésio, ob. citada, p. 49.

CAPÍTULO II
POLÍTICAS E ESTRATÉGIAS DE DESENVOLVIMENTO DO TURISMO

SECÇÃO I – Política, Estratégia e Instrumentos de Intervenção em Portugal

1. Enquadramento

A Política e Estratégia de Turismo (PET), no sistema jurídico português, situa-se na terceira posição dos instrumentos de gestão territorial, relativa aos instrumentos de política sectorial, denominados Planos Sectoriais (PS's) – cfr. al, c) do artigo 8.º da LBPOTU).

Isto quer dizer que a PET não é um instrumento autónomo, mas sim um instrumento de incidência específica no sector do turismo, pelo que as suas regras terão que se conformar com as regras dos instrumentos de desenvolvimento territorial em geral. Mas, por sua vez, vão influenciar as regras dos planos hierarquicamente inferiores, *maxime* dos planos municipais de ordenamento territorial.

A PET data de 2002, revelando o encadeamento do processo de elaboração e aprovação dos instrumentos de gestão territorial: a CRP 1977, a LBPOTU de 1998, o Decreto Lei n.º 380/99, de 22 de Setembro e agora a PET 2002.

O lema que orientou a elaboração da PET foi *"Turismo sustentável e de qualidade com empresas modernas e competitivas"*, conforme resulta do subtítulo atribuído a este instrumento, revelando o compromisso da Administração Pública em materializar o princípio internacional de sustentabilidade, já devidamente incorporado no direito interno, conforme melhor exposto no capítulo anterior.

2. A Estrutura da PET

A PET estrutura-se fundamentalmente em três partes:

– A primeira parte introdutória que focaliza o panorama geral do turismo internacional (evolução, tendências, perfil do turista, perspectivas e o papel da UE e da OMT) e nacional (capacidade de oferta, níveis de ocupação do alojamento, turismo externo e seu peso relativo, turismo interno e peso económico na economia nacional);

– A segunda integra a política nacional do turismo propriamente dito, que começa por apresentar um diagnóstico e as perspectivas. A seguir e sucessivamente estabelece os princípios, os objectivos gerais, os vectores estratégicos, instrumentos de intervenção e papel das parcerias, as questões relacionadas com o levantamento dos produtos turísticos, mercados e *marketing*, inovação e qualidade e outros factores dinâmicos de competitividade e, por último, as questões de territorialização das políticas do turismo e os instrumentos de intervenção nas diferentes áreas que constituem pólos de desenvolvimento;

– Finalmente, a última parte que integra o Plano de consolidação do Turismo equacionando aspectos de conjuntura internacional e evolução recente, as prioridades e os diferentes instrumentos de intervenção.

2.1. *A incorporação do planeamento territorial e ambiente na PET*

Entre os vários aspectos referidos na PET, destaca-se a sua insistência com as questões de ordenamento territorial e ambiente. Assim, logo na parte introdutória, refere que *"Em Portugal, o turismo é considerado um sector fundamental, pelo que interessa sobretudo dignificá-lo e potenciá-lo, de modo a reforçar todos os seus efeitos positivos, que se distribuem pelos planos económico, patrimonial, territorial e até social..."*[170].

No que concerne ao resumo dos instrumentos de intervenção, a PET apresenta uma vasta listagem da qual são, entre outros, dignos de menção os que dizem respeito ao "Turismo de Natureza" e ao "Regime Jurídico da Urbanização e da Edificação"[171].

---

[170] MINISTÉRIO DA ECONOMIA, *"Política, Estratégias e Instrumentos de Intervenção"*, p. 44.
[171] MINISTÉRIO DA ECONOMIA, ob. citada p. 78.

Inserido no contexto da articulação intersectorial e considerado como um dos factores estratégicos, a PET refere-se ao imperativo de garantir a coerência e a integração do desenvolvimento turístico, também por via do ordenamento do território, urbanismo e ambiente nomeadamente, através da:

– "Implementação de programas adequados de revitalização e ordenamento urbano;

– Implementação do Programa Nacional de Turismo de Natureza;

– Consagração de princípios a integrar na LBPOTU, através do estabelecimento de um quadro instrumental de ordenamento físico da área do turismo, com orientação clara sobre a gestão sustentável dos recursos físicos e naturais fundamentais à actividade turística e com a consequente tradução em planeamento físico ao nível regional e local;

– Criação de condições para integração das orientações sectoriais do turismo (conforme previsto no D.L. n.º 380/99, 22/9) nos planos de ordenamento do território, nos planos regionais, nos planos especiais (Ex.: POOC's) e nos planos directores municipais."[172]

E, por último, a PET assumindo o turismo como um fenómeno regional, estabelece princípios sobre a territorialização dirigida a alcançar o planeamento integrado do turismo mediante um modelo organizacional aplicável ao nível regional e local.

Do que se pode depreender em tudo quanto se expõe sobre a PET, o modelo de planeamento vigente no sistema português é complexo. Todavia, permite uma fluidez lógica dos instrumentos de execução.

Assim, configurando-se um instrumento de execução relativamente à LBPOTU e um quadro de orientação para os instrumentos de nível inferior, procura salvaguardar a incorporação de elementos e regras dos planos municipais.

Outro aspecto prende-se com a possibilidade de se desenvolver políticas sectoriais de âmbito regional e local, muito embora a LBPOTU a eles não faça referência específica já que nada indica a existência duma regra proibitiva. Os planos sectoriais regionais, conformando-se com os correspondentes planos de âmbito nacional, serviriam para, no contexto regional, definir regras mais operacionais relativamente às directrizes nacionais.

---

[172] Ibdem, p. 92.

3. Estudo de Casos

3.1. *O Plano Regional de Inovação do Alentejo (PRIA)*

3.1.1. *Contextualização*

A política de desenvolvimento em Portugal assenta, como resulta do que ficou anteriormente exposto, numa pirâmide, construída a partir do planeamento territorial que, partindo do topo, através de instrumentos de gestão territorial de âmbito nacional, se estende para o âmbito regional e deste para o local (municipal).

É assim que no âmbito da caracterização dos instrumentos de gestão territorial, figuram, como parte dos instrumentos de desenvolvimento territorial e nos termos da al. b) do n.º 1 do artigo 9.º da LBPOTU, *"os planos regionais de ordenamento do território que, de acordo com as directrizes definidas a nível nacional e, tendo em conta a evolução demográfica e as perspectivas de desenvolvimento económico, social e cultural, estabelecem as orientações para o ordenamento do território regional e definem as redes regionais de infra-estruturas e transportes, constituindo o quadro de referência para a elaboração dos planos municipais de ordenamento do território, devendo ser acompanhadas de um esquema representando o modelo territorial proposto"*.

Portanto, pode-se considerar que o PRIA é, no contexto de planeamento global, um plano intermédio, se se considerar que acima dele estão os planos de âmbito nacional e, numa posição subalterna, os planos municipais, formando, todo este conjunto, um sistema integrado e coerente de planeamento territorial, conforme o modelo preconizado na LBPOTU.

Face ao dispositivo legal acima citado, fundamentalmente, cabe aos planos regionais, com base nas directrizes nacionais, orientar o ordenamento territorial na região, definindo as redes e as infra-estruturas, depois de ponderar as tendências de evolução demográfica e de desenvolvimento económico, social e cultural para, de seguida, produzir um quadro de referência para os planos inferiores.

É neste contexto que o turismo, a par das outras actividades já devidamente identificadas, consta do PRIA em termos de estabelecer um quadro que, sendo de âmbito regional, entretanto, aborda de forma horizontal matérias relativas a todos os sectores de actividade, de modo a estabelecer um quadro orientador de desenvolvimento coeso.

Com este modelo, o turismo como um dos sectores estratégicos da Região do Alentejo, aparece contemplado, sustentando a ideia de um modelo verdadeiramente interactivo com recurso a métodos de planeamento transversal. Ou seja, o PRIA é, no contexto nacional e dentro de uma estrutura vertical, um instrumento intermédio de desenvolvimento porém, integrado no sistema geral de planeamento territorial (cfr. artigo 7.º da LBPOTU). Entretanto, dentro da sua própria estrutura, o PRIA é um modelo horizontal, que estabelece uma abordagem transversal, em que os vários sectores interagem uns com relação aos outros.

No plano internacional, o PRIA foi concebido tendo em conta o objectivo das grandes mudanças que se operam sobretudo no contexto do quinto alargamento da UE aos países da Europa Central e Oriental e às Ilhas do Mediterrâneo (Chipre e Malta) e seus condicionalismos. Por isso, Competitividade, Inovação e Conhecimento são os vértices do PRIA.

3.1.2. *A Estrutura do PRIA*

O PRIA não é propriamente um plano novo: ele é, antes do mais, inovador como, aliás, resulta da sua própria designação (Plano Regional de Inovação do Alentejo). Como tal, a sua estrutura desdobra-se em três partes fundamentais:

– A primeira refere-se à caracterização sócio-económica e ao posicionamento competitivo da região do Alentejo, ou seja, debruça-se sobre a situação geral da região, o seu posicionamento no contexto nacional e internacional, os seus problemas, as suas potencialidades competitivas e as suas necessidades e oportunidades de *inovação*, considerando, horizontalmente, os vários sectores; faz um diagnóstico demográfico, uma inventariação dos recursos e identifica a vocação produtiva da região. É, no fundo, a aplicação da al. b) do artigo 9.º da LBPOTU.

– A segunda faz uma análise panorâmica das principais actividades que podem contribuir de forma decisiva para a inovação da região. Quer dizer, identifica e apresenta uma visão dinâmica dos vários sectores relevantes para o grande objectivo da inovação, elencando os seguintes: *Agricultura* e *recursos agro-alimentares*, *vitivinicultura*, *rochas ornamentais*, *cortiça* e *turismo*; apresenta uma análise sobre a importância e o peso económico de cada um dos sectores no plano nacional e no contexto das trocas internacionais; equaciona as ligações entre os vários sectores e respectivos sub-sectores, de modo a perceber as principais fraquezas e desafios e explorar a sua interacção e formas de ajuda; estuda os mercados emergentes e suas principais características e, por último, apresenta uma análise prospectiva de desenvolvimento de cada um dos sectores. Finalmente, a terceira parte refere-se ao plano de inovação em si. Neste contexto, "começam-se por apresentar os pressupostos que basearam a estratégia de inovação regional, passando-se posteriormente à definição da missão, dos objectivos estratégicos e da estrutura da estratégia."[173] Neste sentido, o PRIA apresenta uma estratégia de inovação regional essencialmente baseada em três vectores principais:

– O "Alt-Inov" – que tem em vista o apoio à inovação das empresas da região;

– O "Alt-Citec" – que integra actividades de apoio às infra-estruturas de suporte científico-tecnológico e a criação de uma envolvente transaccional susceptível de estimular a inovação;

– O "Alt-Meditec", virado para as actividades de estímulo à mediação e transferência de tecnologia, difusão da informação, incluindo medidas destinadas a influenciar e a motivar a cultura de inovação designadamente, instituindo um prémio para a inovação do Alentejo e a induzir a procura da mediação e transferência de tecnologia.

A par disso, o plano não descura o aspecto institucional necessário para dinamizar todo o processo de inovação.

3.1.3. *Visão do Plano sobre o sector do turismo*

Seguindo mais ou menos a lógica do plano regional, o plano sectorial do turismo, sob o mesmo conceito de inovação (do sector), decompõe-se em duas grandes partes específicas: a primeira diz respeito às infra-estruturas de suporte e à identificação das necessidades competitivas e a segunda diz respeito à análise *SWOT* do sector, a partir do levantamento da situação real prevalecente e dos principais desafios.

No entanto, dado que o plano é no fundo global, os parâmetros de estudo e estabelecimento de um plano sectorial do turismo são os mesmos para os restantes sectores.

---

[173] CCDR ALENTEJO, *"Plano Regional de Inovação do Alentejo"*, 2005, p. 15.

Na primeira parte, depois de uma breve introdução sobre o impacto do turismo na economia do país onde se analisa o nível de aproveitamento turístico em comparação com outros destinos nacionais e se examina a sua relação com o produto comercializado e também a posição da região no plano nacional e sua contribuição no plano internacional, o plano apresenta uma inventariação de todas as infra-estruturas turísticas e afins existentes na região.

Na introdução, o plano debruça-se em primeiro lugar sobre o diagnóstico regional, realçando algumas estatísticas, por exemplo, do ano 2001, de acordo com os dados do INE, com um índice considerado baixo (2-3 dias), na variante de permanência de turistas, no litoral do Alentejo, comparativamente a outros destinos, como, por exemplo, o Algarve (5-8), o mesmo acontecendo em relação ao Alto e Centro Alentejo (1-4 dias) contra 1–6 dias, em Lisboa e Vale do Tejo, cujos produtos são similares e sendo Portugal o primeiro país emissor de turistas para a região, seguido da Alemanha, Espanha, França, Itália, Holanda e Reino Unido.

Esta primeira constatação foi decisiva para que os órgãos competentes optassem por uma *política de inovação* do turismo balnear e cultural predominante no Alentejo, com vista a fazer diferença com o turismo similar praticado no Algarve e em Lisboa. Ou seja, a política é desenvolver o turismo através do conceito de complementaridade de recursos em vez da sua substituição.

Relativamente ao posicionamento da região no contexto nacional, o plano indica que o Alentejo ocupa uma posição de destaque associada à multiplicidade e diversidade da oferta turística existente.

Assim, na parte referente à inventariação das infra-estruturas, constam as que se referem a várias unidades turísticas de alojamento, restauração, animação turística, turismo rural e agro-turismo e as zonas de caça, ocupando quase 72% do País, adegas, centros termais, parque temático, campos de golfe e vários centros de equipamentos desportivos de interesse para o turismo.

Em termos de serviços de apoio ao turismo, o plano destaca a existência de aeródromos, vários museus e centros de conferências.

O plano considera ainda, no seu diagnóstico, o aproveitamento de potencialidades associadas a:[174]

– lazeres de sol e praia (litoral);

---

[174] CCDR ALENTEJO, *"Plano Regional de Inovação do Alentejo"*, 2005, p. 129.

– lazeres culturais e urbanos;
– descoberta cultural e patrimonial;
– ambiente rural;
– natureza e paisagem;
– enologia e gastronomia;
– logística do sistema turístico.

Além disso, o plano faz alusão aos factores intangíveis designadamente as habilitações e os recursos humanos. Por isso, apresenta também, como serviços relevantes na caracterização do sector, escolas de formação com referência específica aos cursos de formação na área de turismo em geral e de hotelaria, em especial.

Na segunda parte, o plano pondera, com recurso ao método SWOT, as necessidades e os desafios, através de duas matrizes sendo a primeira relativa às principais forças e fraquezas e a segunda respeitante às oportunidades e às ameaças. Com base nessas matrizes, o plano estabelece um quadro de acções orientadas para uma estratégia inovadora que, conforme resulta da lei, servirá de modelo para o planeamento municipal.

Saliente-se, no entanto, que a elaboração dos planos regionais deve ter em conta as regras da política nacional de ordenamento e simultaneamente as dos planos sectoriais previstos no n.º 3 do artigo 9.º da LBPOTU. Efectivamente, o n.º 2 do artigo 10.º desta lei estabelece que:

"Os instrumentos de desenvolvimento territorial e os instrumentos de política sectorial traduzem um compromisso recíproco de integração e compatibilização das respectivas opções, determinando que:
    «.......................... »

b) Os planos regionais de ordenamento do território integrem as regras definidas no programa nacional da política de ordenamento do território e nos planos sectoriais preexistentes".

A eficácia do PRIA depende da ratificação do Governo.

3.2. *O Caso do Projecto de Urbanização Turística do Núcleo Urbano da Península de Tróia*

3.2.1. *Panorama geral e antecedentes*

Pelas suas potencialidades, a península de Tróia, localizada no distrito de Setúbal, Município de Grândola, na região do Alentejo, apresenta--se como um dos principais pólos estratégicos para o desenvolvimento do turismo de qualidade.

Inicialmente, foi elaborado um PU reflectindo nas edificações e espaços exteriores, do núcleo, uma qualidade urbanística e arquitectónica excelentes. Todavia, este quadro maravilhoso é ensombrado pela presença de (infra) estruturas inacabadas, degradadas ou mesmo abandonadas, situação que, no geral, reclama por uma intervenção destinada a transformar o projecto inicial de modo a ajustá-lo à actual realidade e conferir à península um novo panorama, adequando-a à sua principal vocação – desenvolvimento do turismo – com a perspectiva de que, nos próximos tempos, constitua uma das grandes referências turísticas de nível internacional.

É com esta visão inovadora que, sob a responsabilidade do *Grupo SONAE Turismo*, e preservando a herança cultural existente, foi elaborado um projecto orientado para a transformação do projecto inicial (PU inicial), denominado **Projecto de urbanização turística do núcleo urbano da península de Tróia.**

Os cuidados técnicos (urbanísticos e arquitectónicos) reflectem um trabalho multidisciplinar que envolveu vários especialistas entre projectistas, arquitectos, geógrafos, topógrafos, biólogos, juristas, economistas e engenheiros.

3.2.2. *Desenvolvimento do Projecto*

O envolvimento do grupo SONAE no desenvolvimento do projecto configura a materialização do princípio de contratualização previsto na LBPOTU, ao abrigo do qual a Câmara Municipal de Grândola estabeleceu com este grupo um "Contrato de Prestação de Serviços, a Favor de Terceiros" (Protocolo), tendo por objecto a elaboração de um projecto de urbanização do núcleo urbano da península de Tróia em que o beneficiário é o Município de Grândola, abstractamente considerado – daí o recurso ao contrato a favor de terceiros.

Essencialmente, o contrato celebrado tem por objecto a elaboração de um PU em que a SONAE Turismo assume todos os encargos necessários, mas sem que o Município de Grândola abdique do seu papel, assumindo, pelo contrário, a direcção do projecto e salvaguardando, desse modo, o interesse público, assegurando a defesa contra o risco de ocupação das zonas verdes sensíveis e ou protegidas e, em geral, garantindo o desenvolvimento do turismo sustentável na área de estudo.

Entre outros aspectos, o contrato define prazos e estabelece as responsabilidades das partes e as demais condições relevantes.

Com base no referido contrato, a SONAE Turismo desenvolveu um projecto de PU incidindo sobre uma área de 1.500 Km^2 e envolvendo cerca de meio milhão de dólares.

3.2.3. Objectivos

O Projecto de Urbanização turística do núcleo de Tróia preconiza vários objectivos, podendo, a título de exemplo, enumerar-se os seguintes:

– Estabelecer uma Unidade Operativa de Planeamento I (UNOP I)

– Determinar o processo de zonamento e os índices urbanísticos com os quais o futuro PU se deverá conformar;

– Estabelecer um programa de ampliação e qualificação de espaços verdes públicos e privados;

– Desenvolver um novo conceito de estruturação do núcleo urbano de Tróia, adaptando as suas infra-estruturas básicas às necessidades actuais;

– Estabelecer uma nova estratégia de racionalização das redes;

– Estabelecer as bases de edificações a serem reguladas pelo PU determinando, em concreto, as que devem ser demolidas, as que devem ser mantidas, as que devem ser transformadas ou ampliadas e as novas edificações a implantar.

– Conceber um projecto de implantação das edificações, determinando a forma de utilização do espaço através de uma correcta distribuição dos edifícios, tendo em conta a qualidade dos solos, o espaço disponível e salvaguardando a necessária articulação volumétrica;

– Definir os espaços exteriores, tendo em conta os princípios de sustentabilidade, defesa e protecção dos sistemas periféricos, reciclagem de matéria, linearidade da orientação do sistema dunar e de vegetação;

– Definir as soluções sobre as infra-estruturas nomeadamente, com relação à localização dos PT's, postos de recolha de lixo, Central de Cogeração e Reservatório de água potável, habilitando os responsáveis pela elaboração dos PP´s a desenvolver as estratégias e os parâmetros específicos dos respectivos projectos.

3.2.4. Finalidade e técnicas usadas

Em geral, qualquer PU debruça-se apenas sobre o urbanismo das cidades e das aldeias e tem por finalidade a recuperação das cidades, a sua expansão e a criação de zonas verdes.

No caso do projecto em apreço, a finalidade do mesmo consiste na recuperação das estruturas e áreas degradadas e simultaneamente a expansão da actividade turística, visto estarem projectadas novas edificações que vão permitir o aumento da capacidade de alojamento e o número de camas e ainda a modernização, através da adequação do projecto às actuais exigências do mercado e suas tendências futuras e, em geral, a reorientação do plano de desenvolvimento do turismo, de forma complementar e coerente, na área indicada.

Neste âmbito, o desenvolvimento ora projectado deverá permitir, em concreto, a implantação de empreendimentos, integrando três componentes principais:

– Área de equipamento desportivo;
– Área de reserva de equipamento; e
– Área urbana mista que, incluindo as edificações existentes e algumas áreas para novas edificações, se estende até ao limite da Reserva Ecológica Nacional.

A concretização do projecto vai dar lugar aos seguintes empreendimentos:

– Marina, para cujo projecto foram observados todos os condicionalismos de natureza ambiental, hidrológica e de exploração específica;
– Casino e Centro de Congressos, que se espera venha a ser o maior e principal empreendimento no núcleo e com a capacidade de atrair mais fluxos urbanos;
– O Dome Park, cujo empreendimento se refere à instalação de equipamento desportivo lúdico autónomo, destinado a proporcionar aos turistas um produto turístico diferenciado e contribuindo para a redução da sazonalidade da ocupação turística; e

– A habitação para fins de turismo, para o reforço da capacidade de alojamento e uma oferta suplementar de camas até ao limite permitido pelo PU, de 1988 camas.

Para o desenvolvimento do projecto foi usada a técnica de zonamento, portanto, uma das mais modernas técnicas de urbanismo, o que permitiu a correcta demarcação do solo e sua distribuição pelas diferentes utilizações (funções) anteriormente indicadas, tendo sido levados em conta os aspectos ambientais. E foram definidos critérios de qualificação turística que envolvem:

– A redução da presença de veículos automóveis no espaço urbano;

– A ampliação e qualificação dos espaços verdes públicos e privados;

– A redução de novas edificações no espaço urbano;

– A valorização e diversidade de vistas para o exterior do núcleo urbano, através de tipologias de apartamentos turísticos adequados à paisagem;

– A valorização dos aspectos cinestéticos, privilegiando espaços lineares de acesso;

– A concentração de determinado tipo de actividades como o comércio ou outras que pela sua natureza impliquem muito movimento de pessoas numa área pré-definida, a fim de criar um clima de tranquilidade e privacidade para turistas.

Com estes critérios, o projecto identifica claramente as áreas de ocupação por tipo de actividade, de edificações e dos empreendimentos turísticos e a respectiva capacidade de carga; as acessibilidades e as redes de infra-estruturas básicas e ainda dos espaços exteriores.

Deste modo, o panorama geral do projecto reflecte um processo de ordenamento, urbanismo e ambiente susceptível de promover um desenvolvimento turístico da península, harmonioso, complementar e coerente, aspectos básicos para um turismo diversificado, duradouro e com impacto na economia do País.

3.2.5. *Análise jurídica*

Enquadramento jurídico: Qualificação dos factos e do instrumento de planeamento territorial

(i) O projecto de urbanização turística do núcleo urbano da península de Tróia enquadra-se no contexto de ordenamento do território, urbanismo e ambiente, tema em análise no capítulo anterior, destinando-se à transformação de um PU inicial, da área identificada, em outro novo, a qualificar-se igualmente como um PU, instrumento previsto na al. b) do n.º 2 do artigo 9.º da LBPOTU e igualmente na al. b) do n.º 4 do artigo 2.º do Decreto-lei, n.º 380/99, de 22 de Setembro.

(ii) A referida transformação, configura uma *alteração* do respectivo PU inicial, conforme previsto nos termos do n.º 2 do artigo 25.º da LBPOTU, já que, nos termos do artigo 11.º deste diploma e também do n.º 2 do artigo 3.º do Decreto-lei n.º 380/99, de 22 de Setembro, o PU é um instrumento que vincula também e de forma directa e imediata os particulares.

(iii) Encontra-se salvaguardada a exigência do decurso do prazo legal mínimo de três anos, previsto no artigo 96.º do Decreto-lei n.º 380/ /99, de 22 de Setembro, para a alteração do instrumento em referência.

Análise do projecto

(i) *Quanto à legitimidade dos intervenientes*: O projecto foi desenvolvido pela competente Câmara Municipal de Grândola, ao abrigo do n.º 4 do artigo 20.º da LBPOTU, em cumprimento do dever de ordenar o território que, em face da situação prevalecente, conforme descrita na parte inicial, impende sobre o Município, nos termos do n.º 1 do artigo 4.º da LBPOTU e o de concretizar a valorização dos recursos e valores naturais, em parceria com a empresa SONAE Turismo, detentora do título de propriedade da área sobre a qual o projecto incide, ao abrigo do contrato de prestação de serviços a favor de terceiros, consubstanciando tal parceria, a materialização dos princípios de *equidade, participação* e *contratualização*, previstos, respectivamente, nas als. e), f) e h) do artigo 5.º da LBPOTU, bem assim uma *concertação de interesses*, ao abrigo do n.º 2 do artigo 22.º da LBPOTU e ainda o exercício do direito de participação que assiste a esta empresa, consagrado nos termos do n.º 1 do artigo 6.º do Decreto-lei n.º 380/99, de 22 de Setembro. Pelo que, as partes são legítimas.

(ii) *Quanto à localização e distribuição das actividades económicas*: O projecto desenvolvido estabelece os parâmetros de ocupação e a distribuição das actividades económicas a serem exploradas (v.g. turísticas, comerciais, desportivas, etc), conforme previsto no n.º 3 do artigo 19.º do referido Decreto-lei n.º 380/99, de 22 de Setembro.

(iii) *Quanto ao conteúdo material*: O projecto contém os elementos previstos no artigo 88.º do Decreto-lei em referência e, nomeadamente, os seguintes: define as estruturas e edifícios que, de acordo com o seu valor histórico-cultural, devem ser protegidos (al. a) do artigo 88.º); organiza e define a localização das redes e dos equipamentos e estruturas, de acordo com a qualificação do solo, indicando as várias ocupações como para o equipamento desportivo, empreendimentos turísticos e centros comerciais, etc.

(iv) *Quanto à eficácia do projecto*: a mesma depende unicamente do parecer favorável da junta regional, salvo se resultar que o projecto não se conforma com o estabelecido no Plano Director do Município respectivo ou se este não for eficaz, caso em que será necessária a sua ratificação pelo Governo, nos termos da al. b) do n.º 4 do artigo 20.º, do diploma legal em referência, para efeitos de verificação da sua conformidade legal, nos termos do n.º 1 do artigo 23.º do mesmo diploma.

Existência ou não de uma dupla qualificação?

(i) *Quanto à caracterização do instrumento*: Na medida em que o projecto em análise visa o desenvolvimento do turismo, parece legítimo questionar se não estaríamos em presença de um instrumento de política sectorial do turismo, previsto no n.º 3 do artigo 9.º da LBPOTU.

(ii) *Quanto à competência*: Caso a resposta à anterior questão seja positiva, então parece que seria igualmente legítimo questionar se não seria competente a administração central para a elaboração do projecto em análise e o Governo para a sua aprovação, nos termos do n.º 6 do artigo 20.º do diploma legal em alusão.

(iii) *O parecer*: Apesar de estar em causa um instrumento virado para o desenvolvimento de uma actividade económica integrada num sector (turismo), especialmente previsto no referido n.º 3 do artigo 9.º da LBPOTU, não parece dever qualificar-se o projecto Tróia como um plano sectorial do turismo e isto porque para que fosse qualificado como tal deveria ter uma incidência territorial, conforme aí estabelecido, e não uma incidência localizada como é o caso. Consequentemente, também não pode ser o Governo, através da administração central, o órgão competente para a sua elaboração.

Conclusão

O caso Tróia constitui um exemplo concreto de ordenamento, urbanismo e ambiente, visando a elaboração de um PU, por via de uma Parceria público-privada, coberta pela CRP e pela LBPOTU. E a sua análise permite tirar, fundamentalmente, duas grandes conclusões:

(i) Relativamente ao Município, através do modelo usado, habilitou-se a alcançar os fins e objectivos preconizados no próprio projecto e, por via disso, obter um instrumento estratégico e imprescindível para a (re) qualificação do solo do núcleo urbano da península de Tróia que, na prática, traduz-se num trabalho de reorientação, modernização e expansão do turismo naquela parcela do território, a custo zero, com a vantagem de ter envolvido, à partida, os investidores interessados, conhecedores e, por isso, actores principais na definição do tipo de mercado e da estratégia mais adequada para o desenvolvimento do turismo com impacto na economia nacional e assegurando a materialização dos princípios de sustentabilidade e solidariedade intergeracional, de economia e de responsabilidade previstos, respectivamente, nas als. a), b) e g) do artigo 5.º da LBPOTU.

Além disso, o Município está habilitado a desenvolver um Plano de Pormenor, conforme previsto na al. c) do n.º 2 do artigo 9.º da LBPOTU.

(ii) No que concerne ao investidor, titular do direito de propriedade sobre o espaço físico, objecto de urbanização, o projecto realizado não só oferece a necessária segurança jurídica, nos termos da al. i) do artigo 5.º do diploma legal em referência, como permite que, de acordo com os seus interesses económicos e com o domínio que tem sobre a matéria e sobre os mercados, participe directamente na elaboração do PU que vai adequar o produto turístico existente a esse mercado, projectando, ele próprio, a configuração arquitectónica e estética das estruturas dos futuros empreendimentos turísticos. Consequentemente, permite que ele se interesse e assuma a instalação, gestão e manutenção da rede de infra-estruturas e equipamentos colectivos, aliviando o Município dos encargos correspondentes (cfr. n.º 2 do artigo 17.º do Decreto-lei n.º 380/99, de 22 de Setembro), sem contudo perder a sua propriedade e assegura que o investidor igualmente se interesse pela preservação e pela utilização racional dos recursos que foram a sua principal atracção para o local.

Por tudo isto, este é um modelo de desenvolvimento de turismo válido não só para o caso português, como parece recomendável para os

PMAs, pelo facto de não implicar custos e de permitir um desenvolvimento sustentável, participativo, complementar e coerente.

A propósito dos custos envolvidos no processo do urbanismo, Manuel Leal da Costa Lobo[175] adverte que " os custos do urbanismo não são só os custos de urbanização, ou seja das infra-estruturas a colocar nos terrenos, para que permitam a constituição de lotes urbanos e a posterior edificação e vivência humanizada dos sítios". E menciona várias acções que, em cada uma das etapas, envolvem despesas, designadamente:

– Os *custos da Administração instalada*, responsável pelo processo, sua dinamização e envolvimento dos particulares, incluindo a contratação dos especialistas;

– Os custos decorrentes do processo de *disponibilização dos terrenos*, podendo envolver *operações de negociação ou expropriação* (e aqui fala de eventuais diferenciais especulativos e de lucros de intermediários);

– Os *custos de PP e da urbanização dos terrenos*, acrescidos dos gastos gerais;

– Os *custos de realização das infra-estruturas e dos edifícios e instalações para os equipamentos sociais*; e ainda os *custos de realização das infra-estruturas e dos edifícios e instalações para os equipamentos sociais*.

SECÇÃO II – O Plano de Desenvolvimento do Turismo nas Ilhas Fidji

1. Caracterização

Fidji integra mais de 300 ilhas que ocupam uma extensão de mais de 700.000 km^2 de oceano. Por isso, o turismo representa para as Ilhas Fidji um factor de desenvolvimento susceptível de proporcionar ao Governo um aumento das taxas de receita e às famílias benefícios directos superiores à média actual de F$65 por semana.[176]

---

[175] Lobo, Manuel Leal da Costa *"Os Custos do Urbanismo"*, in Fernando Alves Correia, *"O Sistema Financeiro e Fiscal do Urbanismo: Actas"*, Coimbra Almedina, 2002, p. 25.

[176] FIDJI, *"Tourism Development Plan 1998-2005"*, p. 5.

Um estudo sobre o desenvolvimento do turismo, elaborado para o período 1998-2005, reconhecendo, embora, a existência de produtos turísticos de padrão internacional, denuncia os graves problemas resultantes da falta de ordenamento territorial e do urbanismo. Vários hotéis foram construídos em quantidade e qualidade inadequadas e ainda por cima em lugar impróprio. Consequentemente, os proprietários dos hotéis viram-se forçados a baixar drasticamente os preços dos seus produtos e serviços turísticos.

Em consequência disso, as Ilhas Fidji perderam a competitividade a favor de outros destinos como Bali, Bahamas, Maurícias, Tailândia, Malásia, entre outros. A título de exemplo, quando as Ilhas Fidji registavam em 1971 um número de 150.000 turistas, as Maldivas não tinham nenhum. Todavia, em 1996, ambos igualavam em 340.000 turistas.

No âmbito dos serviços de apoio, outro constrangimento relaciona--se com o insuficiente número de voos cujas companhias preferem outras rotas para destinos que se revelam viáveis.

Apesar dos problemas constatados, o estudo desenvolvido indica a existência de oportunidades para atrair muito mais turistas, maior fluxo de investimentos, mais oportunidades de emprego e receitas familiares, sendo, porém, necessário um trabalho conjunto entre o Governo, sector privado e doadores, cada um exercendo o seu papel. Por exemplo, o governo deveria criar as facilidades de investimento e não intervir como agente económico.

Além disso, o estudo indica a necessidade de o governo actuar em outros factores como os incentivos, as questões relacionadas com a terra e rede das infra-estruturas.

2. Quadro legal: A necessidade do ordenamento territorial, urbanismo e ambiente

Do estudo desenvolvido resulta que a legislação sobre investimentos é encabeçada pela Constituição, seguida de regulamentos sobre investimentos. Porém, o estudo revela a necessidade de o Governo agir no sentido de simplificar os procedimentos, rever o regime das taxas e facilitar o investimento.

Muito mais importante, o estudo indica a necessidade de se estabelecer previamente o ordenamento territorial que determine as áreas para o investimento em turismo cujo processo deve incluir o regime da titularidade sobre a terra, de modo a permitir que os investidores possam ter uma indicação do espaço onde é permitido desenvolver o turismo, recomendando um projecto piloto em Nadi Bay.

Ora, ao recomendar-se o desenvolvimento de um projecto piloto em Nadi Bay, cuja experiência, uma vez sucedida, poderia aplicar-se em outras áreas, resulta evidente a ausência de um regime de ordenamento territorial e urbanismo. Por isso, o estudo refere-se no âmbito desse processo, à necessidade do envolvimento de todos os parceiros, destacando o papel dos doadores como o Banco Asiático de Desenvolvimento e o BM, no financiamento do programa de infra-estruturas e da rede rodoviárias. E, além disso, identifica a necessidade de se definir um quadro de urbanismo que estabeleça o modelo arquitectónico e estético para os novos empreendimentos turísticos.

A par do processo de ordenamento e do urbanismo, o estudo revela a necessidade de se levar em conta os aspectos ambientais, sugerindo a instituição de uma declaração sobre a conservação do ambiente a ser subscrito pelo Bureau de Turistas e Associação Hoteleira de Fidji, que defina os padrões ambientais a serem observados na implantação de projectos hoteleiros e também um prémio para os que se mostrarem mais empenhados.

3. A proposta do Plano

Com base no estudo realizado, foi proposta ao Governo a adopção de um plano de desenvolvimento do turismo que, entre outros, contenha as seguintes acções:[177]

– Aprovação e estabelecimento de áreas para o desenvolvimento do turismo, como um dos mecanismos para estimular futuros investimentos, devendo o Ministério do Turismo e Transportes estabelecer um projecto piloto;

– Adopção de um processo pro-activo que assegure o incremento de investimentos em hotéis e *resorts*, devendo preparar-se previamente os dossiers dos projectos prospectivos de *resorts* de diferentes dimensões e características, identificando os potenciais investidores;

---

[177] Cfr. Proposta de Plano do Turismo nas Ilhas Fidji, p. 7.

– Insistir junto do Departamento de Urbanização e Planeamento Territorial, para a projecção arquitectónica do novo modelo de desenvolvimento do turismo em Fidji;

– Preparar propostas de lugares a serem declarados como Património Mundial da Humanidade nas Ilhas de Ovalau e Taveuni.

Analisando as acções acima propostas pelo estudo, ressalta imediatamente a ideia de inexistência e consequentemente a exigência de ordenamento territorial, urbanismo e ambiente. Mas ressalta também a ideia de que não existe (ou não existia, à data do estudo), em Fidji, legislação específica sobre a matéria. Por isso, no próprio plano, à pergunta *"Why plan for Tourism?"*, a resposta avançada é de que *"Planning, done properly works to avoid excesses of over-building, poor design in the wrong place and inadequate infraestructure that has be-devilled tourism in so many destinations including some with which Fidji competes."*[178]

Infelizmente, como sucede com muitos outros destinos, a convicção de que o turismo pode rapidamente gerar receitas e postos de trabalho, levou a que em Fidji se descurasse um aspecto tão fulcral como o ordenamento, o urbanismo e o ambiente. Por causa disso, os empreendimentos turísticos foram sendo erguidos ao gosto de cada um sem respeitar nem a capacidade de carga, nem uma orientação arquitectónica e estética predefinida. Também não houve nenhuma base técnica para a implantação das infra-estruturas, por exemplo, relacionadas com o saneamento.

O resultado deste panorama todo foi uma oferta excessiva que forçou os agentes económicos a baixarem consideravelmente os preços. Ora, esta situação arrasta consigo necessariamente a baixa de qualidade dos produtos e serviços turísticos porque o empresário, a partir de um certo ponto não pode suportar os custos respectivos. Neste sentido, era inevitável, o desvio de turistas para outros destinos.

3.3.1. *Natureza do plano proposto*

O plano de desenvolvimento de turismo proposto para Fidji afigura--se, obviamente, um plano sectorial, de âmbito nacional. No entanto, a inexistência de um plano de ordenamento territorial também de âmbito nacional levou a que fossem incorporadas matérias que eventualmente poderiam ser tratadas a outro nível.

---

[178] Fidji, Proposta do Plano de Turismo nas Ilhas Fidji p. 8.

Questões relacionadas com a terra e o respectivo processo de concessões, muito provavelmente, caberiam num outro plano, mais genérico, tendo em conta que a terra não pode atender apenas aos interesses do turismo, uma vez que serve para múltiplos usos. Porém, ao que parece, a inexistência de legislação básica sobre o ordenamento territorial e urbanismo e a necessidade de suster a situação prevalecente, levou a que se pensasse numa solução autónoma do turismo que, entretanto, pode vir a criar outros problemas no contexto da economia global do arquipélago.

A pretensão de atribuir aos funcionários do sector do turismo a missão prévia de prepararem dossiers indicando as características e até o tamanho dos empreendimentos turísticos não é pacífica por, pelo menos, duas razões:

– Uma tem a ver com o facto de que, a partir desta acção, podem desenvolver-se situações fácticas e jurídicas que venham a vincular os futuros planos de ordenamento territorial e de urbanismo e condicionar o desenvolvimento de todas as outras actividades económicas.

– Outra relaciona-se com a pretensão de delegar nos entes públicos a decisão sobre as características e dimensões dos empreendimentos. É que, partindo da lógica de que o investidor é quem conhece o mercado e o tipo de produto e serviços que deve oferecer, não parece que ele não tenha opção na altura de investimento.

É evidente que, através do urbanismo, se estabelecem regras sobre as construções mas estas dizem respeito a aspectos exteriores de arquitectura, acessibilidades, etc.

SECÇÃO III – A Política do Turismo e Estratégia de sua Implementação em Moçambique (PTEIM)

1. Enquadramento

A actual PTEIM[179] constitui um instrumento de política sectorial – o turismo – aprovado pelo Governo (Resolução n.º 14/03, de 04 Abril),

---

[179] Revogou a anterior, designada "*Política Nacional do Turismo e Estratégia de Desenvolvimento do Turismo para 1995-1999*", aprovada pela Resolução n.º 02/95, de 6 de Junho.

ao abrigo da competência atribuída pela anterior Constituição da República de Moçambique (CRM, versão de 1999).

No entanto, a mesma competência consta do n.º 1 do artigo 204.º da actual CRM 2004.

Em virtude de Moçambique ser um PMA, a PTEIM é essencialmente adoptada na perspectiva de contribuir para o desenvolvimento económico e, fundamentalmente, para o combate à pobreza absoluta, aspiração que encontra fundamento na multiplicidade e diversidade de recursos de que o País dispõe, susceptíveis de exploração autónoma ou combinada, nomeadamente as praias, que ocupam um litoral de 2.700 km^2, a rica flora e fauna, o ecoturismo e a multifacetada cultura e história locais.

Face ao objectivo nuclear de fazer do turismo um instrumento de desenvolvimento e de combate à pobreza absoluta, a PTEIM refere-se peremptoriamente, na parte introdutória, ao imperativo de estabelecer *"uma base sólida sobre a qual se pode edificar um destino turístico sustentável"*[180]. Esta vontade política é, várias vezes, referida ao longo do texto.

2. A estrutura da PTEIM

Essencialmente, a PTEIM subdivide-se em duas partes: a primeira diz respeito à própria política e a segunda refere-se à estratégia da sua implementação.

A primeira parte abrange fundamentalmente uma parte introdutória que exalta as potencialidades do País e a necessidade da sua gestão racional e participativa e sucessivamente a caracterização geral do turismo no País tendo em conta o contexto regional e internacional, as qualidades do turismo como impulsionador do crescimento económico e aos factores desse crescimento; fixa os princípios e objectivos da própria política, identifica as principais áreas de intervenção e actuação e, por fim, apresenta a estrutura organizacional do sector.

A segunda parte, referente à estratégia, estabelece as principais tarefas destinadas a materializar os princípios e objectivos definidos na política, particularmente nos domínios de planificação integrada do turismo,

---

[180] MINISTÉRIO DO TURISMO, *"Política do Turismo e Estratégia da sua Implementação"*, p. 7.

a nível central, provincial e distrital; de zonamento; do uso e aproveitamento da terra; das infra-estruturas e equipamentos; do ambiente, da promoção e marketing, e do investimento.

3. A manifestação dos aspectos de planeamento territorial e ambiente na PTEIM

Actualmente, não existe em Moçambique um sistema de ordenamento do território e urbanismo consistente, salvo legislação dispersa nomeadamente, sobre a gestão de terras, ambiente e urbanização.

A afectação do principal recurso natural – a terra – é feita no âmbito do regime das concessões do Direito de Uso e Aproveitamento da Terra (DUAT), ao abrigo da Lei de Terras (LT), Lei n.º 19/97, de 1 de Outubro e respectivo regulamento, aprovado pelo Decreto n.º 66/98, de 8 de Dezembro, do Conselho de Ministros, no âmbito da concretização da norma programática, sobre o DUAT, estabelecida nos termos do artigo 110, da CRM.

Reconhecendo o facto, o Governo refere, nos termos do ponto 7.2 da PTEIM, quanto aos mecanismos de acesso à terra, que, *"A terra em Moçambique é propriedade do Estado. A extensão e o prazo das concessões do direito de uso e aproveitamento da terra são atribuídos de acordo com as características de cada projecto e em condições que estimulem o desempenho do investidor e desencorgem tentativas de especulação."*[181] Com efeito, a terra em Moçambique é, nos termos do n.º 1 do artigo 109.º da CRM e do artigo 3.º da LT, propriedade do Estado. Por isso, nos termos do n.º 2 do citado artigo 109.º, *"A terra não deve ser vendida, ou por qualquer outra forma alienada, nem hipotecada ou penhorada"*.

Parece oportuno e talvez valerá a pena abrir aqui um parêntesis para mencionar o facto de que já se tem levantado algumas vozes contra este princípio sobretudo pela banda da classe empresarial, argumentando não ser o mesmo compatível com a política de negócios, face à natureza precária da posse de terra.

O debate sobre a problemática do princípio da propriedade da terra do Estado poderia alongar-se e este não é, certamente, o lugar próprio para semelhante debate.

---

[181] MINISTÉRIO DO TURISMO, ob. citada, p. 7.

No entanto, é pertinente mencionar que, para além das limitações que aquele princípio sofre em sede do DUAT, conforme estabelecido no referido n.º 2 do artigo 110.º da própria CRM, o regime específico das concessões, estabelecido quer na Lei de Terras, quer no respectivo regulamento, permite que os particulares, individual ou colectivamente, possam requerer e obter o DUAT, cuja validade é fixada por um prazo mínimo de 50 anos, passível de renovação por igual período, desde que nisso os particulares tenham interesse (cfr artigos 17.º e 18.º da Lei de Terras e 18.º, n.º 1 do Regulamento da Lei de Terras).

Refira-se que o artigo 19.º da Lei de Terras indica como causa de extinção do DUAT o incumprimento injustificável do prazo de implantação do projecto ou excepcionalmente a expropriação determinada por interesse público e mediante prévia e justa indemnização e ou compensação.

Mostra-se, assim, irrelevante a menção que a PTEIM faz ao *prazo das concessões como também, ressalvado* o único aspecto de impossibilidade subjacente de dar a terra em hipoteca nomeadamente, nos contratos de mútuo, mostra-se infundada qualquer insegurança jurídica ligada à problematizada questão da titularidade precária do DUAT. Com efeito, e salvo melhor opinião, o que está em causa é tão somente a responsabilidade social do Estado no sentido de assegurar que mesmo as populações mais desfavorecidas ao menos tenham um pedaço do bem comum que é a terra.

Retomando, entretanto, a questão do ordenamento territorial e quanto ao facto de não existir um sistema coeso de distribuição deste recurso aos seus múltiplos usos, não é de admirar a linguagem cautelosa usada na PTEIM de remeter o planeamento turístico para *"quando for possível"* e não a uma legislação de ordenamento e urbanismo, em especial, como seria de esperar. Assim, lê-se a dado passo o seguinte:

– *"Para um crescimento sustentável e crescimento harmonioso do turismo, deverão ser promovidos, sempre que possível, planos detalhados do uso de terra, especialmente em áreas de elevado potencial para o turismo"* (cfr. ponto 7.1 da PTEIM);

– *"**Sempre que possível**, quer nas zonas estratégicas de desenvolvimento do turismo, as zonas urbanas, quer nas zonas com grande potencial turístico serão reservadas terras para o desenvolvimento exclusivo de projectos turísticos e afins"* (cfr. ponto 7.2, da PTEIM).

Outro traço que denuncia a fraqueza em matéria de ordenamento territorial são as referências a matérias que provavelmente seriam do âmbito do Plano Nacional de Ordenamento Territorial. Por exemplo:

– No primeiro parágrafo do n.º 9.3, sob a epígrafe *"No âmbito do Zoneamento"*, a PTEIM estabelece que o Governo *"Prioriza as áreas para o desenvolvimento do turismo e prepara planos apropriados de uso e aproveitamento da terra"*; e acrescenta no parágrafo segundo que, *"desenvolve os Planos Directores que incluem o zoneamento e definem padrões para as Áreas Prioritárias de Investimento Turístico (APIT's)"*.

Ora, ao assumir o compromisso de priorizar as áreas para o turismo sem a cobertura de um instrumento de ordenamento territorial e urbanismo mais global (v. g. uma lei de bases sobre um sistema de gestão territorial), arrisca-se o Governo a confrontar-se com problemas que ponham em causa a eficácia desta regra. Por exemplo, havendo concurso de interesses entre várias políticas sectoriais, ou entre a PTEIM e os planos municipais que definam outras prioridades.

Quanto ao desenvolvimento do plano director pelo governo, valem os mesmos argumentos. Por exemplo, no sistema português este instrumento é da responsabilidade dos municípios.

Outra previsão que merece reparo é a seguinte:

– *"Os projectos de capital não intensivo localizados em áreas identificadas como de grande valor turístico terão concessões de direito (de uso) e aproveitamento da terra de curto prazo e serão sujeitos a revisões periódicas; e adopta medidas que desencorajam a especulação da terra...."*.

Esta declaração entra até em contradição com a última parte que diz *"...observando rigorosamente os termos e condições estabelecidos nas concessões..."*, salvo referindo-se ao regime das licenças especiais, por exemplo, aplicado aos parques e reservas nacionais.

Sobre o regime especial das concessões é oportuno invocar a Lei do Turismo – Lei n.º 04/2004, de 17 de Junho, que nos termos do artigo 8.º, consagra o estabelecimento e declaração de *zonas de interesse para o turismo*, pelo Conselho de Ministros, podendo em sede do respectivo instrumento admitir-se a previsão de um regime de concessões especiais, incluindo a estipulação de prazos mais curtos.

No que concerne à matéria sobre o ambiente, encontram-se, ao nível da PTEIM, várias referências. Assim, por exemplo, o preâmbulo identifica objectivos económicos (cfr. 6.1), sociais (cfr.6.2) e ambientais (cfr. 6.3), transmitindo o compromisso de desenvolver um turismo sustentável reafirmado de forma desenvolvida no n.º 7.4 sob a epígrafe Turismo Sustentável e Responsável e com mais referências detalhadas nos n.ᵒˢ 9.9. a 9.12, todos dedicados à estratégia a implementar em torno deste princípio que, entretanto, foi já objecto de análise nos capítulos anteriores.[182]

4. As consequências da falta de um sistema de planeamento territorial

A PTEIM suscita, no que tange à problemática do ordenamento territorial e urbanismo, fundamentalmente, duas questões: A primeira prende-se com a inexistência de uma lei de ordenamento territorial e urbanismo que sistematize a matéria e estabeleça os instrumentos e formas de interacção, bem como as vinculações que os mesmos devam fixar; consequentemente, a segunda traduz a difícil operacionalização da PTEIM. É verdade que esta prevê a existência de um órgão de coordenação intersectorial, mas este há-de sempre deparar-se com o problema de saber com que normas deve operar, quem deve aprovar o quê e depois de ouvir quem, etc.

A existência destes problemas é sempre uma ameaça ao sucesso da PTEIM e ao desenvolvimento sustentável do turismo. Mesmo que a PTEIM identifique claramente os pólos de desenvolvimento (Áreas Prioritárias para o Investimento em Turismo – APTI´s), enquanto faltar o instrumento que determine as questões urbanísticas de arquitectura e estética, das acessibilidades e das infra-estruturas e equipamentos, da determinação da capacidade de carga, etc. um perigo igual ao do Fidji – ou de que se fala, hoje, sobre o Algarve, em Portugal – está à espreita. E quanto mais tempo passar sem que essas questões estejam resolvidas, maiores são as consequências irremediáveis de um turismo que pode distrair a todos por causa de um crescimento desmedido para, num momento posterior, tornar-se numa desilusão ou mesmo numa catástrofe.

Alguns casos práticos podem ajudar a perceber um pouco da problemática da ausência de um sistema de planeamento territorial em Moçambique, comprometendo o propalado desenvolvimento do turismo sustentável.

---

[182] Além da CRM e da PTEIM, a matéria relativa ao ambiente encontra-se consagrada na Lei n.º 20/97, de 1 de Outubro.

5. Estudo de um caso: macrozoneamento das praias da Barra, Tofo e Tofinho e o conceito de co-gestão

Um exemplo de ausência de sistema de ordenamento territorial em Moçambique está associado ao processo de macrozoneamento de zonas potencialmente turísticas levado a cabo pelo CDS – ZC, incidindo sobre a costa de Inhambane, concretamente sobre as três principais praias: as praias da Barra, Tofo e Tofinho, situadas na cidade de Inhambane (a segunda mais antiga), Província do mesmo nome, situada a 460 Km, a norte da Capital do País e a 30 km da estrada principal que liga o Sul e o Norte.

O trabalho, encomendado pelo Governo da Província, contou com o apoio da Cooperação Alemã para o Desenvolvimento (GTZ) e envolveu além da equipe de consultores alemães, várias instituições do Estado, operadores turísticos e as comunidades locais.

O macrozoneamento das praias da Barra, Tofo e Tofinho constituiu um marco no âmbito de gestão das zonas costeiras. O facto de incidir sobre áreas de maior atracção turística, todavia sensíveis, e o envolvimento massivo das instituições que lidam com questões do turismo, da terra e do ambiente, ao nível central, provincial, distrital e municipal, das comunidades e dos operadores turísticos, contribuiu para a tomada de consciência sobre a emergência de uma melhor gestão dos recursos e proporcionou algumas lições que vão permitir a consolidação do processo e quiçá a sua simplificação em outras partes. Tais lições podem resumir-se nos aspectos seguintes:

Em primeiro lugar, o processo permitiu entender que a preservação do ambiente interessa a todas as partes envolvidas – Estado, operadores turísticos e comunidades locais. Preservando o ambiente, assegura-se a protecção dos recursos naturais que constituem um dos mais preciosos capitais que a costa oferece. No entanto, dois problemas se levantam: (i) por um lado, a preservação do ambiente colide com o interesse das comunidades que, devido às condições de vida precária, dependem desses recursos para a sua sobrevivência e fazem a sua exploração, infelizmente de forma intensiva[183] e (ii) por outro, a ignorância ou violação da legis-

---

[183] A cidade de Inhambane possui cerca de 64.000 dos 1.255.139 habitantes da Província (INE, 1998-1999); 70% da população da cidade vive na zona costeira. De acordo

lação sobre o ambiente por parte dos operadores turísticos, alguns dos quais edificam as suas estâncias turísticas em áreas inapropriadas, como sejam as dunas, provocando problemas sérios de erosão, ou ainda depositam os resíduos sólidos junto ao mar poluindo o meio e dando razão aqueles que consideram que o turismo depende dos recursos naturais mas ela própria destrói esses mesmos recursos.

Outro problema, imputável às autoridades municipais, prende-se com a inexistência de um sistema de esgotos ou de tratamento das águas residuais, levando a que cada operador turístico tenha para o seu empreendimento fossas cépticas particulares. No entanto, a falta de um sistema de tratamento contribui para a poluição do ambiente, o mesmo ocorrendo em relação ao lixo. À excepção da praia do Tofo, as outras não possuem um serviço municipalizado de recolha de lixo. Deste modo, os resíduos sólidos são depositados em locais inadequados.

O trabalho da equipa responsável pelo macrozoneamento revelou a necessidade de se proceder à avaliação da capacidade de água subterrânea, através de um estudo, por técnicos especializados, perante alguns relatos que se referem à insuficiência de água potável necessária para o abastecimento das estâncias turísticas, sobretudo as novas estâncias. A maioria dos operadores usa mecanismos próprios como abertura de poços para obter a água. Mas este procedimento dificulta o controle do sistema e provoca escassez em algumas áreas. Além do estudo aqui mencionado, seria útil a montagem de um sistema de reciclagem de águas usadas como também do lixo.

A estes problemas acrescem os que se relacionam com a falta ou insuficiência dos meios de comunicação (telefone fixo e móvel), o transporte público, fazendo com que os turistas dependam unicamente de transporte pessoal. Todavia, tendo em conta as condições em que as estradas de acesso às praias se encontram, o transporte a usar tem de ser com tracção às quatro rodas, o que limita o acesso aos turistas que não possuam esse tipo de transporte. Também não existem junto às praias serviços bancários (por exemplo ATMs), o que leva os turistas a transportar consigo elevadas somas de dinheiro, situação que contribui para a sua própria insegurança.

---

com os dados da Direcção Nacional de Plano e Orçamento, de 2000, 90% da população de Inhambane vive da agricultura e da pesca. No caso dos habitantes da costa, sem dúvida que a principal fonte de sustento é a pesca artesanal.

No fundo, os problemas que afectam o turismo sustentável nas praias da Barra, Tofo e Tofinho distribuem-se entre autoridades governamentais ou municipais, operadores turísticos e comunidades locais. Mas outros investidores em serviços complementares como a telefonia fixa ou móvel, os transportes públicos ou semi-colectivos e a banca podem também contribuir para o incremento do turismo naquelas zonas.

Felizmente, existe por parte de muitos intervenientes consciência de que algo tem que mudar e que, para isso, é necessário unir esforços e desenvolver acções sobretudo do ponto de vista ambiental. Neste sentido, e em sede destes problemas, o processo de macrozoneamento na cidade de Inhambane permitiu o desenvolvimento e a assimilação do conceito de co-gestão das zonas costeiras reunindo várias sensibilidades.

Os comités de gestão seriam então responsáveis pela protecção dos recifes, promoção de pequenos projectos de desenvolvimento e actividades de sensibilização tanto dos operadores como dos turistas.

A inexistência, no quadro jurídico vigente, de legislação específica sobre o ordenamento territorial em Moçambique, leva a que o processo de afectação da terra aos diversos usos seja complexo e pouco claro.

Além da complexidade técnica, o processo de zonamento, tido como *conditio sine qua non* para o ordenamento das actividades turísticas, em particular, levanta a questão de saber a quem compete a respectiva condução. Esta questão parece legítima em sede da pluralidade de instituições que lidam com a terra e com seus recursos e ainda os que têm a responsabilidade de conduzir a planificação integrada. A juntar-se a esta questão, levanta-se igualmente o problema de saber qual a legitimidade dos comités de gestão criados no âmbito do zonamento e isto em virtude da alegada falta de um instrumento legal que reconheça tais comités e defina as regras da sua organização e funcionamento. Daí que também se pergunte, muitas vezes, que medidas podem estes comités aplicar contra os prevaricadores? Ou seja, quando se fala da actuação dos comités de gestão levanta-se, à partida, a questão da legalidade da sua actuação.

A Lei do Ambiente atribui a responsabilidade de gestão ambiental ao Conselho Nacional para o Desenvolvimento Sustentável (CONDES) e, na sequência disso, foram estabelecidos centros de desenvolvimento sustentável, como o CDS-ZC que, na sua actuação, terá certamente privilegiado o macrozoneamento das zonas costeiras, para a sua melhor gestão. Parece, pois, poder dizer-se que a legitimidade e responsabilidade de gestão da zona costeira cabe ao MICOA, através do CDS-ZC, sendo, por isso, competente para o zonamento das zonas costeiras. Consequentemente, pode-se entender que, havendo necessidade de criar comités de gestão das zonas costeiras, tal responsabilidade cabe ao MICOA, representado pelo CDS-ZC, ora responsável pela gestão destas zonas.

Na ausência de um instrumento legal que crie os comités de gestão, pode-se entender que eles são uma criação do CDS-ZC, órgão a que a lei reconhece os poderes de gestão no exercício dos quais, para melhor atingir os seus objectivos de gestão, delegou os seus poderes nos referidos comités. Mas se este argumento pode servir para justificar a criação dos comités de gestão, provavelmente não responde ainda à questão de saber que procedimentos e que medidas podem estes comités adoptar ou aplicar, por exemplo, numa situação de violação das normas sobre o ambiente.

Na ausência também de tal resposta, na sua actuação os comités de gestão não têm, por enquanto, força necessária para levar a bom termo a sua missão.

No âmbito da Lei n.º 10/99, de 07 de Julho, Lei das Florestas e Fauna Bravia, refere-se nos termos do n.º 23, do artigo 1.º, à *gestão integrada* como sendo a *"administração dos recursos florestais em conjunto com a respectiva fauna, incluindo o controlo e uso desses recursos em conformidade com a legislação e sua regulamentação, assegurando a participação efectiva das instituições, comunidades locais, associações e do sector privado".*

E o artigo 31.º da mesma lei refere-se à *gestão participativa* dos recursos florestais e faunísticos, dispondo nos termos do n.º 1 que *"São criados conselhos de gestão de recursos, constituídos por representantes das comunidades locais, do sector privado, das associações e das autoridades locais do estado visando protecção, conservação e a promoção do uso sustentável dos recursos florestais e faunísticos".*

Por sua vez, o n.º 2 refere que *" As atribuições e competências dos conselhos locais, referidos no número anterior, são definidos por decreto do conselho de Ministros".* E, por último, o n.º 3 fixa que *"A gestão deve assegurar a participação das comunidades locais na exploração dos recursos florestais e faunísticos e nos benefícios gerados pela sua utilização".*

Quer dizer, a necessidade de uma co-gestão dos recursos naturais resulta também da Lei n.º 10/99, de 7 de Julho, ao fazer referência aos conselhos de gestão envolvendo diferentes actores: sector público, sector privado e as comunidades locais.

O artigo 86.° do Regulamento da Lei de Florestas e Fauna Bravia, aprovado pelo Decreto n.° 12/2002, de 6 de Julho, indica, no que diz respeito ao órgão competente, que *"A gestão, administração, controlo e acompanhamento das actividades de utilização dos recursos florestais e faunísticos, bem como dos respectivos ecossistemas existentes no território nacional, é da competência do Estado, através do Ministério da Agricultura e Desenvolvimento Rural"*.

Este dispositivo, pela forma como generaliza os recursos naturais (florestais, faunísticos e ainda os ecossistemas existentes no território nacional), leva à interpretação de que quaisquer que sejam os recursos naturais, situados ou não na zona costeira, a sua gestão compete ao Ministério da Agricultura. Assim sendo, cabe a este Ministério estabelecer a estratégia necessária para a gestão e administração integrada dos recursos a que se refere o já aludido n.° 23.° do artigo 1.° da Lei n.° 10/99, de 7 de Julho. Ou seja, caberia, em princípio, a esta instituição criar o órgão ou os órgãos necessários, nomeadamente os comités de gestão, para gerir e administrar todos os recursos naturais disponíveis no País. Só que tais órgãos já se acham criados nos termos do já referido artigo 31.° desta lei. Aliás, o n.° 1 do artigo 95.° do regulamento acima citado, estabelece, de forma expressa, que *"Com vista a garantir-se o cumprimento do artigo 31 da lei n.° 10/99, de 7 de Julho, serão estabelecidos conselhos locais de gestão de recursos florestais e faunísticos, constituídos por igual número de membros dos seguintes sectores..."* e o n.° 2 do mesmo dispositivo legal afirma que *"Os Conselhos Locais de Gestão dos Recursos Florestais e Faunísticos, abreviadamente designados por COGEP, regem-se pela legislação vigente sobre o associativismo."*

Resulta de todas estas disposições não haver clareza quanto à forma de gestão integrada ou participativa ou co-gestão, tanto ao nível da legislação sobre florestas e fauna bravia como da legislação sobre o ambiente. Resulta, igualmente, haver uma competência genérica sobre a gestão dos recursos naturais florestais e faunísticos (da fauna bravia) deferida aos conselhos de gestão e uma competência específica sobre a gestão dos recursos costeiros deferida ao CDS-ZC, que defende o mesmo modelo dos conselhos ou comités de gestão. Só que no caso dos comités de gestão para as zonas costeiras, constata-se a ausência de um instrumento legal sobre a sua criação e atribuições, o que torna difícil uma actuação efectiva destes órgãos.

No que concerne à competência para o zonamento do solo (terra) onde se situa a generalidade dos recursos florestais e faunísticos, parece dever-se reconhecer a competência do Ministério da Agricultura, através da Direcção Nacional de Terras (DINAT), órgão responsável pela respectiva gestão, enquanto que para a zona costeira seria o MICOA, quer através da Direcção Nacional de Planeamento e Ordenamento Territorial (DINAPOT), quer através do próprio CDS-ZC.

No entanto, a pluralidade de instituições lidando com o zonamento tem criado embaraços ao processo e impõe a adopção de instrumentos claros sobre a sua condução, não só para o turismo como para os outros sectores de actividade económica ou social.

Esta necessidade decorre actualmente com maior acuidade face ao conceito de planificação integrada, orientada pela Direcção do Plano e Orçamento (DNPO), do Ministério de Planificação e Desenvolvimento. No âmbito dos procedimentos defendidos por esta instituição, o macrozonamento deve ser conjugado com a ideia do desenvolvimento integrado, que toma como ponto de partida o Distrito, como a célula básica para todo o processo de desenvolvimento e, em conformidade com esta perspectiva, defende a Planificação Integrada do Distrito (PID).

Deste ponto de vista, resulta que nem o CDS-ZC nem a DINAT lideram o processo de zonamento, ficando o processo a cargo da DNPO que tutela o Comité Interministerial que integra, além do próprio Ministério de Planificação e Desenvolvimento, os Ministérios da Administração Estatal (MAE) e o MICOA, através da DINAPOT. Todavia, embora esteja clara a linha defendida para o processo liderado pela DNPO, em termos de combinar a planificação central com a planificação local, salvaguardando assim a participação das autoridades e comunidades locais e sobretudo as suas prioridades de desenvolvimento, permanece por esclarecer em definitivo o regime jurídico sobre o instituto de zonamento. Entretanto, é um facto que o macrozonamento das Praias da Barra, Tofo e Tofinho ensinou que o desenvolvimento do turismo não pode ser feito de forma desenfreada. A observância das regras ambientais é crucial para não destruir os recursos que servem de base para a actividade turística. No entanto, o grande desafio consiste em conciliar os interesses dos operadores turísticos que pretendem edificar as suas estâncias preferencialmente junto à orla marítima, ou por cima das dunas, por ser a zona mais atractiva para os turistas, muitas vezes colocando em perigo os ecossistemas tais como os recifes dos corais, os mangais onde a fauna costeira se reproduz e outros locais protegidos ou que deveriam estar protegidos.

Outro aspecto refere-se ao tipo de empreendimentos a implantar, o que não é pacífico pois, em matéria do ambiente, recomenda-se o recurso a materiais locais enquanto os operadores turísticos preferem o material convencional, por ser aquele que melhor pode garantir a durabilidade dos seus empreendimentos.

No que toca às autoridades governamentais, o estudo permitiu detectar algumas fraquezas no que diz respeito às infra-estruturas como vias de acesso às praias e ao provimento de serviços públicos elementares como a água e mesmo o aperfeiçoamento do sistema eléctrico, de transportes e comunicações e de saneamento.

Pela banda das comunidades locais, uma vez envolvidas, aprenderam certamente que os recursos existentes devem ser explorados de forma racional para que deles possam servir-se por muito mais tempo e que devem ser combinados com outros interesses, artesanais, industriais ou comerciais.

E, no geral, todos aprenderam que os recursos existentes constituem um património comum e, por isso, a sua gestão não pode ser delegada a este ou aquele. O sistema de co-gestão participativa é o ideal. Os comités de gestão podem desempenhar um papel importante na fiscalização e defesa dos recursos e do ambiente. Porém, o Governo tem aqui mais uma tarefa: conceber instrumentos adequados e eficazes para que estes organismos possam operar com eficiência.

PARTE III

PERSPECTIVAS DE EVOLUÇÃO DO TURISMO E DA SUA CONTRIBUIÇÃO NA ECONOMIA

CAPÍTULO I
CRESCIMENTO DO TURISMO INTERNACIONAL

SECÇÃO I – Caracterização e evolução do turismo internacional

1. Caracterização

É hoje inquestionável que o turismo é uma indústria crescente, quer em termos de fluxos de pessoas, quer em termos de receitas.

Dados da OMT indicam que só em 2004 atravessaram fronteiras 760.000.000 turistas, número que significa um crescimento da ordem dos 10%, considerado pela OMT o melhor dos últimos 20 anos.

Em termos do PIB mundial, a taxa respectiva eleva-se a cerca de 4% e o fluxo registado entre 1975 a 2005 indica um crescimento médio anual de 4,5%.

Os anos de 2001 e 2003 revelaram alguma irregularidade, influenciada pelos principais acontecimentos que, em geral, abalaram o mundo: a persistente recessão económica que afectou em simultâneo as principais economias do mundo, os ataques terroristas de 11 de Setembro em 2001, os conflitos no Afeganistão e Iraque e ainda a doença conhecida por SARS, são apontados como os principais factores responsáveis pelo fraco desempenho da indústria turística no referido período.

A partir daqui, parece possível extrair uma das principais características do turismo – a *sensibilidade*. De facto, o turismo reage com muita facilidade a fenómenos que causem alguma instabilidade ou insegurança, sejam eles de que natureza for. O turista, para viajar, precisa ter confiança sobre questões de segurança. Por isso, não se decide a viajar enquanto recear qualquer ameaça contra a sua integridade física.

Considerando, no entanto, os resultados de 2004, conforme referido anteriormente, verifica-se que estes foram bons, aliás, os melhores desde 1984, o que quer dizer que, não obstante os fenómenos citados, logo a seguir o turismo recuperou. E aqui tem-se outra característica importante desta indústria, relacionada até com a primeira – a *capacidade de reacção*. Por conseguinte, pese embora a sua grande sensibilidade, o turismo recupera rapidamente. Isto porque o turista quer mudanças, quer viver as emoções planeadas. Deste modo, assim que volte a ganhar confiança retoma os seus planos e o turismo, por sua vez, continua a crescer rapidamente.

Fig. 1. Gráfico da evolução do turismo, no período 1990-2004

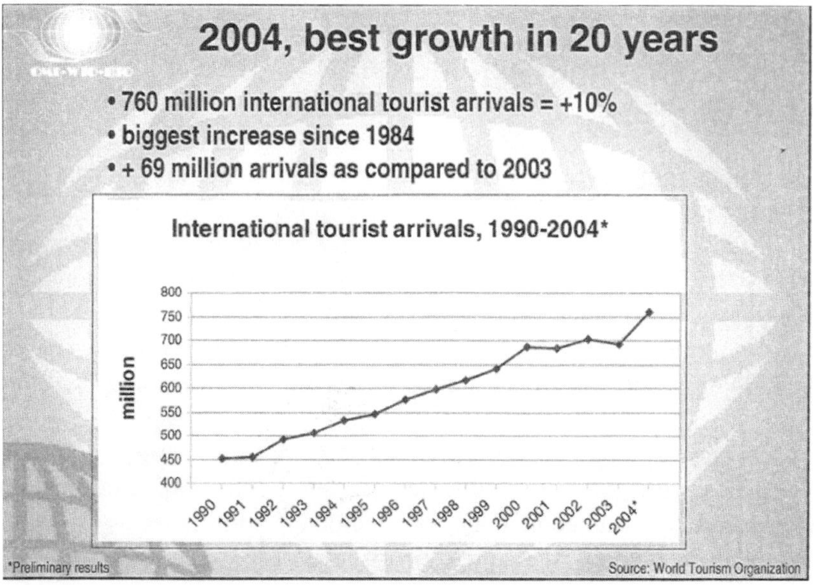

Fonte: Organização Mundial do Turismo

O gráfico acima confirma as duas características mencionadas e também que o turismo tem estado a crescer continuamente.

No que diz respeito à irregularidade, esta manifesta-se também em períodos mais curtos. Por isso, o "electrocardiograma" abaixo mostra um compasso do movimento mensal de chegadas internacionais bastante irregular.

Fig. 2. Pressão mensal do movimento de chegadas

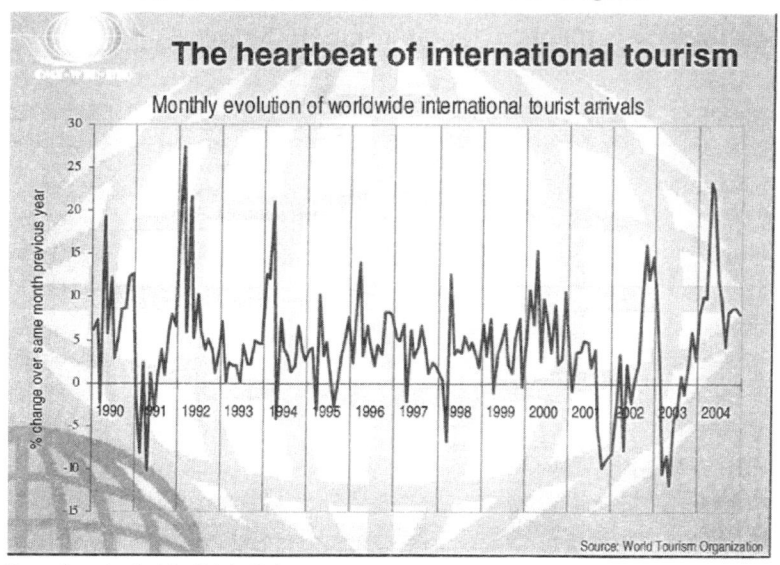

Fonte: Organização Mundial do Turismo

2. O crescimento do turismo por regiões: a posição africana

Analisando os dois gráficos acima tem-se apenas uma informação geral que indica um crescimento mundial do turismo. Contudo, em termos estatísticos, importa também determinar quais são os principais destinos turísticos e qual o seu peso relativo. E, particularmente, importa determinar qual o posicionamento dos PMAs, face às expectativas que os mesmos criam em relação à indústria do turismo, alimentando a esperança de que, através desta, podem lograr o mesmo sucesso então alcançado, por exemplo, na Espanha.

Assim, na perspectiva dos PMAs, uma análise por bloco de países que ponha em destaque a situação deste grupo, permite determinar se a precária situação descrita no capítulo sobre o desenvolvimento, a qual justifica inclusive a aposta no turismo, se estende ou não para este sector.

Ora, observando a distribuição dos resultados obtidos no período em análise, por regiões ou grupo de países, verifica-se que a maior fatia coube ao grupo de países da região da Ásia e Pacífico com mais de 34 milhões de chegadas, seguida da Europa com mais de 16 milhões, América com mais de 11 milhões, Médio Oriente com mais de 6 milhões e, em última posição, a África com apenas mais de 2 milhões de chegadas.

Fig. 3. Mapa de distribuição dos resultados por regiões de países

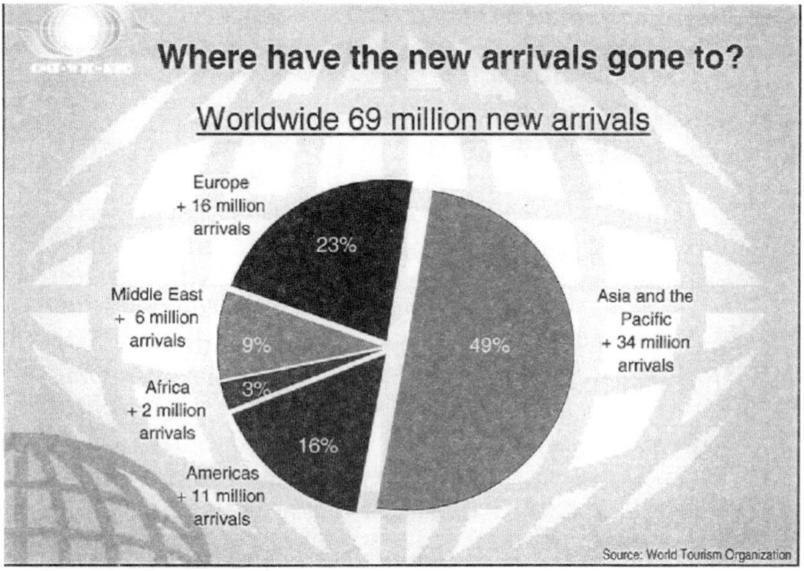

Fonte: Organização Mundial do Turismo

SECÇÃO II – A confirmação das dificuldades de desenvolvimento dos PMA´s

1. A influência da conjuntura política

Estes dados confirmam a apreciação feita relativamente às dificuldades que os PMAs enfrentam no contexto de desenvolvimento e, consequentemente o longo caminho que têm de percorrer para ultrapassar essa situação.

O ligeiro crescimento registado em África na década de 90 deveu-se, essencialmente, ao fim do *apartheid* e dos conflitos em determinados países; e também ao declínio do turismo em alguns países com alguma tradição como destinos turísticos, imposto pela emergência de novos destinos e ou prevalência de conflitos em outros países.

Isto impulsionou e marcou a conquista mundial de mais um destino turístico não só em relação a África do Sul em si mas também aos países da região austral.

De igual modo, o fim das hostilidades de mais de três décadas no norte da Etiópia e a construção do Estado da Eritréia estimularam o incremento do número de chegadas no Corno d'África, embora prejudicada com a situação conflituosa da Somália.

Por sua vez, o Uganda registou uma situação de paz na primeira metade de 1990, que determinou o aumento do número de visitantes.

Outros destinos tradicionais em África como Marrocos e Tunísia que na década de 80 atingiram níveis altos de crescimento, embora tenham continuado a registar crescimento, sofreram na década de 90 um declínio por causa do surgimento de novos destinos turísticos como a Flórida e a região do Caribe, impondo maior competição e oferecendo produtos mais diversificados. Por exemplo, este último apostou e investiu fortemente no turismo cruzeiro.[184]

Enquanto isso, alguns países da África continuavam, na altura, a viver uma situação de conflitos políticos. É o caso de Moçambique, cujo AGP só viria a ser assinado em Outubro de 1992 e Angola cuja guerra prolongou-se até depois do ano 2000.

Este cenário, confirmando a ideia da sensibilidade do turismo às situações de insegurança, foi determinante para que a década de 1990 não fosse "turisticamente" expressiva para o Continente Africano em geral e para os PMAs, em particular. Mesmo o Quénia, que tradicionalmente vinha registando crescimento, em 1990 experimentou algum declínio,[185] resultando que o Continente Africano ainda que registasse crescimento, o mesmo não foi ao mesmo ritmo verificado no resto do mundo.

Portanto, o resultado global alcançado pelo Continente Africano na década de 90 revela uma tendência de crescimento gradual, se bem que a índices baixos, quando comparado com o resto do mundo.

Essa tendência pode ser apreciada através dos dados estatísticos constantes do mapa abaixo, por exemplo, considerando as chegadas internacionais de turistas cujo pico foi alcançado em 1998, com uma taxa superior ao dobro.

---

[184] Cfr. supra p. 70.
[185] OMT, *"Africa: Tourism 2020 vision"*, Dibe, s.l. Volume 1, ISBN 92-844-0392-8, 2000, p. 13.

Fig. 4. Mapa de Chegadas Internacionais no Mundo e por regiões 1980-1998

Table 1.2 International Tourist Arrivals, 1980-1998: World and by Region (million)					
	1980	1985	1990	1995	1998
Total	285.9	327.1	457.2	565.4	636.6
Africa	7.3	9.7	15.0	20.2	24.9
Americas	61.4	64.3	92.8	108.9	119.9
East Asia/Pacific	21.5	31.1	54.6	81.4	87.4
Europe	186.0	212.0	282.7	338.4	383.8
Middle East	7.5	7.5	9.0	12.4	15.3
South Asia	2.2	2.5	3.2	4.2	5.2
Market share (%)					
Total	100	100	100	100	100
Africa	2.6	3.0	3.3	3.6	3.9
Americas	21.5	19.7	20.3	19.3	18.8
East Asia/Pacific	7.5	9.5	11.9	14.4	13.7
Europe	65.1	64.8	61.8	59.8	60.3
Middle East	2.6	2.3	2.0	2.2	2.4
South Asia	0.8	0.8	0.7	0.7	0.8
Average Annual Growth Rate (%)					
	1980-1985	1985-1990	1990-1995	1995-1998	1980-1998
Total	2.7	6.9	4.3	4.0	4.5
Africa	5.8	9.0	6.1	7.4	7.0
Americas	0.9	7.6	3.3	3.3	3.8
East Asia/Pacific	7.7	11.9	8.3	2.4	8.1
Europe	2.7	5.9	3.7	4.3	4.1
Middle East	0.0	3.7	6.6	7.3	4.1
South Asia	2.2	4.8	5.9	7.5	4.8

Fonte: Organização Mundial do Turismo

Usando, pois, o indicador das chegadas internacionais de turistas, o crescimento médio anual registado entre 1980 e 1998 foi de 4%. Porém, não obstante este resultado, há indicações da OMT dando conta de que uma avaliação em termos de zonas sub-regionais, permite dizer que a África do Norte registou um declínio, particularmente acentuado, entre os anos 1994 e 1996, chegando a acusar uma redução de 400.000 turistas em 1990, comparativamente a 1994 e que, devido aos conflitos na altura prevalecentes, também a sub-região Centro-africana sofreu um decrescimento, enquanto a sub-região sul d'África, no mesmo período, posicionou-se melhor, sobretudo no período 1995 a 1998, chegando a atingir um índice de crescimento anual de 7.4% no período de 1990 a 1998, conforme resulta da mesma tabela acima.

Relativamente às receitas verifica-se que, em geral, a dinâmica do movimento de turistas a nível mundial, foi também acompanhada pelo aumento do volume das receitas.

Este crescimento, quer em termos de número de chegadas, como de receitas, justifica o argumento de que o turismo tem vindo a revelar-se uma indústria crescente.

Fig. 5. Crescimento do turismo:
Chegadas internacionais Versus Receitas no Mundo 1950-1998

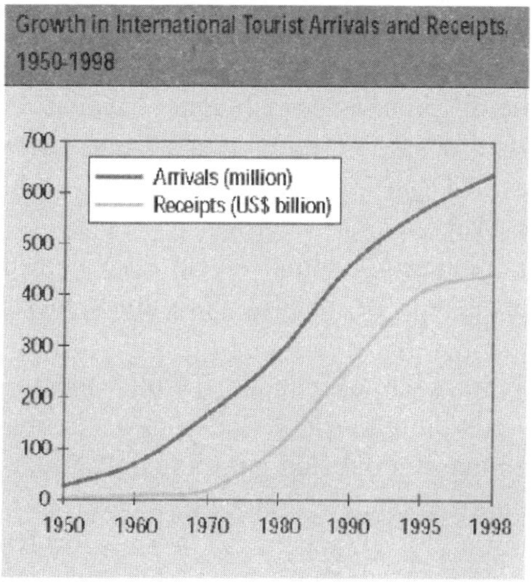

Growth in International Tourist Arrivals and Receipts, 1950-1998

— Arrivals (million)
— Receipts (US$ billion)

Fonte: Organização Mundial do Turismo

Fazendo um balanço retrospectivo sobre o desempenho do sector do turismo, verifica-se que, desde a década de 70, o turismo vem conquistando o seu espaço de forma irreversível, a ponto de se considerar que o turismo é actualmente assumido pela generalidade dos autores como a maior indústria, chegando a superar os sectores tradicionalmente mais produtivos. De acordo com Rui Costa, *"O sector do turismo assume-se já como a principal actividade económica a nível mundial, ultrapassando em termos de exportações, os sectores ligados à produção petrolífera e ao comércio de automóveis e peças de veículos a motor"*.[186] Todavia,

---

[186] COSTA, Rui, *"Avaliação do potencial de crescimento e desenvolvimento das pequenas e micro empresas do sector do turismo"*, in Investigação em Turismo, p. 207.

África ainda não conseguiu conquistar a preferência dos turistas como destino turístico ao mesmo ritmo que os outros continentes.

A imagem que muitos têm de uma África insegura e com problemas de doenças como a malária e o HIV-SIDA prevalece no seio do turista internacional, fazendo com que poucos queiram arriscar.

Um estudo realizado sobre o Plano de Marketing em Moçambique[187] aponta como causa do fraco aproveitamento das potencialidades turísticas alguns dos problemas apontados na primeira parte deste trabalho como justificativos da situação de pobreza extrema e também como factores negativos nomeadamente:

– Problemas de saneamento: Citando o PNUD, o estudo revela que, de um universo de 18 milhões de habitantes, apenas 43% da população moçambicana possui acesso sustentável a latrinas melhoradas.

– Água potável: O mesmo estudo indica que só 57% da população consome água potável;

– Principais doenças: O estudo revela que, além do HIV-SIDA, há a considerar a prevalência de malária, com um número de 18.000 casos desta doença;

– Uso de tecnologias avançadas: O movimento tecnológico que caracteriza a era contemporânea, o acesso a tecnologias modernas em Moçambique continua sendo difícil para a maioria da população moçambicana registando, por enquanto, índices bastante reduzidos de utilizadores. De acordo com o PNUD, apenas 2,7 % em cada 1000 pessoas, usam a *Internet*, enquanto os principais concorrentes superam os 50%. Na África do Sul, 68,2 em cada 1000 pessoas utilizam a Internet e, nas Maurícias, 99,1 em cada 1000 são utilizadores.

---

[187] MINISTÉRIO DO TURISMO, *"Relatório final sobre Plano de Marketing do Turismo: Programa de promoção de Moçambique"*, 2005, p. 60

CAPÍTULO II

AS PERSPECTIVAS DE DESENVOLVIMENTO DO TURISMO: – Posicionamento dos PMAs –

SECÇÃO I – Panorama geral no âmbito da OMT

1. Novo Panorama e impacto dos mercados emergentes

Na perspectiva da OMT, os dados sobre o turismo indicam para os próximos anos um crescimento mundial ainda maior, esperando-se que em 2020, as receitas mundiais relacionadas com as chegadas internacionais, se elevem a cerca de 2 biliões de dólares norte americanos, como consequência de um crescimento médio anual de 6 a 7%.

Mesmo o Continente africano deverá registar crescimento perspectivado em cerca de 7.5% ao ano, se bem que no global possa ter pouco impacto.

Fig. 1. Distribuição do crescimento médio anual por Continentes

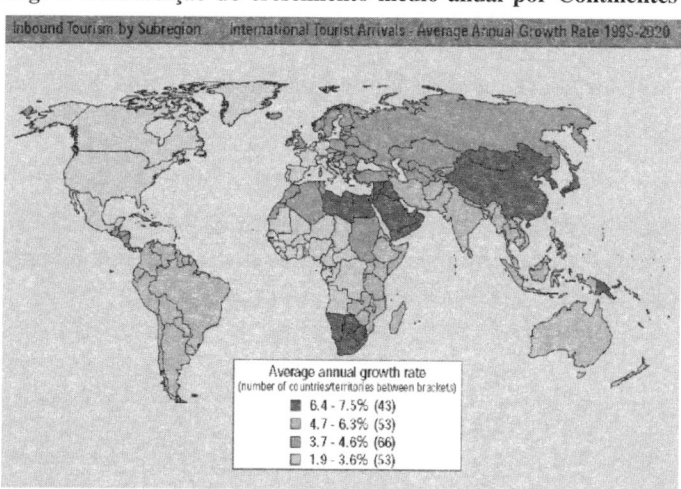

Fonte: Organização Mundial do Turismo

Os números projectados têm como base o comportamento do turismo nos últimos anos que vem registando crescimento mesmo que algumas vezes tenha experimentado alguma desaceleração.

Numa perspectiva global, os principais factores desta dinâmica são: a relativa calmia, a melhoria dos rendimentos familiares, a inovação tecnológica permitindo que os turistas possam em pouco tempo obter informações sobre lugares de interesse e informar-se dos preços, o aumento da diversificação da oferta de produtos e serviços turísticos e a emergência de novos mercados. Sobre este último factor, vale a pena citar o caso chinês.

2. Os mercados emergentes: O caso da China

Na arena turística, China constitui hoje uma revelação. Tradicionalmente fechado ao mundo, por razões de política interna, *"Suscitou uma excitação e um interesse considerável quando se soube há alguns anos que o governo chinês tenciona abrir o país aos turistas"*.[188]

De facto, o governo chinês ciente das vantagens dessa abertura, em termos de obtenção de divisas, lançou um projecto turístico cuja previsão apontava para a construção de 1000 hotéis, seguindo a arquitectura ocidental. Porém, devido a problemas conjunturais como a recessão mundial da década de 80, não chegou a implementar o projecto inicial na íntegra.

Aplicando a teoria das vantagens comparativas, o governo chinês explorou a possibilidade de associar a sua cultura singular aos lugares cénicos e históricos, formando um produto turístico que inclui *"a Grande Muralha ao amanhecer..... a Cidade Proibida ao pôr-do-sol... a descida ao rio Ljiang em Guillin numa jangada, passar as montanhas verdes e acidentadas..."*[189]

Outro aspecto que contribui para a projecção da China como um dos principais destinos é a eliminação da "guia de marcha" que principalmente no período anterior a 1982 era exigido aos viajantes.

---

[188] FOSTER, Douglas, *"Viagens e Turismo: Manual de Gestão"*, Portugal, Edições CETOP, ISBN 972-641-181-5, p. 74.

[189] FOSTER, Douglas, ob. citada, p. 74.

A escolha da China para a organização dos próximos jogos olímpicos (que constitui o turismo desportivo), demonstra a confiança dos Estados nas condições que o País oferece ou pode oferecer em termos de infra-estruturas e equipamentos, ou seja no funcionamento do sistema turístico no seu todo que vai seguramente projectar ainda mais o turismo chinês.

Outros produtos que China tem sabido explorar no contexto das vantagens comparativas são a gastronomia e a cultura. Com efeito, na prática são várias as pessoas que procuram a comida e apreciam a moda chinesa.

No campo tecnológico, a China é também apontada como a potência de um futuro próximo.

Estas e outras vantagens, incluindo a saúde, as artes marciais, são eventualmente outros segmentos que a China vai explorar e investir cada vez mais na sua especialização para conquistar o turismo internacional e fazer por merecer o lugar privilegiado que lhe é apontado pela OMT.

Fig. 2. Mapa das previsões por países no ano 2020

Table 1.5d World's Top Outbound Countries, 2020				
	Base Year (million) 1995	Forecasts (million) 2020	Average Annual Growth Rate (%) 1995-2020	Market share (%) 1995	2020
1. Germany[a]	75	153	2.9	13.3	9.8
2. Japan[a]	23	142	7.5	4.1	9.1
3. United States[a]	63	123	2.7	11.1	7.9
4. China[b]	5	100	12.8	0.9	6.4
5. United Kingdom[b]	42	95	3.3	7.4	6.1
6. France[a]	21	55	3.9	3.7	3.5
7. Netherlands[a]	22	46	3.0	3.8	2.9
8. Italy[a]	16	35	3.1	2.9	2.3
9. Canada[b]	19	31	2.0	3.4	2.0
10. Russian Federation[b]	12	31	4.0	2.1	2.0
Total (1-10)	298	809	4.1	52.7	51.8

Fonte: Organização Mundial do Turismo

SECÇÃO II – Perspectivas de Desenvolvimento do turismo nos PMA´s

1. Dificuldades de abordagem: As insuficiências estatísticas

No início do presente trabalho foi identificada como um dos objectivos a questão de saber em que medida o turismo responde aos objectivos de desenvolvimento, particularizando a problemática situação dos PMAs, por causa da sua conhecida e dramática vulnerabilidade e, depois, foi justificada a razão porque estes países advogam o turismo como factor de desenvolvimento sócio-económico.

Seguidamente, foi apreciado o desempenho destes países, constatando-se não ser, por enquanto, dos melhores. Os gráficos que a seguir se apresentam dão uma indicação sugestiva daquilo que é a visão do futuro do Continente em termos de desenvolvimento do turismo.

Fig. 1. Gráficos de distribuição dos mercados por grupos de países 2020/1995

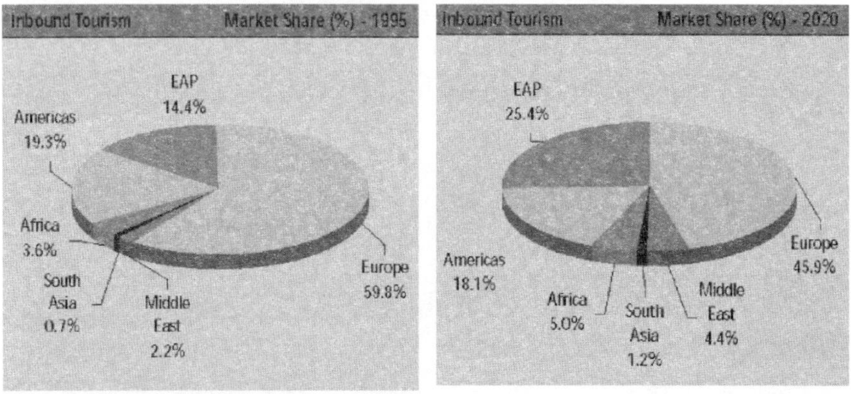

Fonte: Organização Mundial do Turismo

Como se pode ver, da distribuição das projecções do gráfico acima, África continuará a ser o último continente preferido pelos turistas e, também o último no plano dos benefícios resultantes do turismo internacional. Deste modo, impõe-se um diagnóstico que focalize, em particular, os principais constrangimentos que são a causa da actual tendência sobre a evolução do turismo no continente e os grandes desafios que deverão inspirar as mudanças que se impõem especialmente nos PMAs.

Ressalve-se, no entanto, a inexistência nos PMAs de dados estatísticos ou, nos casos em que existem, o facto de a sua fiabilidade ser muitas vezes posta em causa, devido à grande dificuldade que as entidades responsáveis têm de proceder ao processamento da informação, como resultado de algumas incoerências registadas no momento da recolha ou classificação da informação e que se prendem, em grande medida, com o facto de que normalmente as estatísticas são aferidas usando o critério do número de chegadas de turistas.

Este critério que, em geral, levanta algumas dificuldades designadamente, de saber quem é verdadeiramente o turista, mesmo considerando a definição dada pela OMT, determina, certamente, uma margem considerável de incerteza quanto à fiabilidade da informação estatística fornecida por estes países, por causa das suas dificuldades tecnológicas, levando a que, muito provavelmente, nem sempre a informação disponível reflicta a realidade, sendo eventualmente esta uma das razões que leva a OMT a desenvolver junto dos Estados membros, o modelo das chamadas "contas satélites".

Não obstante as dificuldades estatísticas aqui citadas, é ideia assente que o turismo "é uma das indústrias mais importantes dos dias de hoje em todo o mundo e que países desenvolvidos como a Itália, a França, o Reino Unido, a Espanha, a Suíça e Portugal, para apenas citar alguns exemplos, devem muito do seu desenvolvimento recente ao peso crescente que o turismo atingiu nestes países. Em qualquer destes países, o número anual de visitantes excede o número total de habitantes..."[190]. Por isso, na perspectiva da OMT e não só, o turismo é um dos sectores de actividade económica que muito contribui para a formação do PIB mundial.

2. Obstáculos, desafios e estratégias

Actualmente, o turismo lidera as exportações de serviços em pelo menos 24 dos 49 PMAs e, em pelo menos 7 daqueles, constitui a principal fonte de divisas.[191] Isto quer dizer que se as PP de turismo forem

---

[190] Cfr. SERRÃO, José Manuel, "*O Papel do Turismo no Desenvolvimento de Moçambique*", in Actas do IV Congresso Internacional sobre Turismo Cultural, Lusofonia e Desenvolvimento", Maputo, Edições ISPU, 2004, p. 96.

[191] Cfr Organização Mundial do Turismo, "Projecções 2020".

convenientemente concebidas e equacionadas nas estratégias globais de desenvolvimento, pode-se atingir os objectivos de erradicação da pobreza e de integração desses países na economia mundial.

No entanto, vários obstáculos se colocam, podendo-se nomear os seguintes:

Em primeiro lugar: São as dificuldades conjunturais, próprias do grau de subdesenvolvimento destes países e que no âmbito do turismo se traduzem em (i) fraca capacidade de promover os produtos turísticos, sem a qual os turistas não poderão ter conhecimento das potencialidades que esses países possuem. Aliás, foi oportunamente apontada a importância do emprego de tecnologia que, por enquanto, é para os PMAs um bem de luxo; (ii) Falta de capacidade para financiar a instalação de infra--estruturas básicas e equipamentos, com todas as implicações que daí resultam.

Relacionado com este último aspecto é, por exemplo, sintomática a informação estatística sobre a África Austral, região onde se situa Moçambique, indicando que o número de turistas que anualmente escalam a região é de 500.000 mas que a maioria tem como destino a África do Sul, em virtude das facilidades que, a partir de Johannesburg, este País oferece, nomeadamente em termos de infra-estruturas, de transportes, comunicações e de alojamento.[192]

Estudos da OMT denunciam o facto de o transporte aéreo que desempenha um papel preponderante no desenvolvimento do turismo, estar concentrado em muito poucos PMAs, dos quais só o Bangladesh representa 25%.

Em segundo lugar: coloca-se o problema da dificuldade em desenvolver um turismo sustentável. Isto porque muitos PMAs ou são pequenas ilhas ou têm como principal produto o turismo de praia. Em ambos os casos, exige-se uma política ambiental e de ordenamento suficientemente eficaz e capaz de prevenir todos os males que podem resultar da má gestão das ilhas ou do litoral que constitui o produto turístico. Todavia, ou os PMAs não têm essas políticas ou se as têm não são convenientemente adequadas, como ficou demonstrado no capítulo sobre o planeamento territorial. E mais ainda, coloca-se também o problema da oportunidade e da avidez com que por vezes os PMAs aceitam o desenvolvimento de

---

[192] Cfr. SERRÃO, José Manuel, ob. citada, p. 99.

certos projectos que em face da sua localização, representam a longo prazo um perigo.

No caso dos PMAs situados em pequenas ilhas, existe também a dificuldade de diversificação do produto, sem a qual torna-se difícil a sua expansão.

Em terceiro lugar: Releva a dificuldade que estes países têm de gerir a matéria dos chamados *leankages* e *leakages* implicando, respectivamente, a capacidade de estabelecer as ligações com outras indústrias e ou serviços de modo a impulsionar e influenciar a sua produção e, por via disso, criar capacidade interna de abastecimento à própria indústria turística e a capacidade de reduzir as importações e a dependência económica.

Actualmente os dez principais destinos turísticos em África, são liderados pela África do Sul que, aliás, de acordo com a classificação internacional, não faz parte dos PMAs. Isto deve-se não só aos produtos e serviços turísticos que este país pode oferecer mas à grande capacidade que tem de fazer *leankages* e de reduzir os *leakages*.

Fig. 2. Chegadas de Turismo para os 10 principais destinos de África

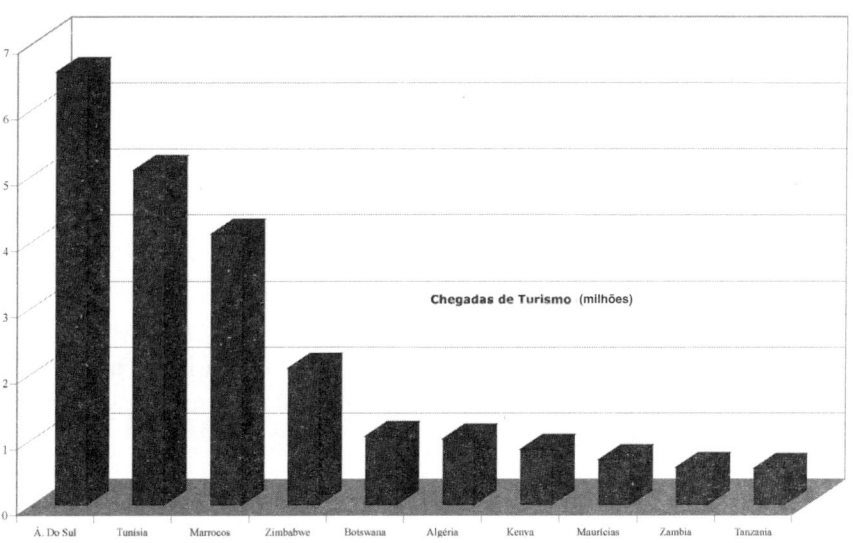

Fonte: Instituto Nacional de Estatística

SECÇÃO III – As perspectivas de desenvolvimento do turismo em Moçambique

1. Situação geral

Na sua condição de PMA, Moçambique tem os mesmos obstáculos e pela frente os mesmos desafios que os restantes países do grupo. Contudo, o facto de a perspectiva mundial indicar que a taxa de crescimento do turismo internacional para a África Sub-sahariana ronda os 8.5%, portanto, superior a 4.1%, da taxa mundial, é revelador de que o grupo vai registar crescimento, ainda que relativamente pequeno quando comparado com o de outros continentes, ou mesmo sub-regiões.

No caso de Moçambique, o turismo pode ser considerado um mercado emergente se se tiver em conta que conheceu, durante a guerra civil dos 16 anos, um acentuado declínio, vindo a ressurgir após a assinatura do AGP e registando em 2001 a chegada de 400.000 turistas, 67% dos quais vindos da vizinha África do Sul e 7.5% de Portugal.

Relativamente ao número de camas, o mesmo situa-se em pouco mais de 12.000, das quais 5000 correspondem a níveis de oferta de padrão internacional.[193]

Note-se, porém, que relativamente ao mercado português, Moçambique tem vários concorrentes *"como o Egipto, Marrocos, o Nordeste brasileiro, Cabo Verde, as Maldivas, as Maurícias, a Tanzânia e Cuba (só para estes países viajaram em 2000 mais de 60.000 portugueses)"*[194].

2. Os desafios da concorrência regional

No continente africano, Moçambique enfrenta vários concorrentes em termos de mercado de chegadas internacionais, ou seja, dos destinos preferidos pelos turistas internacionais.

---

[193] Cfr. Serrão, José Manuel, ob. citada, p. 99.
[194] Ministério do Turismo, *"Plano Estratégico para o Desenvolvimento do Turismo 2004-2013"*, pp. iii e v.

Fig. 3. Mapa de MOÇAMBIQUE

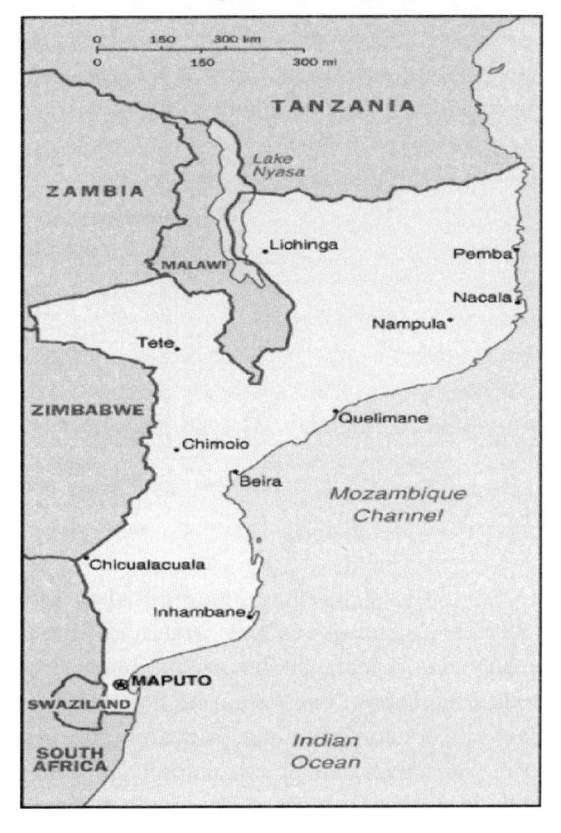

Como consequência dessa concorrência, Moçambique encontra-se numa posição desvantajosa, não figurando sequer entre os oito países situados na região austral que liderados pela África do Sul, seguido do Botswana, Namíbia, Tanzânia, Zâmbia, Swazilândia, Zimbabwe e Lesotho representam os principais destinos turísticos da região.

Entres estes, Moçambique sofre a concorrência directa de um grupo de países vizinhos que, além da potência e vizinha África do Sul, inclui Botswana, Zimbabwe e Tanzânia, a maioria dos quais fazem fronteira com o País (Vide o Mapa acima).

A Figura 4, adiante, mostra o gráfico representativo do movimento de chegadas internacionais no período 1998 a 2002, destacando os principais destinos turísticos concorrentes, entre os quais se pode dizer que Moçambique se situa na 5ª posição da zona austral.

Fig. 4. Análise de concorrentes: Chegadas Internacionais de Turistas (000)

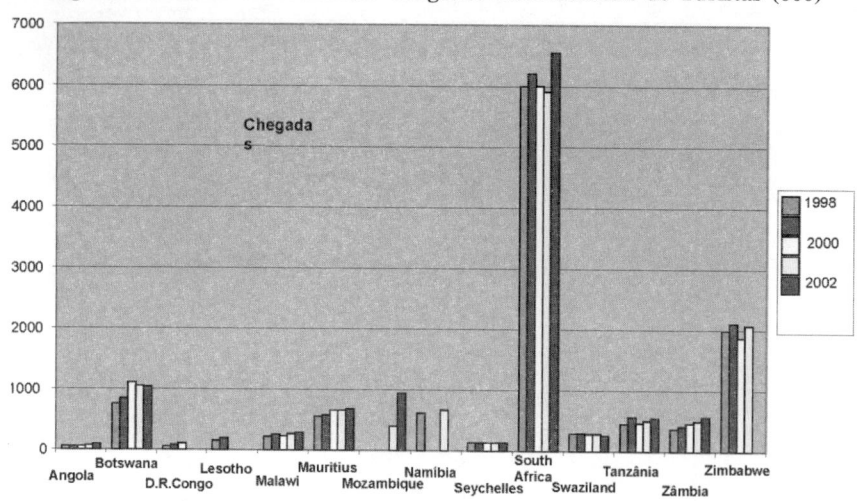

No entanto, fora os países aqui representados, outros aparecem como fortes concorrentes. São os casos de Maurícias, Seychelles, Tailândia e Maldivas que, tendo mais ou menos produtos similares aos que Moçambique pode oferecer, se encontram melhor posicionados.

Com o nível de concorrência que Moçambique tem, não restam dúvidas de que o país deverá fazer um esforço enorme para fazer do turismo um factor de desenvolvimento e para superar os actuais índices de crescimento.

No âmbito desse esforço, deverá, particularmente, centrar a sua actuação em alguns factores determinantes como:
- Planeamento territorial;
- Especialização em alguns produtos estratégicos que possam oferecer uma vantagem comparativa (actualmente há uma dispersão);
- Gestão dos *leankages* e dos *leakages*;
- Investimento em infra-estruturas básicas e equipamentos.

3. A dependência relativamente à África do Sul

Moçambique é economicamente dependente da África do Sul. Uma parte considerável das importações moçambicanas são originárias deste país vizinho que, entre outras coisas, beneficia de uma moeda relativamente forte, o Rand.

No âmbito do turismo, verifica-se também uma relativa dependência, pois a maioria dos turistas que visitam Moçambique são provenientes da África do Sul e, por isso, geralmente usam como meio de transporte viatura própria e, consequentemente, podem transportar, à vontade, vários produtos que precisam consumir pelo tempo que durar a sua estadia no País. Por conseguinte, além de ser um dos principais países destinatários para os visitantes moçambicanos, é também o principal país emissor.

Neste âmbito, além do turismo em si que não poderá oferecer o número de emprego que em outras condições o poderia fazer e nem poderá arrecadar o volume de receitas que se poderia esperar, os outros sectores, como transportes, indústria ou comércio de produtos alimentares e mesmo o de hotelaria, dada a possibilidade de os turistas sul-africanos transportarem as suas próprias tendas e todo uma gama de mercadorias, não partilham das vantagens que, no âmbito das *leankages*, normalmente se esperam do turismo.

Na página seguinte, o gráfico indicado como figura 5, relativa à distribuição dos mercados emissores para Moçambique, confirma a dependência moçambicana da África do Sul, como principal mercado emissor.

Mais adiante, o gráfico identificado como figura 6, confirma a preferência dos turistas, maioritariamente sul-africanos, pelo meio de transporte rodoviário.

Fig. 5. Visitantes de países Africanos   **Fig. 6. Modo de transp por origem (2002)**

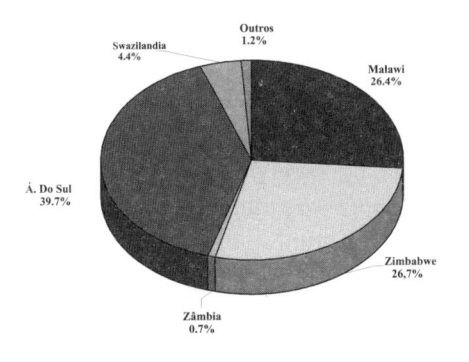 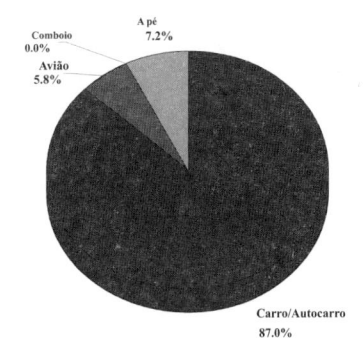

Apesar dos constrangimentos acima apontados, o turismo em Moçambique afigura-se uma alternativa viável de desenvolvimento e as perspectivas de crescimento são promissoras.

Fig. 7. Projecções das chegadas internacionais, pelos principais mercados

Table 3.6.2a WTO Tourism 2020 Vision: Forecasts of Tourist Arrivals in South Africa by Main Markets					
Origin Markets	Actual	Forecasts		Growth Rates (% p.a.)		
	1995	2010	2020	1995-2020	2000-2010	2010-2020
Lesotho	1,054,065	1,488,835	1,905,834	2.4	3.0	2.5
Zimbabwe	723,561	1,653,054	2,567,142	5.2	5.0	4.5
Swaziland	647,466	1,479,207	2,297,163	5.2	5.0	4.5
Botswana	351,990	1,917,552	4,139,851	10.4	10.0	8.0
United Kingdom	243,621	1,327,185	2,865,293	10.4	10.0	8.0
Namibia	212,074	400,652	565,159	4.0	4.0	3.5
Germany	168,186	1,195,034	2,829,079	12.0	12.0	9.0
Mozambique	128,232	911,143	2,157,008	12.0	12.0	9.0
United States	103,466	735,170	1,740,415	12.0	12.0	9.0
France	53,528	493,783	1,168,963	13.1	14.0	9.0
Other	801,811	3,665,127	8,286,790	9.8	10.0	8.5
Total	4,488,000	15,266,741	30,522,698	8.0	8.1	7.2

Source: World Tourism Organization (WTO)

A abundância e diversidade dos recursos oferece uma multiplicidade de oportunidades de investimento em turismo. Por isso, as projecções da OMT mostram uma tendência crescente do turismo moçambicano, se bem que dificultado pela insuficiência de infra-estruturas adequadas, pela concorrência e pelas lacunas administrativas, nomeadamente no que concerne aos mecanismos de planeamento territorial e respectiva disciplina legal.

CONCLUSÕES

No início da presente dissertação, identifiquei como problema nuclear o de saber se vale a pena ou não apostar no Turismo como factor de desenvolvimento e, paralelamente, o de saber qual o impacto da respectiva política de desenvolvimento no mundo e, particularmente, nos PMAs e, entre estes, Moçambique.

O estudo feito em torno destas questões permitiu chegar a várias conclusões, de certo modo reflectidas ao longo do texto, dentre as quais, pela respectiva importância, merecem destaque as seguintes:

1. O desenvolvimento económico constitui o factor chave para alcançar-se o bem estar social.

2. Os PMAs menos avançados sofrem o flagelo da pobreza absoluta, ao mesmo tempo que enfrentam problemas estruturais que inviabilizam a opção de desenvolver actividades em sectores tradicionais como a agricultura e a indústria transformadora.

3. Os investimentos estrangeiros e a ajuda externa constituem importantes instrumentos de apoio ao desenvolvimento dos PMAs. Porém, cabe a estes definir PP públicas adequadas às suas necessidades e tendo em conta as prioridades e oportunidades de desenvolvimento de cada país.

4. O turismo, sendo uma actividade susceptível de provocar um rápido crescimento económico, gerando receitas e postos de emprego, constitui para os PMAs uma alternativa de desenvolvimento. Mas, paralelamente, é também susceptível de criar problemas graves nos vários domínios: económico, social e ambiental.

5. Para acautelar alguns desses problemas, nomeadamente os de natureza ambiental, deve-se ter em conta o princípio da sustentabilidade que se impõe a todos os países, sem contudo pôr em causa a sobrevivência das comunidades. Para tanto, os governos devem encontrar soluções alternativas para estas comunidades, através do financiamento de pro-

gramas de desenvolvimento comunitário susceptíveis de gerar rendimentos aptos a aliviar a pobreza e ao mesmo tempo promover a conservação dos recursos.

6. O princípio da sustentabilidade tem como corolário a necessidade de assegurar o planeamento territorial e, designadamente, o ordenamento territorial, o urbanismo e a gestão ambiental, factores estratégicos para o desenvolvimento do turismo sustentável.

7. Com o ordenamento territorial, urbanismo e ambiente, assegura-se a afectação harmonizada da terra, recurso básico para o desenvolvimento do turismo, aos seus múltiplos usos, a projecção arquitectónica e estética e a harmonização das diferentes actividades, susceptíveis de tornar um destino turístico mais atractivo.

8. O modelo de planeamento territorial deve traduzir a ideia de sistema coerente entre os diferentes órgãos de poder central, regional e local e dos planos respectivos. Neste âmbito, parece recomendável o modelo português, por ser interactivo, sustentável e por ser financeiramente competitivo.

9. A própria indústria turística deve funcionar como um sistema e não uma actividade isolada, servindo e servindo-se das outras indústrias e desenvolvendo sinergias.

10. As projecções sobre a indústria do turismo revelam um futuro promissor para os vários continentes.

11. Presentemente, o turismo é dominado pela Europa e também pelos EUA. No entanto, as tendências de crescimento mostram que o Continente Asiático e o Pacífico são os mercados emergentes que, liderados pela China, vão nos próximos tempos atrair maior número de turistas em detrimento dos mercados receptores tradicionalmente mais procurados, situação que pode agravar-se com as ameaças terroristas perpetradas em alguns PDs.

12. Parece que as autoridades chinesas equacionaram três elementos fundamentais: a identificação dos produtos que oferecem vantagens comparativas, a abertura aos investimentos estrangeiros e a investigação e o progresso tecnológico.

13. O exemplo da China parece recomendável para o Continente Africano, já que, apesar do actual diagnóstico sobre as projecções do turismo no mundo, África continuará o último destino preferido pelos turistas internacionais. Com efeito, a actual situação de falta de resposta em termos de infra-estruturas e serviços sociais básicos, a ausência de

programas de investigação e de políticas mais adequadas à captação de investimentos directos estrangeiros, entre outros aspectos, constituem obstáculos à competitividade do turismo africano.

14. Moçambique tem largas oportunidades de desenvolvimento em turismo, visto possuir uma gama diversificada de recursos naturais. Todavia, esses recursos, por si sós, não constituem atractivo bastante para o turismo internacional.

15. Moçambique precisa de adicionar a esses recursos os elementos necessários para que se tornem apetecíveis aos olhos dos turistas, sobretudo internacionais.

16. Neste contexto, o País precisa resolver os problemas de ordenamento territorial e de urbanismo, adoptando legislação pertinente sobre a matéria e salvaguardando um modelo de funcionamento e organização através de um sistema interactivo, desconcentrado e descentralizado.

17. Relativamente ao turismo costeiro e ao ecoturismo, mostra-se recomendável legislação específica, dada a sensibilidade dos recursos aí existentes.

18. Os instrumentos de regulação turística aprovados, designadamente a Lei do turismo, a política do turismo e estratégia de sua implementação e o Plano Estratégico para o Desenvolvimento do Turismo (2004-2013), são instrumentos úteis e mostram o cometimento do Governo em materializar os objectivos e as metas de desenvolvimento definidos. Todavia, o planeamento territorial e, consequentemente, o investimento em infra-estruturas básicas e equipamentos, afiguram-se uma questão prévia, urgente e decisiva para a execução plena destes instrumentos.

19. Por tudo isto, à pergunta **"Turismo: vale a pena ou não?"**, a minha resposta é afirmativa, desde que observado o princípio da sustentabilidade, sem, contudo, pôr em causa a sobrevivência humana.

20. Consequentemente, entendo que a política do turismo no mundo, e em especial nos PMAs e em Moçambique, pode responder aos objectivos de desenvolvimento, se e na medida em que os governos forem capazes de conciliar o princípio da sustentabilidade com as necessidades de sobrevivência humana. Por exemplo, instituindo projectos direccionados ao apoio comunitário nos PMAs.

21. O impacto da política de turismo como factor de crescimento económico e de desenvolvimento não é linear, dependendo, pois, da conjugação de políticas económicas, sociais e ambientais.

BIBLIOGRAFIA

AMARTYA, Sen *"Development as Freedom"*, New York, 1999

ANTUNES, Luís Filipe Colaço, *"Direito Urbanístico: Um outro Paradigma: A Pla-nificação Modesto – situacional"*, Coimbra Almedina, 2002

BANCO Mundial, *"Relatório sobre o Desenvolvimento Mundial 1990: A pobreza"*, Fundação Getúlio Vargas, 1990

BANCO Mundial, *"Relatório sobre o Desenvolvimento Mundial 2004"*

BAPTISTA, Mário Murteira, "Turismo: Competitividade Sustentável" Editorial Verbo, Lisboa/São Paulo, 1997

BARBIERI, José Carlos, *"Desenvolvimento e Meio Ambiente: As Estratégias de Mudanças da Agenda 21"*, 3ª Edição, SP, Brasil, Editora Vozes, Petrópolis 2000

BENI, M.C., *"Análise Estrutural do Turismo"* in Oliveira Antônio Pereira, *"Turismo e Desenvolvimento: Planejamento e Organização"*, 3ª Edição revista e ampliada, São Paulo, Editora Atlas S.A., 2001

CORREIA, Fernando Alves, *"Manual de Direito do Urbanismo"*, Vol. 1, Coimbra, Almedina, 2001

CUNHA, Licínio, "Introdução ao Turismo", Lisboa, Editorial Verbo, n.º de edição 2665, 2001

DELGADO, Ana Alvoeiro, *"Regime Jurídico dos Instrumentos de Gestão Territorial, Anotado"*, Coimbra – Editora, 2001, ISBN 972-32-1008-8

DOUROJEANNI, Marc J. E. PÁDUA, Maria Tereza Jorge, "Biodiversidade: A Hora Decisiva", Brasil, Editora da UFPR, 2001

ECHAUDEMAISON, Claude Danièlè, *"Dicionário de Economia e Ciências Sociais"*, Porto Editora L.da, 2001

FERNANDES, Edésio, Direito Urbanístico", Brasil, Del Rey Editora, 1ª edição, 1998, ISBN 85-7308-196-1

FRANCO, António, L. de Sousa e FERREIRA, Eduardo Paz, "Legislação Básica de Direito da Economia", Lisboa, Almedina, 2001

FERRÃO, Luís Jorge, *"A Convenção Sobre a Diversidade Biológica e a Gestão Comunitária dos Recursos Naturais na África Austral: Tese de pós-graduação"*, Brasil, 2002

FERREIRA, Eduardo Paz, *"Direito da Economia"*, Associação académica da Faculdade de Direito de Lisboa, 2001

FERREIRA, Eduardo Paz, "Desenvolvimento e Direitos Humanos", Revista da Faculdade de Direito da Universidade de Lisboa, Coimbra Editora, 2000

FERREIRA, Eduardo Paz, *"Valores e Interesses: Desenvolvimento Económico e Política Comunitária de Cooperação*, Coimbra, Almedina, 2004

FIGUEIRA, Luís Mota, *"Reflexão sobre uma possível proposta de intervenção turístico-cultural"*, in *"Actas do IV Congresso Internacional sobre o Turismo Cultural, Lusofonia e Desenvolvimento"*, Maputo, Edições ISPU, 2004

FUNDAÇÃO FRIEDERICH EBERT, *"O Novo Acordo ACP – UE (Cotonou),* Guia do Utilizador, Trade Center", 2000

FUTUR, Ministério do Turismo, *"Mozambique Tourist Guide"*, 2004/005

FUTUR e Direcção Nacional de Promoção Turística, *"Guia Turístico: Moçambique 2004"*, LUCIDUs Publicações L.da., 2004

FURTADO, Celso, *"Introdução ao Desenvolvimento*: Enfoque Histórico-Estrutural, 3ª Edição revista pelo autor, Rio de Janeiro, Paz Terra, 2000

GHATAK, Subatra, *"Introduction to Development Economies"*, third edition, Rutledge, London / New York, 1995

GLADASTONE, Mamede, *"Direito do Turismo: Legislação Específica Aplicada*, 2ª Edição, São Paulo, Editora Atlas, 2002

GUILLOCHON, Bernard e GUEDES, Francisco Corrêa, "Economia Internacional", 2ª Edição actualizada, Lisboa, Planeta Editora, 1998

HARRISON, David, *"Tourism & Less Developed Countries"*, England Chichester, John Wiley & Sons

HUMBOLDT, Universität Zu Berlin, SLE, *"Gestão das Zonas Costeiras e Turismo: Contribuições para Redução da Pobreza, Transformação de Conflitos e Protecção de Meio Ambiente em Inhambane/Moçambique*, Berlim, SLE, 2002,

JAMES, Cook University, *"The Journal of Tourism Studies"*, Vol. 10. N.º 1, 1999

JARAMLLO, Sylivya, *"Revista Gerencia des Viajes"*, in Antônio Pereira, *"Turismo e Desenvolvimento: Planejamento e Organização"*

LEIS (Org.), Héctor R., BRIGÃO, Clóvis e outros, *"Ecologia e Política Mundial"*, Brasil, FASE em co-edição com Editora vozes Ltda. E AIRI/PUC/RIO, 1991

LOBO, Manuel Leal da Costa *"Os Custos do Urbanismo"*, in Fernando Alves Correia, *"O Sistema Financeiro e Fiscal do Urbanismo: Actas"*, Coimbra Almedina, 2002

MARQUES, Albertino, *"Concepção e Análise de Projectos de Investimento"* 2ª Edição, Lisboa, Edições Sílabo, ISBN: 972-618-232-8, 2000

MASSIMO, Fragola, *"Profilo Comunitario del Turismo"*, Itália, CEDAM, 1996

MINISTÉRIO DO PLANO E FINANÇAS E UNIVERSIDADE DE PURDUE, *"Relatório sobre a Segunda Avaliação Nacional de Pobreza, Bem-estar em Moçambique"*, 2004

MEDEIROS, Eduardo Raposo, *"Economia Internacional"*, 7ª Edição (Revista e Ampliada), Instituto Superior de Ciências Sociais e Políticas, Lisboa 2003, ISBN 972-8726-24-4

MIRANDA, João, "A Dinâmica Jurídica do Planeamento Territorial (A alteração, a revisão e a suspensão dos planos), Coimbra, Editora, 2002, ISBN 972-32-1124-6

MOTA, José Aroudo, *"O Valor da Natureza: Economia e Política dos recursos naturais"*, Brasil, Editora Gramond Ltda., 2001

NEVES, José Luís César das, *"Introdução à Economia"*, Lisboa, São Paulo, Verbo, 4ª Edição, 1991

NETHERLANDS, Development Organisation *"SNV and Sustainable Tourism: Background Paper"*

OLIVEIRA, Antônio Pereira, "Turismo e Desenvolvimento: Planejamento e Organização", 3ª Edição revista e ampliada, São Paulo, Editora Atlas S.A., 2001

PEARCE, Philip L., MORRISON, Alaistair M. e RUTLEDGE, Joy L. "Tourism Bridges Across Continents", Irwin MacGraw-Hill, Australia,

PEDONE, Luíz, *"Formulação, Implementação e Avaliação de Políticas Públicas"*, Fundação Centro de Formação do Servidor Público – FUNCEP, Brasília, 1986

PERREIRA, Luís Filipe, "O Caso da Ilha de Moçambique Património Mundial", in Actas do IV Congresso Internacional sobre o Turismo Cultural, Lusofonia e Desenvolvimento", Maputo, Edições ISPU, 2004

PERROUX, François, "Ensaio sobre a Filosofia do Novo Desenvolvimento", Fundação Calouste Gulbenkian, Lisboa, 2001

PORTO, Manuel Carlos Lopes, "Estrutura e Política Alfandegárias: O Caso Português", Coimbra, 1992

SAFIR, *"FOCUS: A Newsletter for Community Tourism Based in Zimbabwe"*

SALVATORE, Dominick, *"Economia Internacional"*, Rio de Janeiro, LTC Editora, Sexta Edição, 1998,

SAMUELSON, Paul A. e NORDHAUS, William D, "Economia", Portugal, McGraw-Hill, Décima sexta edição, 1999

SANTOS, António Almeida, in *"Actas do IV Congresso internacional sobre o Turismo cultural, Lusofonia e Desenvolvimento"*, Maputo, Edições ISPU, 2004

SANTOS, António Marques dos, *"Transferência Internacional deTecnologia, Economia e Direito"*, Centro de estudos fiscais, Lisboa, 1984

SERRÃO, José Manuel, *"O papel do turismo no desenvolvimento de Moçambique"* in Actas do IV Congresso Internacional sobre o Turismo Cultural, Lusofonia e Desenvolvimento", Maputo, Edições ISPU, 2004

SESSA, Alberto, *"Elementi di Sociologia e Psicologia del Turismo"*, Roma, CLITT, 1974

SEMANÁRIO ÁFRICA, "Relatório do PNUD", Lisboa

STERN, Brigite, *"A Nova Ordem Económica Internacional"*, Lisboa, ICEP, 1998

STIGLITZ, Joseph E., "Globalization and Its Discontents", England, 2002

TODARO, Michael P.E. STEPHEN, C. Smith, "Economic Development" 8th edition, 2003

WAHAB, S. *"Introdução à Administração do Turismo"* in – OLIVEIRA, Antônio Pereira, *"Turismo e Desenvolvimento: Planejamento e Organização"*, 3ª Edição Revista e Ampliada, São Paulo, Editora Atlas S.A., 2001

WOLFENSOHN, James D. President, World bank, in TODARO, Michael P.E. STEPHEN, C. Smith, *"Economic Development"* 8th Edition, 2003

WORL BANK, *"Relatório sobre o Desenvolvimento Mundial 2005: Um melhor Clima de Investimentos para Todos"*

LEGISLAÇÃO

CÓDIGO Mundial de Ética do Turismo

CONSTITUIÇÃO da República de Moçambique

CONSTITUIÇÃO da República Portuguesa

CONVENÇÃO sobre a Diversidade Biológica

DECRETO n.º 14/93 de 21 de Junho – Regulamento da Lei de Investimento (Moçambique)

DECRETO n.º 16/2002 de 27 de Junho – Aprova o Código dos Benefícios Fiscais (Moçambique)

DECRETO n.º 66/98 de 28 de Dezembro – Aprova o Regulamento de Lei de Terras

Decreto-lei n.º 380/99, de 22 de Setembro sobre o Regime Jurídico dos Instrumentos de Gestão Territorial (Portugal)

DECLARAÇÃO sobre o Progresso e o Desenvolvimento do Domínio Social de 11 de Dezembro de 1969 – Declaração das Nações Unidas

FIJI – Tourism Development Plan 1998-2005

LEI n.º 20/97 de 1 de Outubro – Lei do Ambiente (Moçambique)

LEI n.º 3/93, de 24 de Junho – Lei de Investimentos (Moçambique)

LEI n.º 19/97, de 1 de Outubro – Lei de Terras (Moçambique)

LEI n.º 10/99, de 7 de Julho – Lei de Florestas e Fauna Bravia (Moçambique)

LEI n.º 4/2004, de 17 de Junho – Lei do Turismo (Moçambique)

LEI de Bases da Política de Ordenamento Territorial e Urbanismo (Portugal)

RESOLUÇÃO n.º 2/95, do Conselho de Ministro de 6 de Junho – Aprova a Política Nacional de Turismo e Estratégia de Desenvolvimento do Turismo para 1995-1999

RESOLUÇÃO n.º 14/2003, de 4 de Abril – Aprova a Política do Turismo e Estratégia da Sua Implementação (Moçambique)

PLANO Regional de Renovação do Alentejo (Portugal)

PLANO Estratégico para o Desenvolvimento do Turismo em Moçambique 2004--2013

PROTOCOLO da SADC sobre o Desenvolvimento do Turismo

ALGUMAS FONTES ELECTRÓNICAS (INTERNET)

AZEVEDO, Déborah Bithiah, "Negociação surge com perdas alemãs pós-guerra" in Boletim Electrónico Agência, 2002, http://www3.camara.gov.br/internet/agencia/materias.asp?pk

GARROD, Brian, " Tourism Journals", http: // www.irs.aber.ac.uk/bgg/ //C:\Documents and settings\USER\Desktop\Tourism CEE\XI (Berlim Declaration...)

SCADPlus, *"Política de desenvolvimento da Comunidade Europeia"*, http://europa.eu.int/scadplus/leg/pt/lvb/rl2001.htm.

INDICE

PARTE I
INTRODUÇÃO À PROBLEMÁTICA
DO DESENVOLVIMENTO E DO TURISMO

CAPÍTULO I
INTRODUÇÃO À PROBLEMÁTICA DO DESENVOLVIMENTO

CAPÍTULO II
INTRODUÇÃO AO TURISMO

CAPÍTULO III
IMPACTO DO TURISMO NOS DOMÍNIOS ECONÓMICO, SOCIAL, CULTURAL E AMBIENTAL

CAPÍTULO IV
ECOTURISMO E AMBIENTE

PARTE II
O PLANEAMENTO TERRITORIAL E O AMBIENTE COMO FACTORES ESTRATÉGICOS DO TURISMO SUSTENTÁVEL

CAPÍTULO I
ORDENAMENTO TERRITORIAL, URBANISMO E AMBIENTE

CAPÍTULO II
POLÍTICAS E ESTRATÉGIAS DE DESENVOLVIMENTO DO TURISMO

PARTE III
PERSPECTIVAS DE EVOLUÇÃO DO TURISMO
E DA SUA CONTRIBUIÇÃO NA ECONOMIA

CAPITULO I
CRESCIMENTO DO TURISMO INTERNACIONAL

CAPÍTULO II
AS PERSPECTIVAS DE DESENVOLVIMENTO DO TURISMO:
– Posicionamento dos PMAs –